· 语文阅读推荐丛书 ·

庄子选译

韩 晖／选译

图书在版编目(CIP)数据

庄子选译/韩晖选译. —北京：人民文学出版社，2018（2021.3 重印）

（语文阅读推荐丛书）

ISBN 978-7-02-011131-2

Ⅰ.①庄… Ⅱ.①韩… Ⅲ.①道家②《庄子》—译文 Ⅳ.①B223.5

中国版本图书馆 CIP 数据核字（2020）第 137386 号

责任编辑　李　俊　高宏洲
装帧设计　李思安　崔欣晔
责任印制　宋佳月

出版发行　人民文学出版社
社　　址　北京市朝内大街 166 号
邮政编码　100705
网　　址　http://www.rw-cn.com

印　　刷　三河市博文印刷有限公司
经　　销　全国新华书店等

字　　数　238 千字
开　　本　650 毫米×920 毫米　1/16
印　　张　22.5　插页 1
印　　数　32001—35000
版　　次　2018 年 8 月北京第 1 版
印　　次　2021 年 3 月第 6 次印刷

书　　号　978-7-02-011131-2
定　　价　28.00 元

如有印装质量问题，请与本社图书销售中心调换。电话：010-65233595

目 次

导读 ································ 1
选注说明 ···························· 1

内 篇

逍遥游 ······························ 3
齐物论 ···························· 21
养生主 ···························· 59
人间世 ···························· 69
大宗师 ··························· 104
应帝王 ··························· 141

外 篇

马蹄 ····························· 159
胠箧 ····························· 167
刻意 ····························· 181
缮性 ····························· 189
秋水 ····························· 198
至乐 ····························· 231
达生 ····························· 247

杂 篇

外物 ……………………………………………… 279
盗跖(节选) ……………………………………… 300
渔父 ……………………………………………… 319

知识链接 ………………………………………… 336

导 读

庄子及其后学所著的《庄子》是我国思想史、文学史上影响极为深远的一部书。它继承了老子的道家思想,并发扬光大(后代并称老庄);它自觉地把超凡脱俗的思想寄托于寓言中呈现,文风诡谲奇特,汪洋恣肆,是先秦诸子散文中成就最突出的作品。

一

庄子,名周,宋国蒙(今河南商丘东北)人。约公元前369年至公元前286年间在世,与魏惠王、齐宣王同时。他曾在宋国做过管理漆园种植和漆器制作的"漆园吏"(一说漆园是地名)(《史记·庄子列传》)。他一生大抵生活清贫,曾穷居陋巷,过着织草鞋为生的生活(《庄子·列御寇》),有时不得不向人贷粟度日(《庄子·外物》)。但他很清高,鄙视功名利禄和世俗观念,追求精神自由。《山木》篇载,他穿着打补丁的破衣和破鞋去见魏王,魏王觉得他穷困疲惫,他却认为自己只是物质生活上的贫穷,并不是精神上的空虚疲惫。《秋水》篇载:惠子做魏国国相时,庄子前往看望他,惠施害怕庄子来代他为相,庄子则以"非梧桐不止,非练实不食,非醴泉不饮"的鹓鶵自比,视相位为腐鼠,表现了对富贵权势的淡泊。《秋水》篇载:楚王曾派遣两个大夫去请他到楚国为相,他当时正在濮水垂钓,闻听后从容而钓,头也不回,并以自己不愿做庙堂之上已死的神龟,以"宁其生而曳尾于涂中"为喻,风趣地表明,他把名利权势、荣华富贵看作是对生命的戕害,是对人生自由的牺牲。他熟悉各家学说,生命中交往密切的朋友,唯有学识渊博的名家"合异同"派的代表惠施。从《庄子》的记述看,他和惠施是辩友,二人曾就"大"有用无用(《逍遥游》)、人有情无情(《德充符》)、"鱼乐"是否可知(《秋水》)等问题进行过辩论。惠施死时,他曾去送葬,在其墓前表露出"吾无以言"(《徐无鬼》)的神情以示独特的哀悼。他反对当时诸侯的兼并战争,也鄙视当时的百家学说,对它们作了激烈的批判和否定。他信奉老子的"道",一生崇尚自然,主张齐万物、一死生,追求无待的逍遥自由和顺应自然之道、安时处顺,是战国中期道家思想的集大成者。他也教授学生,带学生出游,但不是游说诸侯或干政,而是寻求自然乐趣,并就日常生活出处,以自己的思想对弟子时有教诲。他是自己思想的实践者,其妻死时,他鼓盆而歌,以为她是返归永恒的自然,无可悲戚(《至乐》)。他自己将死时,弟子要厚葬他,他以同样超脱的态度叮嘱弟子,他要"以天地为棺椁,以日月为连璧,星辰为珠玑,万物为赍送"(《列御寇》)。他的一生,是清贫的一生,是寂寞无闻的一生,也是外冷内热、激烈批判现实和文明异化,并对自己的理想孜孜以求的一生。他的著作,《史记》本传说他著书十余万言,大抵都是寓言。后世将他与老子并称为"老庄",奉为道家之宗。唐代大兴道教,天宝元年(742)他被封为"南华真人"。

据《汉书·艺文志》记载,《庄子》原有五十二篇。现存的《庄子》为三十三篇本,是晋郭象在崔譔二十七篇注本、向秀二十六篇注本和司马彪五十二篇注本的基础上删定而成,分为内篇七篇,外篇十五篇,杂篇十一篇。自宋代苏轼怀疑《庄子》中掺杂伪作以来,经过历代学者考证,一般认为内篇是庄子自著,外、杂篇出于其门人、后学之手。全书基本属于一个思想体系,有大体统一的写作风格。《庄子》的历代注本很多,比较重要的古代注本有晋郭象的《庄子注》、明焦竑的《庄子翼》、清王夫之的《庄子解》、清王先谦的《庄子集解》、清郭庆藩的《庄子集释》等。

二

《庄子》一书并非都是庄子的作品,但大体上都是庄子学说或庄子学说的发展及变异。这里就其中符合庄子学说的思想,简介如下:

庄子思想的根基是道论。庄子关于道的思想渊源于老子,但又有自己的发展。如《大宗师》等篇中论述道自本自根,道为万物的本源,道是永恒的,道无终无始、无名,道超越时空、不可言说,道的自然无为等方面,皆与老子相同。其不同的地方,是对道物关系的论证。他更明确地论述了道不是物(《知北游》

等),独创性地论述了道无所不在,普遍存在于万物之中,提出了"道通为一"的看法(《知北游》《齐物论》《天地》等)。尤其是后二者是庄子认识论和人生论的基础。

庄子的认识论,主要见于《齐物论》,而又贯穿于各篇之中。他的认识论是基于对自然、社会、人生、人类文明发展的各种困境、困惑,以及其对道的认识上的。他认为,传统和当时的人们对自然、社会、人生、文明的认识,都是不可靠的、有限的,不能给人们带来真正的自由、安宁和幸福,是徒劳无益的,应当否定。他在对这些物论进行否定论述时,用的突出的论证方法就是学界常说的带有辩证属性的相对主义方法。他指出,俗常的认识之所以不可靠,是因为其认识角度和立场是相对的、表象的、局部的、不确定的,如《秋水》言俗常认识云:"以物观之,自贵而相贱;以俗观之,贵贱不在己。以差观之,因其所大而大之,则万物莫不大;因其所小而小之,则万物莫不小;知天地之为稊米也,知毫末之为丘山也,则差数睹矣。以功观之,因其所有而有之,则万物莫不有;因其所无而无之,则万物莫不无;知东西之相反而不可以相无,则功分定矣。"在以相对主义方法论证俗常认识的不可信之后,他提出应当从道的角度和立场来看待万物和物论,而从道的角度与立场看,万物是没有贵贱而平等齐一的,俗常所说的是非、善恶、生死、对错、真假、高低、大小等等其实是没有差别的。

庄子的道论、认识论都是为了其人生论。人生论是庄子思想的核心,包括现实人生论和理想人生论。他认为世俗人们的现实人生,受世俗仁义忠信等各种价值观和规范的驱使,求富、求贵、求美服、求好色、求名利,都是以物易性,戕害了人的自然本性,不能"任性命之情",都应当彻底弃绝(《至乐》《齐物论》《盗跖》等)。人在现实人生中,应当效法道的自然无为之性,对是非、变化、生死、得失等安之若命,"任其性命之情";不遣是非,以与世俗相处;安时处顺,处于材与不材、有用与无用之间,以全生养性(见《大宗师》《德充符》《人间世》《山木》等)。庄子理想的人生境界是逍遥境界。这种境界是没有任何限制、无所依待、绝对自由、与道一体的境界。这种境界的获得,需要超越世俗道德的束缚,破除物我的分别,依"道通为一"看待万事万物,无功、无名、无思、无虑、无知、无己,通过"坐忘"(《人间世》)、"心斋"(《大宗师》),最终才能达到"乘天地之正,而御六气之辩"(《逍遥游》)的逍遥境地。

庄子的政治思想,集中体现在《应帝王》中,庄子认为宇宙万物是浑一的,无所谓分别和不同,世间的一切变化也都出于自然,人为的因素都是外在的、附加的,因而他政治上主张无为而治,认为能够顺应大道、听任自然、顺乎民情、行不言之教的人宜为帝王。他向往的是合于道的"小国寡民"的远古时代。

庄子的美学思想也是和其道的思想交融统一的。他认为天地间最高层次的"大美",充分体现了"道"的自然无为特性,具有最大限度的自由和无限性,是无所比拟的美。人为创造的艺术,如果能在精神上与"道"契合,也是美的。他还认为美不可言传,只能意会,人们应该"得意而忘言"(《外物》)。

三

　　《庄子》的文章是先秦诸子散文中写得最优美、最富有诗情画意和个性特点的。突出的表现之一就是它善于通过寓言说理，将文学与哲理浑圆地融为一体，使深邃的思想变得形象生动，含蓄蕴藉，充满情韵。《庄子·寓言》自称其书"寓言十九，重言十七，卮言日出，和以天倪"。所谓"重言"，即借重名人之口说出的话，以使人相信作者的观点，不过《庄子》中所借重的名人之言，大抵是作者虚构的；所谓"卮言"，指的没有成见、顺随自然的变幻写意的无心合道之言。而其所谓的"寓言"，乃是"藉外论之"（《庄子·寓言》），这个"外"，从全书来看，不仅指他人，还包括虚构的各种情境、鸟兽虫鱼等拟人故事，即凡是具有一定情节、比喻寄托的故事，都属于寓言。这样看来，《庄子》里的"重言"也是寓言。其"卮言"正是借寓言的形式表现的。《史记》庄子本传说"其著书十余万言，大抵率寓言也"，"皆空语无事实"。今本《庄子》大大小小的寓言有180多个，可知全书正是由一个个寓言组成。作者的思想通过寓言中人、物之口或寓言故事本身体现出来，作者本人很少出来自己解说，思想与寓言自然浑圆一体。如《逍遥游》中的"藐姑射之神"，以虚幻神秘的笔致勾画出了神奇飘逸的神人形象，通过描绘神人不食人间烟火、腾云驭龙、不受一切世俗的束缚，渲染其纯洁、神异、不同流俗，借以表现庄子超脱世俗、追求绝对自由的思想，神人是他绝对自由精神的外化形象。再如《养生主》中著名的"庖丁解牛"寓言，通过庖丁为文惠君解牛的高超技艺和庖丁关于宰牛与保养牛刀的宏论,以解牛为喻,说明养生之道和解牛一样,在于"依乎天理",顺应万物的自然结构及规律,"以无厚入有间","游刃有余",避免与自然事物的自然结构和规律发生矛盾。

《庄子》散文不同于其他诸子的独特之处,还在于它汪洋恣肆、怪诞雄奇的文风上。这种文风与《庄子》"以谬悠之说,荒唐之言,无端崖之辞"(《天下》)的寓言方式寄寓作者追求物我合一、自由不羁的思想密切相关。这首先表现在《庄子》之文想象丰富诡诞,构思奇特,选象组象,大胆夸张,波诡云谲,意境雄阔,具有浓厚的浪漫主义色彩。在庄子的想象世界里,世俗一切常见的、可理解的人情事理都消失了,代之以一系列奇特、新鲜、怪诞的观念和形象。如"任公子钓鱼"(《外物》):"五十犗(健牛)以为饵,蹲乎会稽,投竿东海",鱼吞钩后,奋鬐抗争,"白波如山,海水震荡,声侔鬼神",惊心动魄,气象万千。《逍遥游》中的大鹏展翅的图景写来尤为雄阔。它由"不知其几千里"大的鲲鱼变化而成,振翅而飞,竟"水击三千里,抟扶摇而上者九万里",其境之壮,其思之奇,前所未有。

其次表现在其散文的笔法不拘一格,跌宕抑扬,变幻神奇。或在体裁上穿插变化,或在层次上变化生奇,有时意接词不接,有时词接意已变。如《逍遥游》,"篇中忽而叙事,忽而引证,忽而譬喻,忽而议论,以为断而非断,以为续而非续,以为复而非复,只见云气空蒙,往反纸上,顷刻之间,顿成异观。"(清林云铭《庄子因》)《骈拇》篇,"行文节节相生,层层变换,如万顷怒涛,忽起忽落,极汪洋恣肆之奇,尤妙在喻意层出叠见,映发无穷,使人目光霍霍,莫测其用意用笔之神。"(刘凤苞

《南华雪心编》)。

《庄子》的文风还表现在其富美而异趣横生的语言上。我们读《庄子》，不难发现作者对描写、叙事、抒情、议论各类语言，都信手挥洒，应用自如，变化多端，充满谐趣，美刺横生，具有强烈的艺术效果和极高的审美价值。其语言不仅语汇丰富，而且造语新奇生动，富有极强的表现力和创造力。其语言作为典故和成语流传至今者，如"逍遥"、"浑沌"、"造化"、"志怪"、"小说"、"寓言"、"运斤成风"、"游刃有余"、"邯郸学步"、"东施效颦"、"大有径庭"、"朝三暮四"、"望洋兴叹"、"吐故纳新"、"薪尽火传"、"呆若木鸡"等等，不胜枚举。

《庄子》博大精深的思想、强烈批判现实的精神和汪洋恣肆、怪诞雄奇的文风，开创了不同于儒家的新的文学传统，奠定了其在文学史上的突出地位，对后世文学产生了极大的影响，许多著名文学家如阮籍、嵇康、陶渊明、李白、柳宗元、苏轼、辛弃疾、汤显祖、徐渭、曹雪芹、龚自珍等都在思想和艺术上受到其濡染。郭沫若指出："秦汉以来的一部中国文学史差不多大半在他的影响之下。"(《庄子与鲁迅》)诚非虚言。

韩　晖

选注说明

本书选《庄子》散文十六篇，其中《盗跖》篇为节选，其余均为全篇。所选各篇皆以清代郭庆藩《庄子集释》为底本，个别字、词、句，参照其他版本订正，并在注释中有说明。各篇第一个注释为该篇题解。因《庄子》各篇大抵皆集章而成，故每一篇中注释以章分注，各章最后一个注释之末概括本章主旨。注释一般以句为注，难懂或容易误解的地方则予以串讲。题解、注释、串讲、今译，参考或借鉴了不少前贤著作，恕不一一说明，谨在此一并致谢。

《庄子》博大精深，古今学者多有仁智不同之见。本书的注译，力求准确、简洁，以期能给读者朋友一个较接近作者原意的普及读物。然鉴于笔者学殖浅陋，不妥之处，在所难免，祈望方家及广大读者不吝赐教。

内 篇

逍 遥 游[1]

北冥有鱼,其名曰鲲[2]。鲲之大,不知其几千里也;化而为鸟,其名为鹏[3]。鹏之背,不知其几千里也;怒而飞,其翼若垂天之云[4]。是鸟也,海运则将徙于南冥[5]。南冥者,天池也[6]。

《齐谐》者,志怪者也[7]。《谐》之言曰:"鹏之徙于南冥也,水击三千里[8],抟扶摇而上者九万里[9],去以六月息者也[10]。"野马也,尘埃也,生物之以息相吹也[11]。天之苍苍,其正色邪?其远而无所至极邪[12]?其视下也,亦若是则已矣[13]。

且夫水之积也不厚,则其负大舟也无力[14]。覆杯水于坳堂之上,则芥为之舟[15];置杯焉则胶,水浅而舟大也[16]。风之积也不厚,则其负大翼也无力[17]。故九万里,则风斯在下矣,而后乃今培风[18];背负青天而莫之夭阏者,而后乃今将图南[19]。

蜩与学鸠笑之曰[20]:"我决起而飞[21],抢榆枋[22],时则不至而控于地而已矣[23],奚以之九万里而南为[24]?"适莽苍者[25],三飡而反[26],腹犹果然[27];适百里者,宿舂粮[28];适千里者,三月聚粮。之二虫又何知[29]?

小知不及大知[30],小年不及大年[31]。奚以知其然也?朝菌不知晦朔[32],蟪蛄不知春秋[33],此小年也。楚之南有冥灵者[34],以五百岁为春,五百岁为秋;上古有大椿者[35],以八千岁为春,八千岁为秋,此大年也[36]。而彭祖乃今以久特闻[37],众人匹之[38],不亦悲乎?

汤之问棘也是已[39]:"穷发之北有冥海者[40],天池也。有鱼焉,其广数千里,未有知其修者[41],其名曰鲲。有鸟焉,其名为鹏,背若太山[42],翼若垂天之云,抟扶摇羊角而上者九万里[43],绝云气,负青天,然后图南,且适南冥也[44]。斥鴳笑之曰[45]:'彼且奚适也?我腾跃而上,不过数仞而下[46],翱翔蓬蒿之间,此亦飞之至也[47]!而彼且奚适也?'"此小大之辩也[48]。

故夫知效一官[49],行比一乡[50],德合一君,而征一国者[51],其自视也亦若此矣。而宋荣子犹然笑之[52]。且举世而誉之而不加劝[53],举世而非之而不加沮[54],定乎内外之分[55],辩乎荣辱之境,斯已矣[56]。彼其于世未数数然也[57]。虽然,犹有未树也[58]。夫列子御风而行[59],泠然善也[60],旬有五日而后反[61]。彼于致福者[62],未数数然也。此虽免乎行,犹有所待者也[63]。若夫乘天地之正[64],而御六气之辩[65],以游无穷者,彼且恶乎待哉[66]!故曰,至人无己[67],神人无功[68],圣人无名[69]。

注释

〔1〕本篇是《庄子》的首篇,体现了庄子的人生哲学,是《庄子》中最重要的篇章之一。篇题"逍遥游"是自由自在、毫无挂碍、不受任何束缚地优游的意思,简洁地概括了全篇的主旨。庄子认为,人生在世,应当忘却世俗的功名利禄,不计个人利害得失,泯灭一切是非、成见及矛盾,无所依赖,顺随自然,才能"无所待而游于无穷",达到悠然自得的逍遥境界。全篇共六章,第一章是全篇主体,其余五章虽可各自独立,但也都是从不同侧面对达到逍遥人生境界的阐说。文章想象丰富,构思新颖,雄奇怪诞,汪洋恣肆,行文似断非断,宛如云中飞龙,自来被视为《庄子》中最具代表的作品,诚不为诬。

〔2〕北冥:北海。冥,通"溟",海的意思。鲲(kūn):本指鱼卵,这里指大鱼名。

〔3〕鹏:古"凤"字,这里指大鸟名。

〔4〕怒:奋力。垂:通"陲",边际。

〔5〕是鸟:此鸟,指鹏。海运:海气运动。海气运动时,常常有飓风相伴,大鹏乘借飓风方能高飞,迁往南海。徙:移。

〔6〕天池:天然形成的大池。

〔7〕《齐谐》:书名。盖因出于齐国而称名。一说人名。志怪:记载怪异之事。志,记载。

〔8〕水击:即击水。这里指大鹏奋起而飞时双翼拍打水面。

〔9〕抟(tuán):盘旋,环绕。扶摇:又名飙,由地面盘旋而上的暴风。

〔10〕去:离,这里指离开北海。息:停歇。

〔11〕野马:春日野外林泽中游动的雾气蒸腾浮动,好像奔跑的野马,故名。尘埃:游尘。扬在空中的土叫"尘",细碎的尘粒叫"埃"。息:气息。

〔12〕"天之苍苍"三句:意思是深蓝色真的是天的本色吗?还是因为天高远得看不到尽头而产生的错觉?苍苍,深蓝色。第一个"其",语气词,通"岂","难道"的意思。邪,同"耶"。第二个"其",还是,抑或。无所至极,意思是无法看到尽头。

〔13〕"其视下"两句:意思是大鹏从高远的天空往下看,也和人们从地上往

5

天上看一样,看不到事物的真相。其,指大鹏。若是,如此。则已,而已。

〔14〕且夫:况且那。厚:深。负大舟也无力:即"无力负大舟也"。负,承载。

〔15〕覆:倾倒。坳(ào)堂:厅堂地面上的坑凹处。芥:小草。

〔16〕胶:粘住。这里是搁浅的意思。焉:于此,指在"坳堂"上。

〔17〕大翼:大鹏的翅膀,这里借指大鹏。此两句之前的几句以水喻风,以大舟喻大鹏,喻中设喻。这两句和后几句又回过来说大鹏。

〔18〕斯:尽,都。而后乃今:然后才。培风:乘风,凭风。培,通"凭"。

〔19〕莫之夭阏:即"莫夭阏之"的倒装。莫,这里作"没有什么"讲。夭阏(è),阻拦,阻挡。图南:图谋南飞。

〔20〕蜩(tiáo):蝉。学鸠:斑鸠。一本作"鷽(yù)鸠"。

〔21〕决(xuè):急速飞起的样子。

〔22〕抢(qiāng):突过,掠过。榆枋:指榆树和檀树两种树木。

〔23〕时则:时或。控:投,落。

〔24〕奚以:何以,哪里用得着。之:去到。为:句末语气词,表疑问。

〔25〕适:往,到。莽苍:郊野迷茫之色,这里指郊野。

〔26〕三飡(cān):指一天。飡,同"餐"。反:同"返",返回。

〔27〕犹:还。果然:饱的样子。

〔28〕宿(xiǔ)舂(chōng)粮:隔夜捣米准备粮食。宿,隔夜,头一夜。舂,捣去谷物的外壳。

〔29〕之:这。二虫:指蜩与学鸠。

〔30〕知(zhì):通"智",智慧,才智。

〔31〕小年:短命。大年:长寿。

〔32〕朝菌:一种朝生暮死的菌类植物。晦:阴历每月的最后一天。朔:阴历每月的初一。

〔33〕蟪蛄(huì gū):一种蝉,春生夏死,或夏生秋死。春秋:代指一年。

〔34〕冥灵:传说中的大树名,一说大龟名。

〔35〕大椿:传说中一种活得很久的大树。

〔36〕此大年也:郭本无此句。然根据前后用语结构的特点,此句之下当有

"此大年也"一句,今据陈碧虚《南华真经章句音义》引成玄英疏本增补。

〔37〕彭祖:古代传说中的长寿人物。据说曾为帝尧之臣,活了八百岁。乃今:而今。以:凭。久:长寿。特:独。闻:闻名于世。

〔38〕匹:比。之:代指彭祖。

〔39〕汤:商汤,商朝的开国之君。棘:即夏革,商汤时的贤大夫,商汤曾拜他为师,上古时"革""棘"发音类似,故也有写作"棘"的。是:这样。已:语助词。

〔40〕穷发:不长草木的地方,即不毛之地。发,草木。

〔41〕修:长。

〔42〕太山:大山。一说即泰山。

〔43〕羊角:一种旋风,因回旋向上如羊角状而得名。

〔44〕绝:穿过,超越。且:将要。

〔45〕斥鷃(yàn):小泽中的小雀。斥,小泽。

〔46〕仞:古代长度单位,周制八尺为一仞。

〔47〕至:极点。

〔48〕辩:通"辨",辨别、区别的意思。

〔49〕知:同"智"。效:胜任。

〔50〕行:品行。比:和顺。乡:据《周礼·大司徒》,周代五州为一乡。一乡有一万二千五百家。

〔51〕合:符合。而:通"能",能力。征:取信。

〔52〕宋荣子:即宋钘(jiān),战国时期宋国人。犹然:讥笑的样子。

〔53〕举世:全社会。誉:称赞。劝:奋勉,努力。

〔54〕非:责难,批评。沮(jǔ):沮丧。

〔55〕定:判定。内外之分:内在的自我和外在的人、物的分别。

〔56〕辩:分辨。境:界限。斯已矣:如此而已。

〔57〕数数(shuò)然:急切的样子,这里是汲汲以求的意思。

〔58〕树:建树,树立,这里指达到超然物外、逍遥无为的最高境界。

〔59〕列子:即列御寇,战国时代郑国思想家,据说他曾遇风仙,习法术,能乘风而行。御:驾,乘。

〔60〕泠(líng)然:轻盈美妙的样子。

〔61〕旬有五日:十五天。旬,十天。有,又。反:同"返"。

〔62〕致福者:招致幸福的事物。致,招致,求得。

〔63〕待:凭借,依靠。

〔64〕若夫:至于。乘:遵循,顺应。天地:指天地万物。正:本,这里指天地万物的自然本性。

〔65〕御:因循,顺随。六气:指阴、阳、风、雨、晦、明六种气象。辩:通"变",变化。

〔66〕无穷:无边无际,这里指不受任何限制的自然逍遥境界。恶(wū):何,什么。

〔67〕至人:指庄子理想中道德修养最高尚的人。无己:忘掉自身的一切。

〔68〕无功:无意于建功立业。

〔69〕圣人:这里所说的"圣人",与上文所说的"神人"、"至人",实际上指的都是庄子理想中道德修养最高尚的人,只是出于行文的需要而变称其名。无名:不追求名誉地位。按:此章为本篇第一章,以大鹏图南、列子御风等为陪衬,揭示出"无所待而游于无穷"的主旨,而将"无所待"又归结为"无己"、"无功"、"无名"。

译文

　　北方的大海里有一条鱼,它的名字叫作鲲。鲲的身体之大,不知道有几千里;变化成为鸟,它的名字叫鹏。鹏的脊背之长,不知道有几千里;当它奋力起飞的时候,它那展开的双翅就像遮蔽了整个天空的巨大云块。这只鹏鸟,当海风大起时,便乘风飞往南方的大海。南方的大海,是个天然形成的大池。

　　《齐谐》,是专门记载怪异事情的书,这本书里记载说:"鹏鸟飞向南海时,翅膀拍击水面,激起三千里的波涛,借着海面上急骤的狂风盘旋而上直冲九万里高空,离开北海用六个月的时间到达南海,而后才停下来休息。"春日野外林泽里蒸腾浮动犹如奔马的雾气,低空里沸沸扬扬的尘埃,都是大自然里各种生物的气息吹拂所致。天的深蓝色,难道就是它真正的颜色吗?抑或是因为它高旷辽远无法看到尽头导致的错觉呢?大鹏从高空往下看,也和人们从地面遥望天空一样,看不到真相。

再说水汇积不深,就没有力量浮载大船。倒一杯水在庭堂的低洼处,那就只能用小草给它当船;而放置一个杯子当船就会搁浅,因为水太浅而船太大了。风聚积的力量不雄厚,它就无法托负体型巨大的大鹏。所以,大鹏高飞九万里,暴风尽在它的身下,然后方能凭借风力飞行;背负青天而没有什么能够阻遏它,然后才能向南方飞去。

蝉与小斑鸠讥笑大鹏说:"我从地面突然飞起,只能掠过榆树和檀树,还时常飞不到就停落在地上,何必要冲上九万里的高空而向南飞呢?"到迷茫的郊野去,只须带上三餐食物,当天就可以往返,肚子还是饱饱的;到百里之外的地方去,要准备隔夜的粮食;到千里之外的地方去,则要准备三个月的干粮。蝉和斑鸠这两种小动物又怎么会懂得呢?

小聪明不理解大智慧,短命的不理解长寿的。怎么知道是这样的呢?朝生暮死的菌类不会懂得什么是晦朔,短命的蝉不会懂得什么是一年四季,这就是短寿。楚国南边有种叫冥灵的大树,把五百年当作一个春季,把五百年当作一个秋季;上古时期还有种叫大椿的古树,把八千年当作一个春季,把八千年当作一个秋季,这就是长寿。可是彭祖到如今还是以长寿闻名于世,世俗的人们还都想与他比寿,难道不可悲可叹吗?

商汤询问夏革时也有这样的话:"在那草木不生的北方,有一个幽深的大海,是天然形成的池子。池里有一种鱼,它的躯体宽达几千里,没有人知道它有多长,它的名字叫作鲲。有一种鸟,它的名字叫鹏,它的脊背像泰山一样高大,展开的双翅就像遮蔽天空的云;鹏鸟奋起而飞,翅膀借助旋风直冲九万里高空,穿过云气,背负青天,而后向南飞去,并打算飞到南方的大海。斥鴳讥笑它说:'它想要飞到哪儿去?我奋力跳起来往上飞,不过几丈高就落了下来,然后在蓬蒿丛中飞来飞去,这也算是飞翔的最高境界了。而它究竟要飞到什么地方去呢?'"这就是小与大不同境界的区别了。

所以,那些才智能够胜任一官之职,品行能够和顺一乡人的心愿,道德符合做一国之君的要求,能力足以取信一国之人的人,他们看待自己也像斥鴳一样自鸣得意了。对于上述几种人,宋荣子却讥笑他们。(宋荣子的为人处世)世人都赞誉他,他不会因此更加奋勉;世人都非难他,他也不会因此而更加沮丧。这是因为,他能清楚地判定自身与外物的区别,辨别荣誉与耻辱的界限,不过如此而已。宋荣子活于世,从不汲汲追求什么。即便如此,他的道德修养还是没有达到最高的境界。列子能驾风行走,那神态实在轻盈美妙,而且能十五天后才返回。列子对于世俗所谓招致幸福的功名利禄,也从来不汲汲以求。他这样做尽管免除了行走的劳苦,可还是得有所依凭。至于遵循天地万物的自然本性,顺应阴、阳、风、雨、晦、明六种自然气象的变化,遨游于无边无际的自由境域的人,他还需要依赖什么呢!因此说,道德修养最高尚的人,他们能够达到无我的境界,他们能够完全超脱外物束缚而没有功名心和事业心,他们从不去追求名誉和地位。

尧让天下于许由[1],曰:"日月出矣,而爝火不息[2],其于光也,不亦难乎[3]?时雨降矣,而犹浸灌,其于泽也,不亦劳乎[4]?夫子立而天下治[5],而我犹尸之[6];吾自视缺然[7],请致天下[8]。"许由曰:"子治天下,天下既已治也;而我犹代子,吾将为名乎[9]?名者,实之宾也[10]。吾将为宾乎?鹪鹩巢于深林,不过一枝[11];偃鼠饮河[12],不过满腹。归休乎君[13],予无所用天下为[14]!庖人虽不治庖[15],尸祝不越樽俎而代之矣[16]!"

注释

〔1〕尧:名放勋,号陶唐氏,传说为我国上古时代的圣明君主,五帝之一。《庄子》里被视为未悟大道的人物。许由:字仲武,传说中得道的隐士。相传尧要让天下给他,他以为有辱其听,洗耳于颍水之滨。

〔2〕爝(jué)火:小火把,木材上蘸上油脂燃起的火把。息:通"熄"。此两句尧以日月比喻许由,以爝火自比。

〔3〕"其于"两句:意思是说爝火竟要与日月比光亮,不是很难吗?其,指爝火。

〔4〕时雨:按时令季节及时而降的雨。浸灌:灌溉。泽:润泽。劳:这里含有徒劳的意思。此四句以时雨喻说许由,以浸灌喻说尧自己。

〔5〕夫子:这里是对许由的尊称。立:同"位",指居于君位。

〔6〕尸:原指庙中的神主,这里是空居其位、虚有其名的意思。

〔7〕缺然:有所欠缺、不足。

〔8〕致:给与,让。

〔9〕子:古代对人的尊称,先秦时男女皆可称"子",这里指尧。名:名声。

〔10〕"名者"两句:意思是说,与"实"比较起来,"名"是派生的、次要的东西。宾,陪衬,指次要的、派生的东西。

〔11〕鹪鹩(jiāo liáo)：一种善于筑巢的小鸟。一说即"巧妇鸟"。此两句许由以鹪鹩自比，以深林比天下。

〔12〕偃鼠：鼹鼠，哺乳动物，居土穴中，昼伏夜出，善掘土，好饮河水。

〔13〕归休乎君："君归休乎"的倒装，意思是君王您回去算了。休，止，算了。

〔14〕为：句末叹词。

〔15〕庖人：厨师。

〔16〕尸祝：祭祀时主持祭祀、向神主祷祝的人。樽俎(zǔ)：这里代指各种厨事。樽，酒器。俎，盛肉的器皿。按：此处许由以庖人比尧，以尸祝自比。成语"越俎代庖"出于此。又按：此则寓言为本篇第二章，阐发的是首章中"圣人无名"之意。

译文

尧想要把天下让给许由，说："太阳和月亮都已灿然升起，小小的火把却还燃烧不熄，要跟太阳和月亮比光亮，不是很难吗？应时的雨已经降落，却还在不停地浇水灌溉，这对于润泽庄稼来说，不是徒劳的吗？先生如能居于天子之位，天下一定会得到大治，可是我还空居其位；我自己越看越觉得能力不够。请允许我把天下让给您。"许由回答说："您治理天下，天下已经获得了大治，而我还去替代您，我难道是为了名声吗？名是实所派生出来的次要东西，我将去追求这次要的东西吗？鹪鹩在深林中筑巢，不过占用一条树枝；鼹鼠到大河边饮水，不过喝满肚子。您回去算了，天下对于我来说没有什么用啊！厨师即使不下厨，主持祭祀的人也不会超越自己的职责代替他做烹饪之事！"

肩吾问于连叔曰〔1〕："吾闻言于接舆〔2〕，大而无当〔3〕，往而不返〔4〕。吾惊怖其言，犹河汉而无极也〔5〕，大有迳庭〔6〕，不近人情焉[7]。"连叔曰:"其言谓何哉?""曰:'藐姑射之山[8],有神人居焉[9]。肌肤若冰雪,淖约若处子[10];不食五谷[11],吸风饮露;乘云气,御飞龙,而游乎四海之外[12];其神凝[13],使物不疵疠而年谷熟[14]。'吾以是狂而不信也[15]。"连叔曰:"然。瞽者无以与乎文章之观[16],聋者无以与乎钟鼓之声。岂唯形骸有聋盲哉[17]?夫知亦有之[18]。是其言也[19],犹时女也[20]。之人也[21],之德也,将旁礴万物以为一[22],世蕲乎乱[23],孰弊弊焉以天下为事[24]!之人也,物莫之伤[25]。大浸稽天而不溺[26],大旱金石流土山焦而不热[27]。是其尘垢秕糠[28],将犹陶铸尧舜者也[29]。孰肯以物为事[30]?"

注释

〔1〕肩吾、连叔:二人名,旧说以为是古代修道之人,实是庄子为表达思想而虚构的人物。

〔2〕接舆:即春秋时楚国隐士陆通,字接舆,与孔子同时,佯狂不仕,曾以《凤歌》劝孔子归隐。《庄子·人间世》及《论语·微子》均记此事。

〔3〕大而无当(dàng):堂皇而不切实际。当,根据。

〔4〕往而不返:说开去而收不回来,即侃侃而谈却漫无边际。

〔5〕惊怖:惊诧,惊异。河汉:天上的银河。极:边际,尽头。

〔6〕大有迳庭:意为接舆的话与世俗一般人差别很大。迳,同"径",门外的小路。庭,堂前之地。

〔7〕人情:指世俗之人所说的常情常理。

〔8〕藐(miǎo):通"邈",遥远。姑射(yè):传说中的仙山名。

〔9〕焉:于是,在那里。

〔10〕淖(chuò)约:姿态轻盈柔美的样子。淖,通"绰"。处子:处女,少女。

〔11〕五谷:指稻、黍、稷、菽、麦五种作物。

〔12〕四海:古代因中国四周环海而称四海。

13

〔13〕凝:指神情专一。

〔14〕疵疠(cī lì):疾病,灾害。年:年年,每年。谷:指庄稼。

〔15〕以:认为。狂:通"诳",荒诞虚妄的言论。信:真实可靠。

〔16〕瞽(gǔ)者:盲人。文章:花纹、色彩。观:这里作名词用,指观赏华美的色彩。

〔17〕岂唯:难道只有。形骸:身体,形体。

〔18〕知:通"智",思想。

〔19〕是其言:指上面说的思想上的聋子和瞎子。

〔20〕时:是。女:汝,你。

〔21〕之:指示代词,那,指代的是神人。

〔22〕旁礴:混同的样子。

〔23〕蕲(qí):祈求,期望。乱:治。

〔24〕孰:怎么会。弊弊焉:忙忙碌碌、疲惫不堪的样子。

〔25〕物:外物。莫之伤:莫伤之,没有什么能伤害他。

〔26〕大浸:大水。稽:至。溺:淹没。

〔27〕流:熔化。

〔28〕其:代指神人。秕:瘪谷。穅:"糠"的异体字。

〔29〕陶铸:比喻造就、制作。

〔30〕物:指世俗的事务。按:此则寓言为本篇第三章,以肩吾与连叔的对话,阐发的是首章"神人无功"之意。

译文

　　肩吾向连叔请教说:"我从接舆那里听到他的谈话,言辞堂皇而不切合实际,一说开去就收不回来。我对他的言谈十分惊诧,他的话就好像天上的银河没有边际,跟一般人的言谈差异甚远,太不合常情常理了。"连叔问:"他说了些什么呢?"肩吾道:"他说:'在遥远的姑射山上,居住着一位神人。皮肤像冰雪般润白,体态像少女般柔美,不吃五谷杂粮,吸食清风,渴饮甘露,乘着云气,驾着飞龙,遨游于四海之外;他的神情专注,使得世间万物不生病害,年年五谷丰登。'我认为这是虚妄之言,所以不相信。"连叔听后说:"是呀!对于瞎子没法同他们一起观赏花纹和色彩,对于聋子没法同他们一起聆听钟鼓的乐声。难道只有形体上有聋与瞎的缺陷吗?人的思想也有聋和瞎的现象。这话说的就是你肩吾。那位神人,他的德行,与天地万物浑融一体,世人却期望他来治理天下,他怎么会劳心费神把治理天下当回事呢?那样的神人,没有什么外物能伤害他,滔天的大水不能淹没他,天下大旱到使金石熔化、土山烤焦,他也不会感到灼热。他所留下的尘埃以及瘪谷糠麸之类的废物,还可造就出尧舜那样的圣贤来,他怎么会把世俗事务当作己任呢?"

　　宋人资章甫而适诸越[1],越人断发文身[2],无所用之。
　　尧治天下之民,平海内之政[3],往见四子貌姑射之山[4],汾水之阳[5],窅然丧其天下焉[6]。

注释

〔1〕资:购置。章甫:殷商人的一种礼帽。宋人是殷商后裔,仍保留着祖先的衣饰风习。适:往。诸:之于的合音。越:春秋战国时我国东南地区的古国名。

〔2〕断发:不蓄头发。文身:在身上刺花纹。越国处南方,习俗与中原的宋国不同。文,即"纹"。

〔3〕平:平定,安定。

〔4〕四子:指王倪、啮缺、被衣、许由这四位传说中得道的人物。

〔5〕汾水:即汾河。在山西省中部,源于山西宁武管涔山麓,贯穿山西省南北,在河津附近汇入黄河。阳:山的南面或水流的北面,这里指汾水北面。

〔6〕窅(yǎo)然:惆怅的样子。丧(sàng):丧失、忘掉。按:此章为本篇第四章,以宋人贩卖帽子和尧往见四子的故事,阐发的是首章"至人无己"之意。宋人的错误在于有己,以己度人,故不能成功;而尧拜见道德高尚的四子之后,做到了忘却天下,才真正达到外物、无己的逍遥境界。

译文

宋国有人购置了一批帽子到越国去贩卖,而越国人不留头发,身上刺着花纹,没什么地方用得着帽子。

尧治理好天下的百姓,安定了海内的政局,然后前往遥远的姑射山上、汾水北岸拜见四位得道的高士,他不禁怅然若失,忘却了自己居于治理天下的地位。

惠子谓庄子曰〔1〕:"魏王贻我大瓠之种〔2〕,我树之成〔3〕,而实五石〔4〕。以盛水浆,其坚不能自举也〔5〕。剖之以为瓢,则瓠落无所容〔6〕。非不呺然大也〔7〕,吾为其无用而掊之〔8〕。"庄子曰:"夫子固拙于用大矣〔9〕!宋人有善为不龟手之药者〔10〕,世世以洴澼絖为事〔11〕。客闻之,请买其方百金〔12〕。聚族而谋曰:'我世世为洴澼絖,不过数金;今一朝而鬻技百金〔13〕,请与之。'客得之,以说吴王〔14〕。越有难〔15〕,吴王使之将〔16〕,冬与越人水战,大败越人,裂地而封之〔17〕。能不龟手一也〔18〕,或以封〔19〕,或不免于洴澼絖,则所用之异也。今子有五石之瓠,何不虑以为大樽而浮乎江湖〔20〕,而忧其瓠落无所容?则夫子犹有蓬之心也夫〔21〕!"

注释

〔1〕惠子:即惠施,宋国人,梁惠王时做过国相。他是庄子的朋友,也是先

16

秦名家代表。但本篇及以下许多篇章中所写惠施与庄子的故事,多为寓言性质。

〔2〕魏王:即魏䓨,战国时魏国国君,因魏迁都大梁(今河南开封),故又称梁惠王。贻:赠送。瓠(hù):葫芦。

〔3〕树:种植、培育。

〔4〕实:容纳。石(dàn):容量单位,一石为四钧,一钧三十斤。

〔5〕坚:坚硬程度。举:承受。

〔6〕瓠落:大而平浅的样子。无所容:没有地方安放。

〔7〕呺(xiāo)然:庞大而又中空的样子。

〔8〕为(wèi):因为。掊(pǒu):打破。

〔9〕固:实在,确实。拙:笨拙,不善于。

〔10〕善为:善于制作。龟(jūn):通"皲",皮肤受冻开裂。

〔11〕洴澼(píng pì):漂洗。绕(kuàng):丝絮。

〔12〕方:药方。

〔13〕鬻(yù):卖,出售。技:这里指药方。

〔14〕说(shuì):游说。吴王:吴国国君。

〔15〕难:发难,这里指越国对吴国发动战争。

〔16〕将(jiàng):统帅部队。

〔17〕裂地:划分出一块土地。封:封赏。

〔18〕一:相同,一样。

〔19〕或:不定代词,有的人。以:凭借,其后省去宾语"不龟手之药"。

〔20〕虑:考虑。一说通"摅",用绳络缀结。樽:本为酒器,这里指拴在腰间上的一种泅水工具,俗称腰舟,因形似酒樽,故称。

〔21〕有蓬之心:被蓬草所堵塞的心,喻指见识浅薄不能通晓大道理。蓬,草名,其状弯曲不直。按:此章为本篇第五章,借庄子与惠子关于大瓠无用的对话,揭示庄子以无用为用的思想,与首章所说的"无己"、"无功"、"无名"而能达到无所待的逍遥境界的思想一致。

译文

惠子对庄子说:"魏王送我大葫芦的种子,我将它种植起来,结出的葫芦大到有五石的容积。用大葫芦去盛水浆,可它的坚固程度不够而难以承受;把它剖开做瓢,又太大太平浅了,没有什么地方可以放得下。这个葫芦不是不够大,我因为它没有什么用处而打破了它。"庄子说:"先生实在是不善于使用大东西啊!宋国有一个善于配制防治手冻裂药物的人,他的家族世世代代以漂洗丝絮为职业。有位客人听说了这件事,请求用百金高价购买他的药方。他把全族的人聚集在一起商量说:'我们祖祖辈辈以漂洗丝絮为生,所得只不过数金;如今卖掉药方一下子就可得到百金,请大家同意把药方卖给他吧。'客人得到药方,便带着它去游说吴王。正巧当时越国对吴国发动战争,吴王派他统率部队。时值冬天,吴军跟越军在水上交战,大败越军,吴王划割一片土地封赏给他。同样拥有能使手不皲裂的药方,有的人用它来获得封赏,有的人拥有它却不免于继续漂洗丝絮,这是因为对药方的使用不同。如今您拥有五石容积的大葫芦,怎么不考虑把它制成腰舟去漂流江湖,却担忧它太大太平浅无处放置呢?看来您还是心窍未通啊!"

惠子谓庄子曰:"吾有大树,人谓之樗[1]。其大本拥肿而不中绳墨[2],其小枝卷曲而不中规矩[3]。立之涂[4],匠者不顾。今子之言,大而无用,众所同去也[5]。"庄子曰:"子独不见狸狌乎[6]?卑身而伏[7],以候敖者[8];东西跳梁[9],不辟高下[10];中于机辟[11],死于罔罟[12]。今夫斄牛[13],其大若垂天之云,此能为大矣[14],而不能执鼠。今子有大树,患其无用,何不树之于无何有之乡[15],广莫之野[16],彷徨乎无为其侧[17],逍遥乎寝卧其下[18]。不夭斤斧[19],物无害者,无所可用[20],安所困苦哉[21]!"

注释

〔1〕 樗(chū):又名臭椿,一种高大但木质粗劣的落叶乔木。

〔2〕 大本:树干粗大。拥肿:同"臃肿",指树干多赘疣、瘢痕等,形容树干疙里疙瘩、不成材。中(zhòng):符合。绳墨:木工用以取直的墨线。

〔3〕 规矩:即圆规和角尺。

〔4〕 涂:通"途",道路。

〔5〕 同去:共同鄙弃。

〔6〕 狸(lí):野猫。狌(shēng):黄鼠狼。

〔7〕 卑:低下。

〔8〕 候:等候。敖:通"遨",遨游。

〔9〕 跳梁:即"跳踉",跳跃、蹿越的意思。

〔10〕 辟:同"避",躲避。

〔11〕 机辟:捕兽的机关陷阱。机,捕兽的机弩。辟,陷阱。

〔12〕 罔:通"网",捕鸟所用。罟(gǔ):捕鱼用的网。

〔13〕 斄(lí)牛:牦牛。

〔14〕 能:通"态"(繁体为"態"),体态。

〔15〕 无何有:什么也没有,空荒。

〔16〕 广莫:即广漠,宽旷辽阔。莫,通"漠"。

〔17〕 彷徨乎:这里是形容无拘无束、悠然游走的样子。无为:超然物外、自然而无所作为。

〔18〕 逍遥乎:与上句中"彷徨乎"意思相同。

〔19〕 夭:夭折。斤斧:伐木的斧头。

〔20〕 无所:没有……的地方。

〔21〕 安所:哪里有……的地方。按:此章为本篇第五章,以庄子与惠子关于

19

大樗无用的对话,揭示庄子以无用为用的人生处世思想,与上章旨意相同。或以为本章与上章非本篇内容,然从以无为用,达到逍遥的语意看,与全篇并非无关。只是《庄子》一书,经两汉魏晋人一再整理之后,原貌到底如何,殊难确知。此姑从语意上归入本篇。

译文

　　惠子对庄子说:"我有棵大树,人们称它叫'樗'。它的树干赘疣盘结而不符合木匠取直所用绳墨的要求,它的树枝弯弯扭扭,也不符合圆规和角尺取材的需要。它生长在道路旁,木匠连看都不看一眼。现今你的言论,就像我家的臭椿树一样,大而无用,大家都会鄙弃它。"庄子说:"您没看见过野猫和黄鼠狼吗?它们低着身子匍匐在地上,等待那些可供它们猎食的小动物走过来;它们或东或西四处跳动,不避高低上下窜越,结果不是落入猎人设下的机关、陷阱,就是死于猎网之中。现在再看那牦牛,庞大的身体就像遮蔽天边的云彩,它的体态可算是大了,但它却不能捕捉老鼠。现在你有这么一棵大树,却担忧它没有什么用处,为什么不把它栽种在空虚荒芜的地方,宽旷无人之处,悠然自得地徘徊于树旁,优游自在地躺卧于树下。这棵大树不会遭到刀斧砍伐,也没有什么外物会去伤害它。没有什么可用之处,又哪里会有什么困苦呢!"

齐 物 论[1]

南郭子綦隐机而坐[2],仰天而嘘[3],荅焉似丧其耦[4]。颜成子游立侍乎前[5],曰:"何居乎[6]?形固可使如槁木[7],而心固可使如死灰乎[8]?今之隐机者,非昔之隐机者也[9]?"子綦曰:"偃[10],不亦善乎,而问之也[11]?今者吾丧我[12],汝知之乎?女闻人籁[13],而未闻地籁[14],女闻地籁而未闻天籁夫[15]?"

子游曰:"敢问其方[16]?"子綦曰:"夫大块噫气[17],其名为风,是唯无作[18],作则万窍怒呺[19],而独不闻之翏翏乎[20]?山林之畏佳[21],大木百围之窍穴[22],似鼻,似口,似耳,似枅,似圈,似臼,似洼者,似污者[23]。激者,謞者,叱者,吸者,叫者,譹者,宎者,咬者[24],前者唱于而随者唱喁[25]。泠风则小和[26],飘风则大和[27],厉风济则众窍为虚[28]。而独不见之调调之刁刁乎[29]?"

子游曰:"地籁则众窍是已[30],人籁则比竹是已[31],敢问天籁。"子綦曰:"夫吹万不同[32],而使其自己也[33],咸其自取[34],怒者其谁邪[35]?"

21

注释

〔1〕本篇是《庄子·内篇》的第二篇,是体现庄子哲学思想的又一代表篇目,它主要表现的是庄子的认识论。篇题中的"齐物",意思是齐同万物,齐一万物。这里的"物",包括事物和物论两方面,因而全篇所论述的"齐物",也包含"齐物"与"齐论"两方面。庄子认为,世俗之人所看到的万事万物的各种差别和矛盾,如大小、生死、贵贱、荣辱、成毁等,都是相对的,从道的角度看这些是齐一的,这就是"齐物";世俗之人对事物的各种看法和观点,如是与非、然与不然、可与不可等,都是出于"成心",是偏面的、不确定的,从道的角度看却是齐一的,没有所谓是非和不同,这就是"齐论"。"齐物"和"齐论"合在一起便是本篇的主旨。"齐物论"中,庄子在论证其观点时用了相对主义方法,从事物都有相对的一面论证问题,看到了事物对立的一面,但他从大道浑一和及其自化、任化的角度,认为这只是事物的表象,万物和物论实际上并无分别。

〔2〕南郭子綦(qí):旧说为楚庄王庶出的弟弟,因居住南郭,故名南郭子綦,曾做过楚庄王的司马。此为庄子借历史人物所寓托的高士。隐:凭倚,凭靠。机:一作"几",案几。

〔3〕嘘:慢慢地吐气。

〔4〕荅(tà)焉:离形去智的样子。丧其耦:丧失掉自己的形体,意思是精神超脱形体达到忘我无己的境界。丧,丧失,引申为忘掉。耦,通"偶",匹对。庄子认为人是肉体和精神的对立统一体,这里指与精神相对立的形体。

〔5〕颜成子游:子綦的学生,颜氏,名偃,字子游,死后谥"成",故名颜成子游。立侍乎前:站立侍奉在子綦面前。

〔6〕居:缘故。

〔7〕固:诚然。槁木:枯木,喻寂然不动。槁,干枯。

〔8〕心:这里指思想,精神。

〔9〕"今之隐机者"两句:意思是南郭子綦今日隐机入神出体、寂泊无己与旧时隐机未尽玄妙大不一样。其实,还是同一个人,但前后体道境界和表现大不相同。

〔10〕偃:颜成子游的名。

〔11〕"不亦"两句:是"尔之问不亦善乎"的倒装。而,同"尔",你。

〔12〕吾丧我:我忘掉了我自己。

〔13〕女:通"汝"。人籁(lài):人为发出的声响,这里指人吹竹管发出的声音。籁,原意是箫,古代的一种管状乐器,这里泛指从孔穴里发出的声响。

〔14〕地籁:风吹洞穴发出的声响。

〔15〕天籁:万物自己自然而然发出的声响。

〔16〕敢:表示谦敬的副词,意思是冒昧地、斗胆地。方:道术,这里指所言三籁的含意。

〔17〕大块:大地。噫(yī)气:吐气。

〔18〕是:此,这里指风。作:刮,兴起。

〔19〕窍:孔穴。呺(háo):亦作"号",吼叫。

〔20〕翏翏(liù):象声词,强劲猛烈的大风声。

〔21〕林:通"陵",大山。畏佳(wéi cuī):亦作"嵔佳",即嵬崔,山陵高峻的样子。

〔22〕大木百围:百围的大树。围,两手合抱为一围。窍穴:孔穴,指大树上的洞孔。

〔23〕"似鼻"等八处:是描写窍穴的各种不同形状。枅(jī),梁柱横木上的穿孔。圈,圆口的杯子。臼,春捣用的器具。洼,池沼。污,泥塘。

〔24〕"激者"等八处:是描写窍穴发出的各种不同声音。激者,如激流的声音。謞(xiào)者,如箭头飞出去的声响。叱者,如叱咤之声。吸者,如呼吸之声。叫者,如叫喊之声。譹(háo)者,如嚎哭之声。譹,通"嚎"。宎(yǎo)者,如沉吟之声。咬(jiāo)者,如哀叹之声。

〔25〕于、喁(yú):风吹树动前后应和的声音。

〔26〕泠(líng)风:小风,清风。

〔27〕飘风:大风。

〔28〕厉风:迅猛的暴风。济:停止。虚:寂静无声。

〔29〕而:你。调调:树枝大动的样子。刀刀:亦作"刁刁",树木轻微摇动的

23

样子。

〔30〕"地籁"句：意思是地籁是众窍发出的这样的声音。是，这样。已，同"矣"。

〔31〕比竹：这里指并合在一起可以发出声响的竹管。指竽之类的乐器。比，并列。

〔32〕吹万不同：意思是风吹众窍发出的各不相同的声音。这句及以下是述说"天籁"的，故有学者怀疑"夫"字之后缺"天籁者"三字。

〔33〕使其自己：意思是它们自己发出的。

〔34〕咸：全，都。自取：自己发出。

〔35〕"怒者"句：意思是发动者还会有谁呢？怒，这里是发动的意思。按：此则寓言是本篇的第一章，以南郭子綦与颜成子游的对话，阐说了人籁、地籁和天籁的不同含义，初步指出万物具有的道的自性自化、自然无为的共同性，这是庄子齐物论的基础。

译文

南郭子綦靠着几案而坐，仰首向天缓缓地吐着气，那离神去智的样子真好像精神脱出了躯体。他的学生颜成子游侍立在前说道："这是怎么啦？形体诚然可以使它像枯木，精神和思想难道也可以使它像死灰那样吗？今天凭几而坐的您，跟往昔凭几而坐的情景为何大不一样呢？"子綦回答说："偃，你这个问题，不是问得很好吗？今天我达到了无我的境界，你知道吗？你大概听到过人籁却没有听到过地籁，你也许听到过地籁却没有听到过天籁吧？"

子游问："冒昧地请教三籁的真实含意为何？"子綦说："大地吐出的气息，名字叫风。风不发作则已，一旦发作整个大地上成千上万的窍孔都怒吼起来。你没有听到那呼呼的风声吗？山陵高峻之处，百围粗的大树上有无数的窍孔，有的像鼻子，有的像嘴巴，有的像耳朵，有的像梁柱横木的穿孔，有的像圆形的杯子，有的像舂米的臼窝，有的像深大的池沼，有的像浅小的泥塘。它们在风中发出的声音，有的像湍急的流水声，有的像迅疾的飞箭声，有的像大声的呵叱声，有的像细细的呼吸声，有的像放声叫喊，有的像嚎啕大哭，有的像沉吟声，有的像哀叹声，好像前面在呜呜唱导，后面在呼呼应和。清风徐徐则小和，大风呼呼便大和，暴风停歇则众窍寂然无声。你难道不曾看见风吹过处万物随风摇曳晃动的情景吗？"

子游说："地籁是从众窍里发出的声音，人籁是从并列在一起的竹管里发出的声音。我再冒昧地请教什么是天籁？"子綦说："（天籁是说）风吹众窍发出的各种不同声音，都是众窍（因为自己不同的形态）自己发出的。既然都是它们自己发出的，发动者还会有谁呢？"

大知闲闲[1]，小知间间[2]。大言炎炎[3]，小言詹詹[4]。其寐也魂交[5]，其觉也形开[6]，与接为构，日以心斗[7]。缦者[8]，窖者[9]，密者[10]。小恐惴惴[11]，大恐缦缦[12]。其发若机栝[13]，其司是非之谓也[14]；其留如诅盟，其守胜之谓也[15]。其杀若秋冬，以言其日消也[16]；其溺之所为之，不可使复之也[17]；其厌也如缄[18]，以言其老洫也[19]；近死之心，莫使复阳也[20]。喜怒哀乐，虑叹变慹[21]，姚佚启态[22]。乐出虚[23]，蒸成菌[24]。日夜相代乎前[25]，而莫知其所萌[26]。已乎[27]，已乎！旦暮得此[28]，其所由以生乎[29]！

非彼无我[30]，非我无所取[31]。是亦近矣[32]，而不知其所为使[33]。若有真宰[34]，而特不得其眹[35]。可行己信，而不见其形,有情而无形[36]。百骸[37]、九窍[38]、六藏[39],赅而存焉[40],吾谁与为亲[41]?汝皆说之乎[42]?其有私焉[43]?如是皆有为臣妾乎?其臣妾不足以相治乎?其递相为君臣乎?其有真君存焉[44]?如求得其情与不得,无益损乎其真[45]。一受其成形[46],不忘以待尽[47]。与物相刃相靡[48],其行尽如驰[49],而莫之能止,不亦悲乎!终身役役而不见其成功[50],苶然疲役而不知其所归[51],可不哀邪!人谓之不死,奚益[52]!其形化,其心与之然[53],可不谓大哀乎?人之生也,固若是芒乎[54]?其我独芒[55],而人亦有不芒者乎?

夫随其成心而师之[56],谁独且无师乎?奚必知代而心自取者有之[57]?愚者与有焉!未成乎心而有是非,是今日适越而昔至也[58]。是以无有为有。无有为有,虽有神禹且不能知,吾独且奈何哉[59]!

注释

〔1〕大知:指具有大智慧的人。知,通"智"。闲闲:广博安详的样子。

〔2〕小知:指具有小聪明的人。间间(jiàn):固执偏狭的样子。

〔3〕大言:高深玄妙的言论。炎炎:猛烈,这里借猛火烧燎之势,比喻说话言辞猛烈,气势凌人。

〔4〕小言:浅薄的言论。詹詹:言语琐细,说个没完。

〔5〕寐:梦寐。魂交:精神与外物交接。

〔6〕觉:睡醒。形开:身形开朗,头脑清醒。

〔7〕接:接触,这里指与外界环境接触。为构:产生纠葛。构,合,这里是纠葛的意思。日以心斗:整天勾心斗角。

〔8〕缦(màn)者:指神态宽缓从容的人。缦,通"慢",宽缓。

〔9〕窖者:指有的人情态深沉。窖,深沉,用心不可捉摸。

〔10〕密者：指有的人行为谨严。密，缜密，谨严。

〔11〕惴惴(zhuì)：恐惧不安的样子。

〔12〕缦缦(màn)：神情沮丧的样子。

〔13〕发：发出言论。机：弩机。栝(kuò)：箭杆末端扣弦部位。

〔14〕司：通"伺"，窥伺是非的要害的意思。

〔15〕留：守住，指持言不发，与上句的"发"相对应。诅(zǔ)盟：誓约，结盟时的誓言。守胜：等候时机以战胜对方。

〔16〕杀：肃杀，衰败。这里指神情沮丧。日消：指物色逐渐消退。

〔17〕溺之：沉湎于。所为之：所做的事，指辩论。复之：恢复自然本性。

〔18〕厌(yā)：闭塞，指心灵闭塞。缄：绳索，这里是用绳索加以束缚的意思。

〔19〕老洫(xù)：多年壅闭的沟渠，泉尽水涸。这里比喻衰老枯竭。

〔20〕复阳：复生，恢复生机。

〔21〕虑：忧虑。叹：哀叹。变：反复无常。慹(zhè)：通"慴"，恐惧，害怕。

〔22〕姚：同"佻"，轻浮。佚：通"逸"，奢华纵逸。启：放荡。态：这里是故作姿态的意思，即装模作样。

〔23〕乐：乐声。虚：中空的情态，这里用管状乐器中空的特点代指乐器本身。

〔24〕蒸成菌：地气蒸腾而生各种菌类。此句与上句"乐出虚"，是把是非争议与众窍怒号联系起来，说明道生万物，有生于无。

〔25〕相代：相互对应地更换与替代。

〔26〕萌：萌发，产生。

〔27〕已乎：算了。

〔28〕旦暮：昼夜，这里表示时间很短。此：指上述对立、对应的各种情态形成发生的道理，即一切都出于"虚"、"无"。

〔29〕所由：产生的根由。由，从，自。

〔30〕彼：指虚空的自然。

〔31〕取：资证，呈现。

〔32〕是：指前面"非彼无我，非我无所取"那样的认识。近：接近大道。

27

〔33〕其所为使:为谁所驱使。

〔34〕真宰:身心的主宰者,这里指自然本性。

〔35〕特:独,只。朕(zhèn):通"朕",征兆,迹象。

〔36〕可行己信:顺从自己所相信的东西行事。有情:确实存在。情,实。

〔37〕百:概数,言其多,非确指。骸:骨节。

〔38〕九窍:人体上九个可以向外张开的孔穴,指双眼、双耳、双鼻孔、口、生殖器、肛门。

〔39〕藏:同"脏",内脏。心、肺、肝、脾、左右两肾合称六脏。

〔40〕赅:齐备。

〔41〕谁与:与谁。

〔42〕说(yuè):通"悦",喜欢。

〔43〕其有私焉:还是有所偏爱呢? 私,偏私,偏爱。

〔44〕真君:这里指"真宰"。

〔45〕情:指"真君"。无损益:不会增加和减少。真:指自然本性。

〔46〕一:一旦。受其成形:意思是禀受自然虚空之气形成形体。

〔47〕不忘:这里指不忘记自己的形体,即不能无己。忘,忘记。一作"亡"。尽:耗竭、消亡。

〔48〕物:外物。相刃:相斗。相靡:互相摩擦。靡,通"摩",摩擦。

〔49〕驰:迅疾奔跑。

〔50〕役役:被外物役使束缚。

〔51〕苶(nié)然:疲倦困顿的样子。疲役:犹言疲于役,为役使所疲顿。归:归宿。

〔52〕奚益:有何益处。

〔53〕形化:这里指形体逐渐衰老。心与之然:意思是心力与形体一样逐渐衰竭。

〔54〕若是:如此。芒:通"茫",迷昧无知。

〔55〕其:抑或。

〔56〕成心:成见,偏见。师:师法,取法。

〔57〕知代:意思是懂得变化更替的道理。代,更替,变化。而心自取者:以本然心性自得的人。自取,自得。

〔58〕今日适越而昔至:今天往越地去而昨天就到了。

〔59〕虽:即使。神禹:神明的夏禹。且:尚且。知:理解。奈何:如何,怎么样。按:此为本篇第二章的第一部分,论述世俗大众为外物所累的种种心态、情绪表现,意在说明世俗的成见无法作为判断是非的标准,指出破除世俗成见和是非在于寻求合于大道的"真宰"。

译文

具有大智慧的人广博安详,具有小聪明的人则琐细偏狭。高深玄妙的言论谈起来言辞猛烈,气势凌人;浅薄的言论谈起来则琐细无方,没完没了。这些人梦寐时,精神与外物交接;醒来后身形开朗,头脑清醒,与外物交接而产生纠葛,整日里勾心斗角。他们有的宽缓,有的深沉,有的严谨。小的恐惧便惴惴不安,大的惊恐更是失魂落魄。他们有时说话就好像利箭发自弩机那样快疾,那是抓住对手是非争论中的问题时乘机反驳;有时持言不发,就好像坚守盟约誓言一样,那是在等待战胜对手的有利时机。他们有时神情沮丧,犹如秋冬的肃杀之景,这说明他们已消丧殆尽;他们沉湎于言辩,致使他们不可能再恢复自然本性;他们心灵闭塞好像被绳索缚住,这说明他们衰老枯竭;他们有时心神接近死亡,无法再恢复生气。他们欣喜、愤怒、悲哀、欢乐,他们忧思、叹惋、反复、恐惧,他们轻浮、纵逸、放荡、造姿。好像乐声从中空的乐管中发出,又像菌类由地气蒸腾而成。这种种情态日夜在面前更替,却不知道是从何处萌生的。算了吧,算了吧!一旦懂得这一切发生的道理,不就明白了这种种情态产生的根由了。

没有虚空的自然之气就没有我,没有我虚空的自然之气就无法呈现。有这样的认识也就接近于大道了,然而却不知道是什么使其如此。似乎有"真宰"支配着,却又寻不到它的形迹。它让人任随自己所相信的行事,却看不见它的形体,它真实地存在着而又没有具体形态。众多的骨节、眼耳口鼻等九窍和心肺肝脾肾等六脏,齐备地存在于我的身体,我跟它们哪一部分最为亲近呢?你对它们都同样喜欢吗?还是对其中某一部分格外偏爱呢?这样,把它们都当成臣妾似的仆属吗?难道臣妾似的仆属就不能够相互支配了吗?还是它们轮流为君臣呢?抑或另有"真君"主宰其间呢?无论寻求到"真君"与否,对其自然本性都不会有什么增益或减少。(世俗的人)一旦禀承天地之气而形成形体,就不能忘掉自己的形体而等待最后的死亡。他们跟外物互相争斗摩擦,他们的行动全都像快马奔驰,没有什么能使他们止步,这不是很可悲吗!他们终身承受着被外物役使的束缚,却看不到自己的成功,总是困顿疲劳的样子,却不知道自己的归宿,这能不悲哀吗!人们所说的长生不死,又有什么益处!人的形骸逐渐衰老,心力也跟着一块儿衰竭,这能不算是极大的悲哀吗?人生在世,本来就像这样迷昧无知吗?难道只有我才这么迷昧无知,世人也有不迷昧无知的吗?

如果顺遂个人的成见并取法它作为判断是非的标准,那么谁会没有标准呢?何必要取法懂得事物的更替之理、以本然心性自得的得道者呢?愚昧的人也会有自己判断是非的标准。还没有成见就有是非观念,这就像今天到越国去而昨天就已经到达。这是把没有当作有。把没有当成有,即使圣明的大禹尚且不可能理解,我又能怎么样呢?

夫言非吹也[1]。言者有言,其所言者特未定也[2]。果有言邪？其未尝有言邪？其以为异于鷇音[3],亦有辩乎[4]？其无辩乎？道恶乎隐而有真伪？言恶乎隐而有是非[5]？道恶乎往而不存？言恶乎存而不可？道隐于小成[6],言隐于荣华[7]。故有儒墨之是非[8],以是其所非而非其所是。欲是其所非而非其所是,则莫若以明[9]。

物无非彼,物无非是。自彼则不见,自知则知之[10]。故曰:彼出于是,是亦因彼。彼是方生之说也[11]。虽然,方生方死,方死方生；方可方不可,方不可方可[12]；因是因非,因非因是[13]。是以圣人不由而照之于天[14],亦因是也[15]。是亦彼也,彼亦是也。彼亦一是非,此亦一是非[16]。果且有彼是乎哉？果且无彼是乎哉[17]？彼是莫得其偶[18],谓之道枢[19]。枢始得其环中,以应无穷[20]。是亦一无穷,非亦一无穷也[21]。故曰:莫若以明。

以指喻指之非指,不若以非指喻指之非指也[22]；以马喻马之非马,不若以非马喻马之非马也[23]。天地一指也,万物一马也。

可乎可,不可乎不可。道行之而成,物谓之而然[24]。恶乎然？然于然[25]。恶乎不然？不然于不然[26]。物固有所然,物固有所可。无物不然,无物不可[27]。故为是举莛与楹、厉与西施[28],恢恑憰怪[29],道通为一[30]。

其分也,成也[31]；其成也,毁也[32]。凡物无成与毁,复通为一[33]。唯达者知通为一[34],为是不用,而寓诸庸[35]。庸也者,用也；用也者,通也；通也者,得也[36]。适得而几矣[37]。因是已[38],已而不知其然[39],谓之道。劳神明为一[40],而不知其同也[41],谓之朝三[42]。何谓朝三?狙公赋芧[43],曰:"朝三而暮四。"众狙皆怒。曰:"然则朝四而暮三。"众狙皆悦。名实未亏而喜怒为用,亦因是也[44]。是以圣人和之以是非,而休乎天钧[45],是之谓两行[46]。

古之人,其知有所至矣[47]。恶乎至[48]?有以为未始有物者,至矣,尽矣,不可以加矣[49]!其次以为有物矣,而未始有封也[50]。其次以为有封焉,而未始有是非也。是非之彰也,道之所以亏也[51]。道之所以亏,爱之所以成[52]。果且有成与亏乎哉?果且无成与亏乎哉?有成与亏,故昭氏之鼓琴也;无成与亏,故昭氏之不鼓琴也[53]。昭文之鼓琴也,师旷之枝策也[54],惠子之据梧也[55],三子之知几乎!皆其盛者也[56],故载之末年[57]。唯其好之也,以异于彼[58];其好之也,欲以明之彼[59],非所明而明之,故以坚白之昧终[60]。而其子又以文之纶终[61],终身无成。若是而可谓成乎,虽我亦成也;若是而不可谓成乎,物与我无成也[62]。是故滑疑之耀[63],圣人之所图也[64]。为是不用而寓诸庸,此之谓以明。

注释

〔1〕"夫言"句:意思是辩论之言和风吹窍不同。言,辩论之言。下句的"言者"则当指善辩的人。吹,风吹。辩言出于有意,辩言之是非出于辩者成见,而风吹出于自然,所以说"言非吹"。

〔2〕特:但,只。未定:无法确定。

〔3〕鷇(kòu)音:将破卵而出的鸟的叫声。

〔4〕辩:通"辨",分辨,区别。

〔5〕恶(wū):何,什么。隐:遮蔽。言:这里指合乎道的至理之言。

〔6〕小成：偏狭的成见。

〔7〕荣华：这里指辩论者华丽的词藻。

〔8〕儒墨：儒家和墨家，战国时期两个政治和哲学流派。是非：这里指儒家和墨家之间的相互非难。

〔9〕莫若：不如。以明：意思是以通达万物、和同是非的道的视角来看待儒墨等世俗的是非。明，明通。从下文看，庄子所说的"以明"，就是指持守大道，和同是非，顺应世俗是非的自然存在与发展。

〔10〕"自彼"两句：意思是从彼方来观察此方，则看不到此方的是处；由此方自己观察自己，则看到的都是自己的是处。自知，疑为"自是"之误，与上句之"自彼"互文。

〔11〕"彼是"句：意思是这是惠施彼此相互对立依存的说法。方生，此指并存。

〔12〕"方生"四句：意思是刚生即死，刚死即复生；刚肯定而否定就随之产生，刚否定则肯定也随之产生。这是说生与死、肯定与否定是对立统一的关系，庄子以此说明生与死、可与不可的不确定性。方，始。随即。可，指事物的肯定方面。不可，指事物的否定方面。"方生方死"两句，是惠施的著名辩题。

〔13〕"因是"两句：意思是是非双方是相互依存而产生的，有是就有非，有非就有是。因，依托。

〔14〕"是以"句：意思是说因此得道的圣人不用世俗的是非观念来看问题做事，而是以自然天道的角度来观照世俗的是非。不由，不用。照，观照。天，自然天道。

〔15〕亦因是也：意思是也遵循自然天道行事。因，遵循。是，是指自然天道。

〔16〕"彼亦"两句：意思是从彼此双方对角度看，彼有彼的是非，此有此的是非。

〔17〕"果且"两句：意思是果真有彼此之分呢，还是果真没有彼此之分呢？果，果真。彼是，即彼此。

〔18〕"彼是"句：意思是彼此和同为一，不再对立。偶，对，指矛盾的对立面。

33

〔19〕道枢:大道的关键。庄子认为,彼和此是事物对立的两个方面,如果彼和此都失去了相对立的一面,和同为一,那么这就是道的枢要。枢,枢要,关键。

〔20〕"枢始"两句:意思是把握了枢要方能居于如圆环般运转的大道中心,进而可以顺应彼此是非的无穷变化。环中,环的中心。环,庄子认为大道运行,终而复始,圆转如环。应,顺应。无穷,指彼此是非的无穷变化。

〔21〕"是亦"两句:意思是按照世俗的是非观念而论事物彼此的是非的话,是和非都是没有穷尽的。

〔22〕"以指"两句:意思是用具体的某根手指来说明具体的手指不是概念所说的手指,不如用手指之外非手指的事物来说明手指不是手指。"指非指",是战国名家学派公孙龙子《指物论》里的辩题,他所说的第一个"指"指的是同类事物中的某个具体事物,第二个"指"指的是某类事物的概称概念,其意是说某类事物的指称概念与其类中具体的某个事物之间,不存在对应和认知关系。庄子这里应是针对该辩题而发的,但从庄子上下文看,他所说的"指",乃是指手指及手指的概念而言的,与公孙龙并不一样。喻,说明。

〔23〕"以马"两句:意思是用具体的白马来说明具体的马不是马,不如用马之外的非马之物来说明马不是马。"白马非马",是名家公孙龙子《白马篇》阐述的著名论题。庄子此两句与上两句,意在说明从道的角度看,万物混同为一,天地万物与手指、马是齐一的,没有区别。

〔24〕物:指事物的名称。谓:称谓,称呼。然:这样。

〔25〕"恶乎然"两句:意思是为什么这样?本来就是这样,所以得道者随顺着这样。

〔26〕"恶乎不然"两句:意思是为什么不这样?本来就不是这样,所以得道者便随顺着不这样。

〔27〕"物固"四句:意思是任何事物本来都有其这样存在的依据,任何事物都有其存在的合理性,没有什么事物没有这样存在的依据,没有什么事物是不可以存在的。

〔28〕为是:为此。举:举凡。莛(tíng):草茎。楹(yíng):厅堂前的木柱。"莛"、"楹"对文,代指物之细小者和巨大者。厉:通作"疠",指皮肤溃烂,这里用

代指丑女。西施:春秋时越国的美女,此代指美女。

〔29〕恢佹憰怪:概指万物千奇百怪的各种奇异之态。恢,宏大。佹(guǐ),通"诡",诡秘。憰(jué),通"谲",诡诈。怪,怪异。

〔30〕道通为一:意思是从道的角度看,都是一样的,没有分别。

〔31〕"其分"两句:意思是旧事物的解体,就是新事物的生成。分,分解,解体。成,生成,形成。

〔32〕"其成"两句:意思是新事物的生成,就是旧事物的毁灭。毁,毁灭,指失去了原有的状态。

〔33〕"凡物"两句:意思是所有的事物都没有形成与毁灭的区别,都是浑然一体的。

〔34〕达者:通达大道的人。达,通达。

〔35〕"为是"两句:意思是因此他们(指达者)不用世俗形成与毁灭的观点看问题,而是寄托于恒常大道的往复运转。寓,寄托。诸,之于。庸,指恒常的天理,这里指天道往复循环的运转。

〔36〕"庸也"六句:是对"庸"的解释,也有人认为乃衍文,是前人作注之语。意思是所谓"庸",就是无用之用;无用之"用",就是无所不通;无所不"通",就是无不自得。

〔37〕适得:达到无不自得。适,达到。几:接近。这里是接近大道的意思。

〔38〕因:顺应。是:此,指上述"寓诸庸"。

〔39〕已:这里是一种特殊的省略,实指前面"因是已"。不知其然:不知道它为何这样。

〔40〕劳:操劳,耗费。神明:心思,指精神和才智。为一:为了求得一致。

〔41〕"而不"句:意思是却不知道万物本来就是同一的。同,指万物本然的同一性。

〔42〕朝三:"朝三"、"暮四"的故事,《列子·黄帝篇》亦有记载。朝是早晨,暮是夜晚,三和四表示数量。"朝三"、"暮四"或者"朝四"、"暮三",其总数未变。庄子这里借此譬喻名虽不一,实却一样。

〔43〕狙(jū)公:养猴子的老人。狙,猴子。赋:分给。芧(xù):橡子。

〔44〕名实:指橡子的名与数。亏:亏损,减少。为用:为之所用,意思是猴子的喜怒因迷惑于颠倒的现象而发生变化。因是:指顺着猴子的意思。

〔45〕和之以是非:即"以是非和之",意思是把是与非同起来。和,和同,混同。休:本指休息,这里含有优游自得地居处的意思。天钧:天道之轮的中心。钧,制陶器所用的转轮,这里比喻大道的中心。庄子认为天道运行往复循环如轮,故以此喻道。王先谦理解为自然均平之地。

〔46〕两行:指任随物与我、是与非自然发展变化。

〔47〕古之人:古时候得道的圣人。知:通"智",智慧。至:极,最高的境界。

〔48〕恶乎至:怎么才算是达到最高境界?

〔49〕"有以为"四句:意思是古时得道的圣人认为,宇宙形成之初,不曾存在任何具象的事物,这认识达到了极致,是尽善尽美,无以复加的了!以为,认为。未始,不曾。

〔50〕封:疆界,界线。这里指事物之间没有彼此之分。

〔51〕"是非"两句:意思是是非出现了,大道就因而亏损了。彰,彰明,显现。

〔52〕"道之所以"两句:意思是大道亏损了,私爱就形成了。爱,私爱,偏爱。成,形成。

〔53〕"有成"四句:意思是有形成和亏损,所以昭氏能弹琴;没有形成和亏损,所以昭氏不用弹琴。昭氏,即昭文,以善于弹琴著称。鼓,弹。庄子认为,音是不能被全部弹奏出来的,弹奏出来的乐声叫成,被遗漏的乐声叫亏,不弹奏则没有成与亏的问题。

〔54〕师旷:晋平公时的著名乐师。枝策:意思是持杖击节。枝,持。策,杖。

〔55〕惠子:惠施,战国时名家学派的著名人物。据梧:意思就是靠着桐树高谈阔论。据,依靠。梧,梧桐树。

〔56〕"三子"两句:意思是昭文、师旷、惠施三人的技术才智,都达到了极致,他们都是同类中享有盛誉的人物。几,尽,意思是达到了顶点。

〔57〕故:所以。载:记载。末年:指大道衰微的时代。

〔58〕"唯其"两句:意思是只是他们与其他人不同,更爱好自己的技艺。好(hào),喜好。以,而。彼,指其他人。

〔59〕"欲以"句:意思是想要让自己的爱好被其他人明白。明,明白,这里是使动用法。

〔60〕非所明而明之:意思是不是别人必须明白的而强制性地要别人明白。坚白:即公孙龙"离坚白"之论,其论以为石的颜色白而质地坚,而"白"和"坚"都独立于"石"之外。庄子极不赞成其说。昧:迷昧,这里指惠施、公孙龙等人的论题迷昧欺人。终:终老。

〔61〕其子:指昭文之子。文:即昭文。纶:琴弦,代指琴,这里指继承昭文的弹琴技艺。

〔62〕"若是"四句:意思是如果上述三子的情况都叫有所成就的话,即使是我这样也可说有成就了;如果他们不算有成就的话,那么混同为一的万物和我也都可归于无成。若是,如果这样。虽,即使。

〔63〕滑(gǔ)疑之耀:浑沌不分的境况。滑疑,纷乱的样子,这里指物我、是非、成亏浑沌不分的样子。耀,这里当作光景、境况讲。

〔64〕图:崇尚。按:此为本篇第二章的第二部分,主要论述万物虽然纷纭复杂,表面上存在着彼此、是非、爱憎、成亏等对立,但从本原的道来看,却都是虚无、浑一的道的自然运化,因而它们也都无分别,是浑一的,人应当像得道的圣人一样,抛却世俗的观念束缚,以"以明"之法,顺应事物的自然运化。

译文

(有意而为的)辩论之言不同于自然的风吹众窍。(各执己见的)辩者都有各自的辩言,只是他们所说的话,是无法确定的。果真说了些什么吗?还是不曾说过些什么呢?他们都认为自己的言谈不同于雏鸟的鸣叫,是真有区别呢?还是没有什么区别呢?大道是被什么遮蔽起来了而产生了真假呢?至理之言是被什么遮蔽起来了而产生了是非呢?大道为何隐去而不复存在?至言为何存在而不被认可?大道被偏狭的成见所遮蔽,至言被浮华的词藻所掩盖。所以就有了儒家和墨家相互间的是非辩难,因此他们肯定对方所否定的而否定对方所肯定的。想要肯定对方所否定的东西而非难对方所肯定的东西,那么不如以通达万物、和同是非的道的视角来看待世俗的是非。

(从彼此对立的角度观物)万物没有不可称为彼物的,万物也没有不可称为此物的。由彼物看此物便看不见此物的是处,由此物自视则看到的全是是处。所以说:彼物出自此物,此物也依存于彼物。所谓彼此并生之说,不过是惠施"方生方死"的诡辩而已。虽是这样,然而刚生即死,刚死便又随即复生;刚刚肯定随即就有否定产生,刚刚否定随即便有肯定;是因非而产生,非因是而存在。因此得道的圣人不用世俗的是非观念来看问题做事,而是以自然天道的角度来观照世俗的是非,也遵循自然天道行事。此即是彼,彼也是此。彼有彼的是非,此有此的是非。事物果真存在彼此的区别呢?还是果真不存在彼此的区分呢?彼此和同为一,没有对立面,可说就是大道的枢纽。抓住了大道的枢纽方能居于圆转如环的大道的中心,以此来顺应万物彼此是非的无穷无尽的变化。"是"是无穷的,"非"也是无穷的。所以说不如以通达万物、和同是非的道的视角来看待世俗的是非。

用具体的某根手指来说明具体的手指不是概念所说的手指,不如用手指之外非手指的事物来说明具体的手指不是手指;用白马来说明具体的马不是马,不如用白马之外的非马之物来说明具体的马不是马。(从道通为一的角度看)天地与手指是一样的,万物和马也是一样的。

认可人们认可的东西,不认可人们不认可的东西。道路是行走而形成的,事物的名称是人们叫着逐渐形成这样的。为什么是这样呢?因为它们本来就是这样的,所以才这样。为什么不是这样呢？因为它们本来就不是这样的，所以不是这样。任何事物本来都有其这样存在的依据，任何事物都有其存在的合理性，没有什么事物没有这样存在的依据，没有什么事物是不可以存在的。所以举凡小草和庭柱、丑女和美女，以及千奇百怪的万物情态，从道的角度看，它们都是相通而浑一的，没有分别。

旧事物的解体，亦即新事物的形成；新事物的形成，亦即旧事物的毁灭。所有事物并无形成与毁灭的区别，都是相通而浑然一体的。只有通达大道的人才知晓事物相通而浑一的道理，因此他们不用世俗形成与毁灭的观点看问题，而是寄托于恒常大道的往复运转。所谓"庸"，就是体认到事物的无用之用；体认到无用之"用"，就能无所不通；无所不"通"，就能无不自得。达到无不自得也就接近于大道了。顺应万物的自然运转而混同是非，这样而不知道它何以这样，这就叫作"道"。耗费心思去寻求事物的一致性，却不知万物本来就是相同的，这可称为"朝三"。什么叫作"朝三"呢？养猴的老人给猴子分橡子，说："早上给三颗，晚上给四颗。"猴子们听了非常愤怒。养猴老人便改口说："那么就早上四颗晚上三颗吧。"猴子们听了都高兴起来。橡子的名和总数实际都没有变化，可猴子们的感情（却为数字颠倒的现象所迷惑而）有了喜怒不同的变化，养猴老人也就是顺着猴子的心理罢了。因此，得道的圣人把是与非和同，优游自得地居处于天道之轮的中心，任凭自然万物自我均调发展，这就叫任随物与我、是与非自行发展的"两行"。

古时候的得道圣人，他们的智慧真是达到最高的境界了。怎么才算是达到最高境界呢？得道的圣人认为，宇宙形成之初不曾存在什么具象的事物，这样的认识达到了极致，是尽善尽美,而无以复加的了。比圣人稍次一等的人,认为宇宙形成之初是存在事物的,可是万事万物之间从不曾有过区分和界线。再次一等的人,认为万事万物虽有这样那样的区别,但是却从不曾有过是与非的不同。是非出现了,人们对大道的认识也就因此有了亏损。对大道的认识出现了亏损,私爱也就因此形成。果真有形成与亏缺吗?果真没有形成与亏缺吗?有形成与亏缺,所以昭文才能够弹琴奏乐;没有形成和亏缺,所以昭文就不用弹琴奏乐。昭文善于弹琴,师旷精于乐律,惠施乐于靠着梧桐树高谈阔论,这三位先生的技艺才智可说是登峰造极了!他们都是同类中享有盛誉的人物,所以他们的事迹被大道衰微时代的人记载下来。他们都十分爱好自己的学问与技艺,跟一般人大不一样;正因为爱好自己的学问和技艺,所以总想着让别人也能明白,于是他们将那些别人不该明白的东西强行地让别人明白,因此最终死守"坚白"论之类的迷昧欺人的观念而终老。而昭文的儿子也终生继承其父亲的弹琴事业,一辈子没有什么作为。像这样就可以称作成功的话,那即使是我也可说是成功的了;像这样不可以称作成功的话,那么外界事物和我本身就都没有什么成功。因此,物我、是非、成亏等浑沌不分的境况,正是圣人所崇尚的。圣人不用世俗物我、是非、成亏等对立观念看问题,而是寄托于恒常大道的往复运转,这就叫作"以明"。

今且有言于此,不知其与是类乎?其与是不类乎?类与不类,相与为类,则与彼无以异矣[1]。虽然,请尝言之[2]。有始也者,有未始有始也者,有未始有夫未始有始也者。有有也者,有无也者,有未始有无也者,有未始有夫未始有无也者[3]。俄而有无矣,而未知有无之果孰有孰无也[4]。今我则已有谓矣,而未知吾所谓之其果有谓乎,其果无谓乎[5]?

天下莫大于秋豪之末,而大山为小;莫寿于殇子,而彭祖为夭[6]。天地与我并生,而万物与我为一[7]。既已为一矣,且得有言乎?既已谓之一矣,且得无言乎[8]?一与言为二,二与一为三[9]。自此以往,巧历不能得,而况其凡乎[10]!故自无适有以至于三,而况自有适有乎[11]!无适焉,因是已[12]。

夫道未始有封[13],言未始有常[14],为是而有畛也[15]。请言其畛:有左有右,有伦有义,有分有辩,有竞有争[16],此之谓八德[17]。六合之外,圣人存而不论[18];六合之内,圣人论而不议[19]。春秋经世先王之志,圣人议而不辩[20]。

故分也者,有不分也;辩也者,有不辩也[21]。曰:何也?圣人怀之,众人辩之以相示也[22]。故曰辩也者,有不见也[23]。夫大道不称,大辩不言,大仁不仁,大廉不嗛,大勇不忮[24]。道昭而不道,言辩而不及[25],仁常而不成[26],廉清而不信,勇忮而不成[27]。五者园而几向方矣[28]。故知止其所不知,至矣。孰知不言之辩、不道之道?若有能知,此之谓天府[29]。注焉而不满[30],酌焉而不竭[31],而不知其所由来,此之谓葆光[32]。

注释

〔1〕"不知"五句:意思是不知道其他人所说的话与我这里所说的话相同呢,还是不相同呢?相同还是不相同,既然都属于说话一类,那就与其他人所说的话没有区别。其、彼,指其他人所说的话。是,指作者这里说要说的话。类,此五句中前四个"类"都是"相同"的意思,第五个"类"是"同类"的意思。无以异,没有什么不同。

〔2〕虽然:虽是这样。然,这样,指上句说的"无以异"。尝:尝试。

〔3〕"有始"七句:意思是宇宙万物有开始形成的时候,有未曾形成的时候,还有未曾形成以前的时候;宇宙万物之初有"有"的时候,有"无"的时候,还有未曾有"有"、"无"的时候,还有未曾有"有"、"无"之前的时候。这里作者在上一部分谈宇宙起源的基础上,进一步把宇宙万物起源推到"未曾无"和"未曾无以前",目的是把读者引导向大道的虚无浑一的境界。

〔4〕"俄而"两句:意思是突然产生了"有"和"无",却实在不知道"有"和"无"到底谁是"有"谁是"无"。俄而,突然。果,果真,实在。此两句背后之意是"有"和"无"浑一无别。

〔5〕"今我"三句:意思是现在我已经有言说了,却不知道我所说的果真是说了呢? 还是果真没有说呢? 此三句背后之意是"有谓"与"无谓"没有区别。

〔6〕"天下"四句:意思是从宇宙万物未曾形成时"无"的状态看天下没有比秋毫之末更大的东西,而当宇宙万物出现之后泰山也成了宇宙中小的东西;从宇宙未曾产生生命时的状态看,少年早死的殇者就是最长寿的,而当宇宙中出现了更长寿的生命时,彭祖的寿命也只能算是短寿夭折了。秋豪,秋天鸟兽新生的羽毛,比喻细的小事物。豪,通"毫"。末,末梢。大山,即泰山。殇子,未成年而死的人。彭祖,传说中长寿者,据说活了八百岁。夭,夭折,短命。

〔7〕"天地"两句:意思是从道的角度看,道生天地万物,天地万物在本质上是浑一的,所以说天地与我共生,万物与我浑然一体。为一,浑然一体。

〔8〕"既已"四句:意思是既然我与天地万物浑然一体,那还有什么可说的呢? 既然我与天地万物浑然一体,那又有什么不可言说的呢?

〔9〕"一与言"两句:意思是浑然一体的万物为一,加上我所说的话,就成了二,再加上"彼"所说的话,就成了三。

〔10〕"自此"三句:意思是以此类推,善于计算的人也无法计算出其数字,何况凡夫俗子呢! 巧历,善于计算的人。凡,平庸的人。

〔11〕自无适有:从无推算到有。适,往,到。自有适有:从有计算到有。

〔12〕"无适"两句:意思是不要推算下去了,还是顺应自然吧! 因,顺应。已,矣。

〔13〕封:界限,分别。

〔14〕言:至言。常:定见,定论。

〔15〕为是:因为争"是"。是,对,正确。畛(zhěn):界限。

〔16〕"有左"四句:意思是有上下尊卑之序,有亲疏的伦理和贵贱的礼仪,有分辩,有竞争。有左有右,古以右为尊,左右为尊卑的代称。伦,伦理。义,通"仪",礼仪。分,分剖大端。辩,辨析细微曲折之处。竞,并逐为竞。争,角胜为争。

〔17〕八德:八种品能。德,品能。

〔18〕"六合之外"两句:意思是天地四方之外的事,得道的圣人不去论说。六合,指天、地和东、西、南、北四方。

〔19〕"六合之内"两句:意思是天地四方之内的事,得道的圣人只论说其大要,而不评议其内容。论,论说。议,评议。

〔20〕"春秋"两句:意思是古史是先王治理世事的记载,得道圣人只评议其内容而不辩论其是非曲直。春秋,这里泛指古代历史。经世,治理世事。志,记载。

〔21〕"故分"四句:意思是所以对于天下事理,有人作出区分,有人不作区分;有人作出辩论,有人不作辩论。

〔22〕"圣人"两句:意思是得道的圣人怀藏大道于心,对天下事理不加区分和辩说,众人则喋喋不休地争辩,并夸示于人。怀,怀藏于心,指心怀大道,不去分辨物我和是非。示,夸示。

〔23〕"辩也者"两句:意思是辩论的产生,是因为辩论者没有体悟到大道。不见,没有看到,这里指没有体悟到大道。

〔24〕"夫大道"五句:意思是大道是不须称扬的,至理之言是不用辩说折服别人的,最具仁爱的人并非有意为仁,最廉洁的人并不特意表现谦逊,最勇敢的人不伤害他人。称,称扬。嗛(qiān),通"谦",谦逊。忮(zhì),伤害。

〔25〕"道昭"两句:意思是道昭明易见就不是真正的道,辩言逞辞雄肆就会有表达不到之处。昭,明。辩,逞辞雄肆。不及,达不到,这里指言论表达不到的地方。

〔26〕"仁常"句:意思是仁爱恒定不变必不能遍及万物。常,恒常,恒定。

43

成,当为"周"字之误,普遍,周全。

〔27〕"廉清"两句:意思是廉洁自清则往往并无实德,逞血气之勇伤人则不能成为真正的勇者。信,实。

〔28〕"五者"句:意思是上述五种情况就好像想要圆却接近于方了。园,通"圆"。几,接近。

〔29〕天府:以自然为府库。府,储存财物的地方。

〔30〕注:注入。焉:于之。

〔31〕酌:舀取。竭:尽,枯竭。

〔32〕不知其所由来:不知道它是如何形成的。葆(bǎo)光:隐藏光亮而不露。葆,隐藏。按:此部分是本篇第二章的第三部分,主要论说言论不齐、争辩不一的原因在于各执一词,如果顺应产生天地万物的大道之"无",无为无言,无封无畛,则自然齐一。

译文

现在暂且在这里说一番话,不知道这些话和其他人说的是相同呢?还是不相同呢?无论相同还是不相同,既然都属于说话一类,那和其他人的话也就没有什么不同了。虽然这样,还是请让我试着把这个问题说一下。宇宙万物有开始形成的时候,有未曾形成的时候,还有未曾形成以前的时候;宇宙万物之初有"有"的时候,有"无"的时候,还有未曾有"有"、"无"的时候,还有未曾有"有"、"无"之前的时候。突然产生了"有"和"无",却实在不知道"有"与"无"谁是"有"谁是"无"。现在我已经有言说了,却不知道我所说的果真是说了呢?还是果真没有说呢?

从宇宙万物未曾形成时"无"的状态看,天下没有比秋毫之末更大的东西,而当宇宙万物出现之后,泰山也成了宇宙中小的东西;从宇宙未曾产生生命时的状态看,少年早死的殇者就是最长寿的,而当宇宙中出现了更长寿的生命时,彭祖的寿命也只能算是短命夭折了。从道生天地万物看,天地与我共生,万物与我浑然一体。既然我与天地万物浑然为一体,那还有什么可说的呢?既然天地万物与我浑然一体,那还有什么不能说的呢?浑然一体的万物加上我的言说就成了二,二再加上"彼"的言说就成了三。以此类推,善于计算的人也不可能算出确切的数字,何况凡夫俗子呢!从无推算到有,再推算到三就这样不可能,又何况从有推算到有呢?没有必要推算下去了,还是顺应自然吧!

大道不曾有物我、是非等界线,至言不曾有是非之定说,只因为有了争"是"的观念,才产生了这样那样的界限。请让我谈谈那些界限:有上下尊卑之序,有亲疏伦理和贵贱礼仪,有分解大要和辨析委曲,有并逐之竞比和角胜之相争,这就是所谓八种品能。天地四方之外的事,得道的圣人总是存而不论;天地四方之内的事,得道的圣人只论说其大要,却不对其内容详细评说。古史是对前代君王们治理世事的记载,得道的圣人只评说其内容却不辩论其是非曲直。

所以对于天下事理有人作出区分,有人不作区分;有人作出辩论,有人不作辩论。有人会问:为什么会这样呢?得道的圣人怀藏大道于心,对天下事理不加区分和辩说,普罗大众则喋喋不休地争辩,并夸示于人。所以说:辩论的产生,是因为辩论者没有体悟到大道。大道是不须称扬的,至理之言是不用辩说折服别人的,最具仁爱的人并非有意为仁,最廉洁的人并不特意表现谦逊,最勇敢的人不伤害他人。道昭明易见就不是真正的道,辩言逞辞雄肆就会有表达不到之处,仁爱恒定不变必不能遍及万物,廉洁自清则往往并无实德,逞血气之勇伤人则不能成为真正的勇者。上述五种情况就好像想要圆却接近于方了。因此懂得停止于自己所不知道的地方,那就达到知的极点了。谁能知道不用言语的辩论、不用称说的大道呢?假如有谁能够知道,这就叫以自然为府库。无论往里面注入多少东西都不会把它装满,无论从中取出多少东西它都不会枯竭,而且还不知道它是怎样形成的,这就叫作隐藏光亮而不露。

故昔者[1],尧问于舜曰:"我欲伐宗、脍、胥敖[2],南面而不释然[3]。其故何也?"舜曰:"夫三子者[4],犹存乎蓬艾之间[5]。若不释然[6],何哉?昔者十日并出[7],万物皆照,而况德之进乎日者乎[8]!"

注释

〔1〕故昔:即古昔,从前。故,通"古"。

〔2〕宗、脍(kuài)、胥敖:上古时三个小国名。

〔3〕南面:古代帝王上朝理事坐北朝南,所以称君主临朝为"南面"。释然:不耿介于怀的样子,即放心。

〔4〕三子者:指上述三国的国君。

〔5〕存乎蓬艾之间:处于偏小卑微之地。比喻三国国微君卑,不足与之计较。蓬艾,两种草名。

〔6〕若:你。

〔7〕十日并出:十个太阳一起出来。《淮南子·本经训》中"后羿射日"寓言故事有"逮至尧之时,十日并出,焦禾稼,杀草木,而民无所食",而后尧派后羿射日的记载,《庄子》所言与之不同,而是借此比喻阳光普照到每一个地方。

〔8〕"而况"句:意思是更何况您的德行超过了太阳的光辉呢!进,超过,胜

过。此则寓言为本篇第三章,说明尧"不释然"的原因在于不能忘物,不能忘物便不能齐物、容物。

译文

　　从前,尧曾问舜道:"我想征伐宗、脍、胥敖三个小国,每当临朝理政时总是心神不宁,这是什么原因呢?"舜回答说:"那三个小国的国君,与您相比就像生存于偏狭卑微的蓬蒿艾草之中。您对他们总是感到心神不宁,为什么呢?过去十个太阳一块儿升起,万物都被阳光照耀到,更何况您的德行超过了太阳的光辉呢!"

　　啮缺问乎王倪曰[1]:"子知物之所同是乎[2]?"

　　曰:"吾恶乎知之!"

　　"子知子之所不知邪?"

　　曰:"吾恶乎知之!"

　　"然则物无知邪?"

　　曰:"吾恶乎知之!虽然,尝试言之。庸讵知吾所谓知之非不知邪[3]?庸讵知吾所谓不知之非知邪?且吾尝试问乎女[4]:民湿寝则腰疾偏死[5],鳅然乎哉[6]?木处则惴慄恂惧[7],猿猴然乎哉[8]?三者孰知正处?民食刍豢[9],麋鹿食荐[10],蝍蛆甘带[11],鸱鸦耆鼠[12],四者孰知正味?猿猵狙以为雌[13],麋与鹿交,鳅与鱼游[14]。毛嫱丽姬[15],人之所美也,鱼见之深入,鸟见之高飞,麋鹿见之决骤[16],四者孰知天下之正色哉?自我观之,仁义之端[17],是非之涂[18],樊然殽乱[19],吾恶能知其辩[20]!"

47

啮缺曰:"子不知利害,则至人固不知利害乎[21]?"

王倪曰:"至人神矣[22]!大泽焚而不能热[23],河汉冱而不能寒[24],疾雷破山、飘风振海而不能惊[25]。若然者,乘云气,骑日月,而游乎四海之外。死生无变于己[26],而况利害之端乎!"

注释

〔1〕啮(niè)缺、王倪:传说中的古代贤人,实为庄子寓言故事中虚拟的人物,《庄子·天地》篇中说王倪是啮缺的老师。

〔2〕所同是:意思是相互间共同的地方。

〔3〕庸讵:怎么、哪里。

〔4〕女:通"汝",你。

〔5〕湿寝:睡在潮湿的地方。腰疾:腰部患病。偏死:偏瘫,即半身不遂。

〔6〕鰌(qiū):同"鳅",即泥鳅,生活在泥中。然:这样。

〔7〕木处:在树木上居住。惴、慄、恂(xún)、惧:四字都是恐惧、惧怕的意思。

〔8〕猨猴:即猿猴。猨,同"猿"。

〔9〕民:人。刍豢(chú huàn):这里代指家畜、牲口。刍,吃草的动物。豢,吃粮食的动物。

〔10〕麋(mí):一种食草的珍贵哺乳动物,与鹿同科,比牛大,毛淡褐色,雄的有角,角像鹿,尾像驴,蹄像牛,颈像骆驼,俗称"四不像"。荐:六畜所吃的草。

〔11〕蝍蛆(jí jū):蜈蚣。蛆,或作"且"。甘带:意思是以蛇脑为美食。《尔雅》郭璞注说蝍蛆食蛇脑。甘,以……为甜美,爱吃。带,蛇。

〔12〕鸱(chī)鸦:猫头鹰和乌鸦。耆:通"嗜",嗜好。

〔13〕"猨猵狙(biān jū)"句:意思是猿猴和猵狙之间喜欢雌雄交配。猵狙,一种类似猿猴的动物,多毛,头似狗。以为雌,意思是雌雄相互交配。

〔14〕交:交合,交配。游:戏游,这里是交尾的意思。

〔15〕毛嫱(qiáng)、丽姬:都是古代著名的美女。

〔16〕决(xuè)骤:迅速奔跑。

〔17〕端:头绪。

〔18〕涂:途径。

〔19〕樊然:杂乱的样子。殽(xiáo):"淆"的假借,混杂。

〔20〕辩:通"辨",分别,区分。

〔21〕至人:这里指道德修养极高的得道者。

〔22〕神:神妙莫测。

〔23〕泽:水泽,积水的洼地。泽中灌木丛生,所以能焚烧。不能热:意思是不能使圣人感到炎热。

〔24〕河:指黄河。汉:指汉水。沍(hù):冻结。不能寒:意思是不能使圣人感到寒冷。

〔25〕疾雷:迅猛的雷。破山:劈山。飘风:暴风。"飘"字郭本原缺,成玄英疏有"飘风涛荡而振海"之语,又据前言"疾雷"知,此处"风"前当有"飘"字。振海:意思是翻江倒海。

〔26〕无变于己:意思是对于他没有任何影响。按:此则寓言是本篇的第四章,借啮缺与王倪的对话,以人与其他动物所追求的处所、味道、美色等的不同,说明一切事物都没有客观标准,无所谓正确认识,因而没有必要去区别是非利害。

译文

啮缺问王倪道:"您知道宇宙万物的共同之处吗?"

王倪说:"我怎么会知道呢!"

啮缺又问:"您知道您所不知道的东西吗?"

王倪回答说:"我怎么会知道呢!"

啮缺接着又问:"那么您对宇宙万物都不知道吗?"

王倪回答:"我怎么会知道呢!虽然这样,我还是试着来谈

49

谈你的问题。你怎么知道我所说的知道不是不知道呢？你又怎么知道我所说的不知道不是知道呢？我姑且尝试着先问一问你：人睡在潮湿的地方就会腰部患病或半身不遂，泥鳅也会这样吗？人住在树上就会心惊胆战、惶恐不安，猿猴也会这样吗？（人、泥鳅、猿猴）三者究竟谁知道什么才是正确的居处方式呢？人吃牲畜的肉，麋鹿吃草，蜈蚣酷爱吃蛇脑，猫头鹰和乌鸦爱吃老鼠，（人、麋鹿、蜈蚣、猫头鹰和乌鸦）这四类动物究竟谁才知道什么是真正的美味呢？猿猴喜欢与猵狙配偶，麋喜欢与鹿交配，泥鳅则与鱼交尾。毛嫱和丽姬，是人们称道的美女，可是鱼儿见了她们潜入深水，鸟儿见了她们高飞而去，麋鹿见了她们便迅速逃离。（人、鱼、鸟和麋鹿）四者究竟谁才知道什么是天下真正的美色呢？以我来看，仁与义的端绪，是与非的途径，都纷杂错乱，我怎么知道它们之间的分别！"

啮缺说："您不知道利与害，那么道德修养极高的至人也不知道利与害吗？"

王倪说："道德修养极高的至人实在是神妙莫测啊！灌木丛生的大泽地焚烧起来而不能使他感到炎热，黄河、汉水结冰而不能使他感到寒冷，迅猛的雷霆劈山破岩、狂风翻江倒海而不能使他感到震惊。像他这样，乘着云气，骑着日月，遨游在四海之外，死和生对他没有任何影响，更何况利与害这些微不足道的小事呢！"

瞿鹊子问于长梧子曰[1]："吾闻诸夫子[2]：圣人不从事于务[3]，不就利[4]；不违害[5]，不喜求，不缘道[6]；无谓有谓，有谓无谓，而游乎尘垢之外[7]。夫子以为孟浪之言，而我以为妙道之行也[8]。吾子以为奚若[9]？"

长梧子曰："是皇帝之所听荧也[10]，而丘也何足以知之？且女亦大早计[11]，见卵而求时夜[12]，见弹而求鸮炙[13]。予尝为女妄言之，女亦以妄听之。奚旁日月，挟宇宙[14]，为其吻合[15]，置其滑涽[16]，以隶相尊[17]？众人役役[18]，圣人愚芚[19]，参万岁而一成纯[20]。万物尽然[21]，而以是相蕴[22]。

"予恶乎知说生之非惑邪[23]？予恶乎知恶死之非弱丧而不知归者邪[24]？丽之姬[25]，艾封人之子也[26]。晋国之始得之也，涕泣沾襟，及其至于王所[27]，与王同筐床[28]，食刍豢，而后悔其泣也。予恶乎知夫死者不悔其始之蕲生乎[29]？梦饮酒者，旦而哭泣；梦哭泣者，旦而田猎[30]。方其梦也[31]，不知其梦也。梦之中又占其梦焉，觉而后知其梦也。且有大觉而后知此其大梦也。而愚者自以为觉，窃窃然知之[32]。君乎！牧乎！固哉[33]！丘也与女皆梦也，予谓女梦，亦梦也。是其言也，其名为吊诡[34]。万世之后而一遇大圣，知其解者，是旦暮遇之也[35]！

"既使我与若辩矣[36]，若胜我，我不若胜[37]，若果是也？我果非也邪？我胜若，若不吾胜，我果是也？而果非也邪[38]？其或是也？其或非也邪？其俱是也？其俱非也邪？我与若不能相知也，则人固受其黮暗[39]，吾谁使正之[40]？使同乎若者正之，既与若同矣，恶能正之？使同乎我者正之，既同乎我矣，恶能正之？使异乎我与若者正之，既异乎我与若矣，恶能正之？使同乎我与若者正之，既同乎我与若矣，恶能正之？然则我与若与人，俱不能相知也，而待彼也邪[41]？

"化声之相待[42]，若其不相待，和之以天倪[43]，因之以曼衍[44],所以穷年也[45]。

"何谓和之以天倪？曰：是不是，然不然。是若果是也，则是之异乎不是也亦无辩；然若果然也，则然之异乎不然也亦无辩。忘年忘义[46],振于无竟[47],故寓诸无竟[48]。"

注释

〔1〕瞿鹊子：《庄子》中虚构的孔门后学。长梧子：《庄子》中虚构的得道人物。

〔2〕夫子：指孔子，名丘，字仲尼，儒家学派创始人。

〔3〕圣人：指道家心目中道德修养极高的人。务：世务，俗事。

〔4〕就：趋赴，贪图。

〔5〕违：避开。

〔6〕"不喜求"两句：意思是无求于世，无心于道而行事自然合道。缘道，沿着前人的足迹求道，即有心求道。缘，践迹，沿着前人的足迹。

〔7〕"无谓"三句：意思是没说如同说了，说了如同没说，而超然逍遥于世俗之外。谓，说，言谈。尘垢，指世俗。

〔8〕"夫子"两句：意思是孔子认为这是荒诞无稽的言论，而我认为这是玄妙大道的表现。孟浪，荒诞。行，表现。

〔9〕奚若：何如，怎么样。

〔10〕是：这，指瞿鹊子转述孔子所说的得道圣人的行为。皇帝：又作"黄帝"，传说中五帝之一。听荧(yíng)：听闻后而疑惑不明。荧，惑。

〔11〕大早计：谋虑过早，意思是操之过急。大早，过早。计，谋虑。

〔12〕"见卵"句：意思是刚见鸡蛋就想立刻得到报晓的公鸡。卵，鸡蛋。时夜，司夜，指报晓的公鸡。时，通"司"，掌管。

〔13〕"见弹"句：意思是刚见到弹丸就想马上得到烤熟的斑鸠肉。弹，弹丸。鸮(xiāo)：一种肉质鲜美的鸟，俗名斑鸠。炙，烤肉。

〔14〕奚：何不。旁(bàng)：同"傍"，依傍。挟(xié)：怀抱。

52

〔15〕为其吻合:意思是与宇宙万物融合为一体。

〔16〕置其滑涽(gǔ hūn):意思是随任事物杂乱昏暗。置,这里是随任的意思。滑,淆乱。涽,暗。

〔17〕隶:奴仆,这里指地位卑贱,与"尊"相对。

〔18〕役役:忙碌奔波的样子。

〔19〕芚(chūn):浑然无知的样子。

〔20〕"参万岁"句:意思是糅合古今自然变化的事物而使其成为一个浑然纯粹的整体。参,糁糅。万岁,年代久远。纯,纯粹无杂。

〔21〕尽:全,都。

〔22〕以是:因此,因为这个缘故。相蕴:互相蕴积包裹。

〔23〕说(yuè):通"悦",喜爱,贪恋。

〔24〕恶死:讨厌死亡。弱丧:年幼时流离失所。

〔25〕丽之姬:即丽姬,晋献公攻打丽戎时俘获她,后娶为小妻。丽,又作"骊",丽戎,春秋时的小国。姬,美女。

〔26〕艾:丽戎边境之地名。封人:戍守边疆的人。子:古代女子也称子,这里指女儿。

〔27〕及:等到。王:指晋献公。

〔28〕筐床:亦写作"匡床",方正而又安适的床。刍豢(chú huàn):牛羊食草,称刍;狗猪食谷,称豢。这里指美味的肉。

〔29〕始:开始,当初。蕲(qí):祈,求。

〔30〕田猎:打猎。田,通"畋",打猎。

〔31〕方:正当。

〔32〕"且有"三句:意思是况且只有最清醒的得道圣人才知道人生就像一场大梦,而执着于是非的愚昧之人则自以为清醒,显出明察的样子,好像自己什么都知道似的。大觉,最清醒的人,指得道的圣人。窃窃然,明察的样子。

〔33〕"君乎"两句:意思是什么君主尊贵奴仆卑贱的观念。牧,牧养牲畜的人,这里用指所谓卑贱的奴仆,与高贵的君主相对。

〔34〕"是其"两句:意思是这样的梦话,可说是奇怪之极的言论。是,指上面

53

所说的话。吊诡:至诡,奇怪之极。吊,至,极。诡,奇特,怪异。

〔35〕是:这,指遇到得道的圣人。旦暮:早上和傍晚,即早晚,这里是说万世就像早晚一样很短暂。

〔36〕若:你,此指瞿鹊子。辩:争辩。

〔37〕不若胜:即不胜你。

〔38〕而:你。

〔39〕黮(dǎn)暗:昏暗不明的样子。

〔40〕谁使:使谁。正之:对你我的争辩作出正确判断。

〔41〕彼:谁。

〔42〕化声:变化的声音,这里指是非不同的言论。这一句及至"所以穷年也",计五句二十五字,旧本原在下段中部"然若果然也"之前,今据上下文意和多本校勘意见前移于此。

〔43〕和:和同,调和。天倪:即上文"朝三暮四"寓言之后所说的"天钧",指天道之轮。庄子认为居处于天道之轮,方可认清是非然否的往复运转变化,真正认识到是非然否没有区别。

〔44〕因:顺应。曼衍:自然变化发展。

〔45〕穷年:享尽天年。

〔46〕忘年忘义:忘掉时间的长短和是非的分辨。年,指时间的长短。义,指是非的分辨。

〔47〕振:这里是畅游、逍遥的意思。竟:通"境",境界,境地。

〔48〕寓:寄托。按:此则寓言为本篇第五章,借长梧子之言,意欲阐明生死、祸福、是非、梦觉等现象,表面上看各不相同,但本质上都是道的物化现象,不存在对立关系,应顺应天道随任其自然变化,而逍遥于无物、无我、无是非然否的自由境界。

译文

瞿鹊子问长梧子道:"我从孔夫子那里听到这样的观点:得道的圣人不从事世俗的事务,不贪图利益,不回避灾害,不热衷追求，不沿着前人足迹有意行道；没说话如同说话，说话如同没说，因而逍遥遨游于世俗之外。孔夫子认为这些都是荒诞无稽的言论，而我却认为是玄妙的道的体现。先生您认为怎么样呢？"

长梧子说："孔子所言得道圣人行为的这些话，黄帝听了也会疑惑不解的，而孔丘怎么能够通晓呢？而且你也谋虑得太早，就好像刚见到鸡蛋便想立即得到报晓的公鸡，刚见到弹丸便想马上获取烤熟的斑鸠肉。我尝试给你随意说一说，你也就姑且听一听。怎么不依傍日月，怀藏宇宙，与万物浑融为一体，随任万物世事杂乱昏暗于不顾，把卑贱与尊贵等同起来呢？世俗之人总是忙碌奔波（忙于去争辩是非），得道的圣人却愚昧无知，糅合古今而与万物融合成一个纯粹无杂的浑然整体。万物全都是这样，而且因为这个缘故它们相互蕴积包裹，处于浑朴精纯的状态之中，不分是非、可否、死生、利害。

"我怎么知道贪生不是困惑呢？我又怎么知道厌恶死亡的不是年幼流落他乡而老大不知回归的人呢？丽姬，是丽戎国艾地戍边人的女儿。晋国征伐丽戎刚刚俘获她时，她哭得泪水浸透了衣襟。等她进入晋献公的王宫，跟晋侯同睡在方正安适的床上，吃上美味的肉食，便后悔当初那么伤心地哭泣。我怎么知道那些死去的人不会后悔当初的求生呢？睡梦里饮酒作乐的人，天亮醒来后可能会痛哭饮泣；睡梦中痛哭流涕的人，天亮醒来后却去欢快地逐围打猎。正当他们做梦的时候，他们并不知道自己是在做梦。睡梦中他们还会卜问所做之梦的吉凶，醒来以后方知道是在做梦。况且最清醒的得道圣人才知道人生就像一场大梦，而执着于是非的愚昧人则自以为清醒，显出明察的样

55

子,好像自己什么都知道似的。什么君尊奴卑,这种看法实在是浅薄鄙陋呀!孔丘和你都是在做梦,我说你们在做梦,其实我也在做梦。上面讲的这番话,可说是怪异之极。万世之后,假若一旦遇上一位得道的大圣人,便会悟出这番话的道理,这好像旦暮之间就可以邂逅的一样。

"倘使我和你争辩,你胜了我,我没有胜你,那么你果真对吗?我果真错吗?我胜了你,你没有胜我,我果真对吗?你果真错吗?难道我们两人有谁是对的吗?或者有谁是不对的吗?难道我们两人都是正确的吗?或者都是不正确的吗?我和你都无从知道,而其他人原本也都承受着蒙昧与晦暗,我们又能让谁作出正确的裁定?让观点跟你相同的人来判定,既然看法跟你相同,怎么能作出公正的评判?让观点跟我相同的人来判定,既然看法跟我相同,又如何能作出公正的评判?让观点不同于我和你的人来判定,既然看法不同于我和你,怎么能作出公正的评判?让观点跟我和你都相同的人来判定,既然看法跟我和你都相同,又怎么能作出公正的评判?既然如此,我和你以及其他人都无法相知,那等待谁来评定呢?

"辩论中的不同言辞相互对立,如果要使它们不相互对立,就要用天道之轮的自然运转去和同它们,任随其自然变化发展,这样便可以享尽天年。

"什么叫用天道之轮的自然运转去和同是非争辩呢?也就是说:把不对的当成对的,把不是这样的当成这样的。对的假如果真是对的,那么对的不同于不对的,就不用去争辩了;这样的假如果真是这样的,那么这样的不同于不这样的,也不用去争辩了。忘掉时间的长短和是非争辩,逍遥于无物之境,因此圣人总把自己寄托于无是非然否的自由境域中。"

罔两问景曰[1]:"曩子行[2],今子止;曩子坐,今子起。何其无特操与[3]?"景曰:"吾有待而然者邪[4]?吾所待又有待而然者邪?吾待蛇蚹蜩翼邪[5]?恶识所以然?恶识所以不然?"

注释

〔1〕罔两:影子的影子。景,通"影",影子。

〔2〕曩(nǎng):以往,从前。

〔3〕特操:独立的操守。特,独。操,操守。

〔4〕待:依靠,凭借。

〔5〕"吾待蛇蚹"句:意思是我依赖形体行止,就像蛇借助鳞皮而行和蝉借助翅膀飞行吧?蚹(fù),蛇肚腹下的横鳞,蛇赖此而行。蜩,蝉。按:此则寓言故事为本篇第六章,意在说明物影也是道的物化现象,在本体上与其物、与道是一致的,不存在对立关系,应忘影、忘物,任随自然变化。

译文

影子的影子问影子:"先前您行走,现在又停下;先前您坐着,如今又站了起来。你为何没有自己独立的操守呢?"影子回答说:"我是有所依赖才这样的吗?我所依赖的东西又有所依赖才这样的吗?我依赖形体行止,就像蛇借助鳞皮而行和蝉借助翅膀飞行吧?我怎么知道因为什么缘故会是这样?我又怎么知道因为什么缘故而不会是这样?"

昔者庄周梦为胡蝶[1],栩栩然胡蝶也[2]。自喻适志与[3]!不知周也。俄然觉[4],则蘧蘧然周也[5]。不知周之梦为胡蝶与？胡蝶之梦为周与？周与胡蝶则必有分矣。此之谓物化[6]。

注释

〔1〕胡蝶:即蝴蝶。

〔2〕栩栩(xǔ)然:欣然自得的样子。

〔3〕喻:晓喻,觉得。适志:合乎心意,心情愉快。

〔4〕俄然:突然。觉:醒。

〔5〕蘧蘧(qú)然:惊异的样子。

〔6〕物化:这里是万物浑化为一体。按:此则寓言为本篇第七章,借庄周梦蝶的故事,意在说明物与我之间不存在对立关系,而是齐一相通的,只要做到忘物、忘我、忘形,随顺自然,与物俱化,最后便能达到物我不分、"自喻适志"的境界。

译文

　　从前庄周梦见自己变成了一只蝴蝶,欣然自得、自由飞舞着的一只蝴蝶。自己感觉非常惬意!不知道自己是庄周了。突然间醒来,才惊异地发现自己原来是庄周。不知是庄周梦中变成蝴蝶呢?还是蝴蝶梦中变成了庄周呢?庄周与蝴蝶必定是有区别的。这就叫作万物浑化为一体。

养 生 主[1]

吾生也有涯[2],而知也无涯[3]。以有涯随无涯[4],殆已[5]!已而为知者,殆而已矣[6]!为善无近名[7],为恶无近刑[8]。缘督以为经[9],可以保身,可以全生[10],可以养亲[11],可以尽年[12]。

注释

〔1〕本篇是《庄子·内篇》的第三篇,是一篇谈养生之道的文章,篇题"养生主"的意思就是养生的要领。庄子认为,养生之道重在依循万物之理,顺应自然,忘却情感,不为外物所制约,这样便可享尽天年,达到养生的目的。全文用四个寓言故事,生动含蓄地表现了庄子"养生"的主旨。全文的中心,一是无所依凭自由自在,二是反对人为,顺其自然。本文字里行间虽是在谈论养生,实际上也体现了庄子的哲学思想和生活旨趣。

〔2〕吾生:意思是人的生命。有涯:有限。涯,边际,极限。

〔3〕知:知识。无涯:无限。

〔4〕"以有涯"句:意思是用有限的生命去追寻无限的知识。随,追寻,索求。

〔5〕殆:危险,这里指疲困不堪,神伤体乏。已:通"矣"。

〔6〕"已而"两句:意思是既然已经疲惫不堪,还要不停地追求知识,那就更加神伤体乏了。已而,既然已经疲惫困顿。

〔7〕为善:做善事。无近名:不要贪图名声。近,接近,这里含有追求、贪图的意思。

〔8〕为恶:做坏事。无近刑:不至于受到刑罚的处置。此句与上句的意思是要忘记善恶,虚怀游世,不以外物为事。

〔9〕"缘督"句:意思是循顺自然中正之道以为常法。缘,顺着,遵循。督,本指督脉,即身背之中脉,具有总督诸阳经之作用。这里有"中"之意,即自然中正之道。经,常。

〔10〕保身:保全形体。全生:保全性命。

〔11〕养亲:赡养父母双亲。

〔12〕尽年:终享天年,不使夭折。按:此章是本篇第一章,也是全篇的总纲,正面阐明养生的原则在于"缘督以为经",即顺应自然中正之道,才能享尽天年。下文皆从不同侧面寓说养生之道。

译文

  人的生命是有限的,而知识却是无穷的。用有限的生命去追求无穷的知识,势必会疲惫不堪的呀!既然已经疲惫不堪,还要不停地追求知识,那就更加令人神伤体乏了!做了世俗所谓的善事而不要贪图名声,做了世俗所谓的坏事却不至于受到刑戮的屈辱,循顺自然中正之道并把它作为常法,这就可以保全形体,就可以保全性命,就可以赡养父母,就可以终享天年。

  庖丁为文惠君解牛〔1〕,手之所触〔2〕,肩之所倚〔3〕,足之所履〔4〕,膝之所踦〔5〕,砉然响然〔6〕,奏刀𬴃然〔7〕,莫不中音〔8〕,合于《桑林》之舞〔9〕,乃中《经首》之会〔10〕。

  文惠君曰:"嘻〔11〕,善哉!技盖至此乎〔12〕?"庖丁释刀对曰[13]:"臣之所好者道也[14],进乎技矣[15]。始臣之解牛之时,所见无非牛者[16]。三年之后,未尝见全牛也[17]。方今之时,臣以神遇而不以目视[18],官知止而神欲行[19]。依乎天理[20],批大郤[21],导大窾[22],因其固然[23]。技经肯綮之未尝[24],而况大軱乎[25]!良庖岁更刀,割也[26];族庖月更刀,折也[27]。今臣之刀十九年矣,所解数千牛矣,而刀刃若新发于硎[28]。彼节者有间[29],而刀刃者无厚[30]。以无厚入有间,恢恢乎其于游刃必有余地矣[31],是以十九年而刀刃若新发于硎。虽然,每至于族[32],吾见其难为,怵然为戒[33],视为止,行为迟,动刀甚微[34]。謋然已解[35],如土委地[36]。提刀而立,为之四顾,为之踌躇满志[37],善刀而藏之[38]。"

文惠君曰:"善哉!吾闻庖丁之言,得养生焉[39]。"

注释

〔1〕庖(páo):厨师。丁:厨师之名。为(wèi):替,给。文惠君:指梁惠王。解:剖开、分解。

〔2〕触:接触。

〔3〕倚:靠。

〔4〕履:踏、踩。

〔5〕踦(yǐ):用膝抵住。

〔6〕砉(huā)然:皮肉分离的声音。

〔7〕奏刀:进刀。騞(huō)然:快速进刀的声音。

〔8〕中(zhòng)音:合乎音乐的节奏。中,合乎。

〔9〕合于《桑林》之舞:符合《桑林》舞乐的节奏。《桑林》,传说中商汤时的乐曲名。

〔10〕乃中《经首》之会:意思是合于《经首》乐曲的旋律。《经首》,传说中帝

61

尧时代的乐曲名。会,旋律,节奏。

〔11〕嘻:惊叹声。

〔12〕盖:通"盍",何,为什么。

〔13〕释:放下。

〔14〕好(hào):喜好。道:指事物的规律,这里指顺应牛的自然肌理宰牛的微妙境界。

〔15〕进乎技矣:对宰牛之道的爱好超过了对解牛技艺的爱好。进,超过,胜过。

〔16〕无非牛者:没有不是一整头牛的。意思是对牛的自然肌理不熟悉,看不到牛的骨节。

〔17〕未尝见全牛:未曾见过完整的牛。意思是熟悉了宰牛之道后,满眼看到的都是牛身上可以解剖的自然肌理。

〔18〕"臣以"句:意思是我用精神与牛接触,而不是用眼睛看。神,精神。

〔19〕"官知止"句:意思是耳目等感官停止活动,全凭精神活动支配宰牛之事。官,指耳目等感官。神欲,精神活动。

〔20〕依:顺着。天理:自然的纹理,这里指牛体的自然结构。

〔21〕批:击,劈。郤(xì)通"隙",指牛体筋骨间的空隙。

〔22〕导:引导,导向。窾(kuǎn):空,指牛体骨节间较大的空处。

〔23〕因:依,顺着。固然:本然,这里指牛自然的生理结构。

〔24〕"技经"句:意思是连经络骨肉相连处都不曾碰过。技经,指经络结聚的地方。技,为"枝"字之误,指支脉。经,经脉。肯,附在骨上的肉。綮(qìng),骨肉连接很紧的地方。未尝,指不曾碰过。

〔25〕大軱(gū):大骨。

〔26〕良庖:技术高超的厨师。岁:每年。更刀:更换刀。割也:意思是用刀割切的缘故。

〔27〕族庖:一般的厨师。族,众。折也:意思是用刀砍骨头的缘故。

〔28〕新发于硎(xíng):刚从磨刀石上磨好。发,磨好。硎,磨刀石。

〔29〕节:骨节。间(jiàn):缝,间隙。

〔30〕无厚：没有厚度，意思是刀刃很薄。

〔31〕"恢恢"句：意思是骨节缝隙对于运转的刀刃是宽绰有余的。恢恢，宽绰的样子。游刃，运转的刀刃。

〔32〕族：指骨节、筋腱聚结交错的部位。

〔33〕怵（chù）然：小心谨慎的样子。戒：警惕。

〔34〕"视为止"三句：意思是目力专注，下刀缓慢，动刀轻微。

〔35〕謋（huò）：牛体分解的声音。

〔36〕委：堆积。

〔37〕踌躇：悠然自得的样子。满志：心意满足。

〔38〕善：擦拭。

〔39〕得养生焉：意思是从中悟出了养生之道。按：此章为本篇第二章，以庖丁解牛的寓言故事为喻说明养生之道，要"依乎天理"，顺应万物的自然结构及规律，"以无厚入有间"，"游刃有余"，避免与自然事物的自然结构和规律发生矛盾。

译文

一个叫丁的厨师给梁惠王宰牛，他手所接触的地方，肩所倚靠的地方，脚所踩踏的地方，膝盖所抵住的地方，都发出皮肉分离的"砉砉"的响声，快速进刀时"騞騞"的声音，无不合乎美妙的音乐节拍，既符合《桑林》舞曲的节奏，又合于《经首》乐曲的旋律。

梁惠王说："嘻，妙极了！你解牛的技术为何会达到如此高超的地步呢？"厨师丁放下牛刀回答说："我所喜好的是寻求事物的自然规律，这已经超过了我对宰牛技术的爱好。我刚开始宰牛的时候，所看见的牛没有一头不是完整的牛。三年之后，就不曾再看到整牛了。现在，我只用精神去接触牛而不必用眼睛去看；耳目的官能似乎停止活动，全凭精神活动支配宰牛之事。

63

依照牛体自然的生理结构,劈击肌肉骨骼间大的缝隙,把刀导向那些骨节间大的空处,顺着牛体的天然结构去下刀。连经络结聚的部位和骨肉紧密连接的地方都从不曾碰过,何况大骨头呢!技术高超的厨师一年更换一把刀,是他们用刀割肉的缘故;普通的厨师一个月就更换一把刀,是他们用刀砍骨头的缘故。如今我的这把刀已经用了十九年了,所宰杀的牛已有数千头,而刀刃锋利就像刚从磨刀石上磨好一样。牛的骨节之间是有空隙的,而刀刃几乎没有什么厚度,用薄薄的刀刃插入有空隙的骨节间,对于刀刃的运转来说是宽绰而有余的。所以我的刀使用了十九年,刀锋仍像刚从磨刀石上磨好一样。即使这样,每当遇上筋骨聚结交错的地方,我看到难于下刀,还是格外警戒自己谨慎,目光专注,动作缓慢,动刀十分轻微,最后全牛谋然而解,就像是崩土堆积在地上。于是,我提着刀站在那儿,为此而环顾四周,为此而悠然自得,心满意足,擦拭好刀收藏起来。"

文惠君说:"好极了!我听了厨师丁解牛的这一番话,从中悟到了养生之道。"

公文轩见右师而惊曰[1]:"是何人也?恶乎介也[2]?天与,其人与[3]?"曰:"天也,非人也。天之生是,使独也[4];人之貌,有与也[5]。以是知其天也,非人也[6]。"

注释

〔1〕公文轩:公文氏,名轩,宋国人。右师:官名,这里是以官职称人,指任右师的人。

〔2〕恶(wū):何,为什么。介:独足。

〔3〕"天与"两句:意思是这是天生的呢,还是人为造成的呢?天,天生。其,抑或。人,人为。

〔4〕是:此,指代形体上只有一只脚的情况。独:独足。

〔5〕"人之"两句:意思是人的形貌,是天赋予的。与,赋予。

〔6〕以是:因此。按:此则寓言为本篇第三章,以右师独足却不在意,安于天然,说明顺应自然、逍遥自得方是养生之本。

译文

公文轩见到右师而吃惊地问道:"这是什么人?为何只有一只脚呢?是天生只有一只脚,还是人为造成呢?"右师说:"是天生的,不是人为的。天惩罚我而生就了我这样一副形体,让我只有一只脚;人的形貌,是上天所赋予的。因此,我知道这是天生的,不是人为的。"

泽雉十步一啄〔1〕,百步一饮,不蕲畜乎樊中〔2〕。神虽王,不善也〔3〕。

注释

〔1〕泽雉(zhì):水泽中的雉鸟。雉,雉鸡,俗称野鸡。

〔2〕蕲(qí):祈求,希望。畜:蓄养。樊:笼。

〔3〕"神虽"两句:意思是被蓄养在笼子里,精神虽然旺盛,却不感到快乐。王(wàng),通"旺",旺盛。不善,不感到快乐。按:此则寓言为本篇第四章,借泽雉求食艰难却不愿意被蓄养在笼子里,说明顺乎自然本性、逍遥自得的养生主旨。

译文

水泽中的野鸡走上十步才能啄到一口食物,走上百步才能喝到一口水,可是它丝毫也不会希望被畜养在笼子里。生活在樊笼里虽然不愁吃喝而精力旺盛,但它却不觉得快乐。

老聃死[1],秦失吊之[2],三号而出[3]。弟子曰[4]:"非夫子之友邪[5]?"曰:"然。""然则吊焉若此[6],可乎?"曰:"然。始也吾以为其人也,而今非也[7]。向吾入而吊焉[8],有老者哭之,如哭其子;少者哭之,如哭其母。彼其所以会之,必有不蕲言而言,不蕲哭而哭者[9]。是遁天倍情[10],忘其所受[11],古者谓之遁天之刑[12]。适来,夫子时也[13];适去,夫子顺也[14]。安时而处顺,哀乐不能入也,古者谓是帝之县解[15]。"

注释

〔1〕老聃(dān):相传即老子,楚人,李氏,名耳,曾为周守藏史。

〔2〕秦失:亦写作"秦佚",老聃的朋友。吊:吊唁。

〔3〕三号:大哭三声。号,大声哭。

〔4〕弟子:指秦失的弟子。

〔5〕夫子:弟子对秦失的尊称。

〔6〕吊焉若此:即"若此吊焉",意思是如此吊丧。

〔7〕"始也"两句:意思是开始与老聃交友时,我以为他是俗人,现在知道他并非俗人,所以我不以俗人之礼吊唁他。

〔8〕向:刚才。

〔9〕"彼其"三句:意思是他们所以会合到此吊唁老聃,必定有不想说话而不得不说,不想哭而不得不哭的人。彼其,指哭老聃的老者和少者。会,聚集,会合。蕲,期望,祈求。

〔10〕"是遁"句:意思是这是背弃天理、违背真情。遁(dùn),同"遁",背弃,违反。倍,通"背",违背。

〔11〕忘其所受:忘掉了生死受命于天的道理。

〔12〕遁天之刑:违背天道而受到天道的惩罚。

〔13〕"适来"两句:意思是老聃降生到世上来,是应时而生。适,恰巧,正当。来,来到世上。夫子,指老聃。

〔14〕"适去"两句:意思是老聃死去,是顺时而去。去,死去。

〔15〕帝之县解:意思是造物者对人痛苦的自然解脱。帝,造物者。县(xuán),同"悬",倒悬。在庄子看来,俗人整天被忧乐、死生等困惑,犹如物体倒悬空中,备受痛苦,死是痛苦的解脱,或者做到"安时而处顺",也能自然地解除了困缚,犹如解脱了倒悬之苦。按:此则寓言为本篇第五章,以老聃之死说明"安时而处顺,哀乐不能入",是养生的极致。

译文

　　老聃死了,秦失去吊丧,仅仅大哭三声便出来了。他的弟子问道:"他不是您的朋友吗?"秦失说:"是的。"弟子们又问:"那么像这样吊唁朋友,可以吗?"秦失说:"可以。开始与老聃交友时,我以为他是俗人,现在知道他并非俗人,所以我不以俗人之礼吊唁他。刚才我进入灵房去吊唁时,看到有老年人在哭他,像父母哭自己的孩子;有年轻人在哭他,像子女哭自己的父母。他们之所以会聚在这里,必定有不想说话而不得不说,不想哭而不得不哭的人。这是背弃天理、违背真情的,他们都忘掉了生死是受命于天的,古人称这种做法就叫作违背天道而受到天道的惩罚。老聃降生到世上来,是应时而生;他死去,是顺时而去。安于时运,顺从自然变化,哀伤和欢乐都不能入于心怀,古人称这样做就叫作造物者对人痛苦的自然解脱。"

　　指穷于为薪[1],火传也[2],不知其尽也[3]。

注释

〔1〕指:通"脂",油脂。这里指包裹在薪烛上的油脂。古代以薪柴蘸上油脂作薪烛,用以取光照明。穷:尽,这里是燃尽的意思。

〔2〕火:火种。传:传续,流传。

〔3〕不知其尽:不知道火种什么时候熄灭,意思是永远不会熄灭。尽,熄灭。按:此章为本篇第六章,以薪尽火传为喻,说明自然之道永存,顺应自然之道乃养生之要。

译文

薪烛中的油脂燃尽了,而火种却传续下来,永远不会熄灭。

人　间　世[1]

颜回见仲尼[2],请行。曰:"奚之[3]?"曰:"将之卫。"曰:"奚为焉?"曰:"回闻卫君,其年壮,其行独[4];轻用其国,而不见其过;轻用民死,死者以国,量乎泽若蕉[5],民其无如矣[6]。回尝闻之夫子曰:'治国去之[7],乱国就之[8],医门多疾。'愿以所闻思其则[9],庶几其国有瘳乎[10]!"

仲尼曰:"嘻,若殆往而刑耳[11]!夫道不欲杂,杂则多,多则扰,扰则忧,忧而不救[12]。古之至人,先存诸己而后存诸人[13]。所存于己者未定,何暇至于暴人之所行[14]!且若亦知夫德之所荡,而知之所为出乎哉[15]?德荡乎名,知出乎争。名也者,相轧也[16];知也者,争之器也[17]。二者凶器,非所以尽行也[18]。

"且德厚信矼,未达人气[19],名闻不争,未达人心[20]。而强以仁义绳墨之言[21],术暴人之前者[22],是以人恶有其美也[23],命之曰菑人[24]。菑人者,人必反菑之,若殆为人菑夫[25]?

"且苟为悦贤而恶不肖[26],恶用而求有以异[27]?若唯无诏,王公必将乘人而斗其捷[28]。而目将荧之[29],而色将平之[30],口将营之[31],容将形之[32],心且成之[33]。是以火救火,以水救水,名之曰益多[34]。顺始无穷[35],若殆以不信厚言[36],必死于暴人之前矣!

"且昔者桀杀关龙逢[37],纣杀王子比干[38],是皆修其身,以下伛拊人之民[39],以下拂其上者也[40],故其君因其修以挤之[41]。是好名者也。

"昔者尧攻丛枝、胥敖[42],禹攻有扈[43],国为虚厉[44],身为刑戮[45]。其用兵不止,其求实无已[46]。是皆求名实者也,而独不闻之乎?名实者,圣人之所不能胜也[47],而况若乎?虽然,若必有以也[48],尝以语我来[49]!"

颜回曰:"端而虚[50],勉而一[51]。则可乎?"曰:"恶!恶可[52]!夫以阳为充孔扬[53],采色不定,常人之所不违[54]。因案人之所感[55],以求容与其心[56],名之曰日渐之德不成[57],而况大德乎!将执而不化[58],外合而内不訾[59],其庸讵可乎[60]!"

"然则我内直而外曲[61],成而上比[62]。内直者,与天为徒[63]。与天为徒者,知天子之与己皆天之所子[64],而独以己言蕲乎而人善之[65],蕲乎而人不善之邪?若然者,人谓之童子[66],是之谓与天为徒。外曲者,与人之为徒也。擎跽曲拳[67],人臣之礼也,人皆为之,吾敢不为邪?为人之所为者,人亦无疵焉[68],是之谓与人为徒。成而上比者,与古为徒。其言虽教,谪之实也[69],古之有也,非吾有也。若然者,虽直而不病[70],是之谓与古为徒。若是则可乎?"仲尼曰:"恶!恶可!大多政法而不谍[71]。虽固[72],亦无罪。虽然,止是耳矣[73],

夫胡可以及化[74]！犹师心者也[75]。"

颜回曰："吾无以进矣,敢问其方[76]。"仲尼曰："斋[77],吾将语若[78]。有心而为之,其易邪[79]？易之者,暤天不宜[80]。"颜回曰："回之家贫,唯不饮酒不茹荤者数月矣[81]。如此,则可以为斋乎？"曰："是祭祀之斋,非心斋也[82]。"

回曰："敢问心斋。"仲尼曰："若一志[83],无听之以耳,而听之以心；无听之以心,而听之以气[84]。听止于耳[85],心止于符[86]。气也者,虚而待物者也[87]。唯道集虚[88]。虚者,心斋也。"

颜回曰："回之未始得使[89],实自回也[90]；得使之也,未始有回也。可谓虚乎？"夫子曰："尽矣[91]！吾语若：若能入游其樊,而无感其名[92],入则鸣,不入则止[93]。无门无毒[94],一宅而寓于不得已[95],则几矣[96]。绝迹易,无行地难[97]。为人使易以伪,为天使难以伪[98]。闻以有翼飞者矣,未闻以无翼飞者也；闻以有知知者矣[99],未闻以无知知者也。瞻彼阕者[100],虚室生白[101],吉祥止止[102]。夫且不止,是之谓坐驰[103]。夫徇耳目内通,而外于心知[104],鬼神将来舍[105],而况人乎？是万物之化也,禹、舜之所纽也[106],伏戏、几蘧之所行终[107],而况散焉者乎[108]？"

注释

〔1〕本篇是《庄子·内篇》的第四篇。篇题"人间世",意思是人间社会,全文的中心是讨论乱世中为人处世之道,表述了庄子所主张的处世与自处的人生态度,揭示出庄子处世的哲学观点。庄子认为,他所处的时代是圣人不过"仅免刑焉"的乱世,处世艰难,不可不慎。乱世中应当如何为人处世呢？文章提出要

以"心斋"这一方法虚己顺物,自然无为,以无用为用,最好回到婴儿似的无知无欲的本真状态来对待人事。全篇凡九章,以九个寓言故事,来说明其道家立场的为人处世之道。文章对现实的揭露批判颇为深刻,而其处世之道,除了其道家立场外,也有对现实的无奈。本篇与《养生主》可看作姊妹篇,不过《养生主》侧重讲不以时务伤生的养生功夫,本篇则侧重阐发在现实时务中养生的功夫。

〔2〕颜回:颜氏,名回,字子渊,鲁国人,孔子最得意的弟子。仲尼:即孔子,名丘,字仲尼。孔子与颜回的这段谈话完全出自庄子假托。

〔3〕奚之:何往。之,去往。

〔4〕独:专断。

〔5〕"轻用其国"五句:意思是把国事当成儿戏,却看不到自己的过失;把老百姓的生死看得极轻,死亡的百姓遍及国中,像草芥一样填满了大泽。轻,以……为轻。过,过失。以国,以国为计,意思是遍及国中。量,填满。蕉,草芥。

〔6〕无如:无处可去,无处可逃。如,往,去。

〔7〕治国:治理好的国家。去:离开。

〔8〕乱国:危乱的国家。就:趋赴,前往。意思是前往扶危救乱。

〔9〕以:用,根据。所闻:所听到的,这里指从孔子那里所受到的教诲。则:准则,办法。

〔10〕庶几:也许可以,差不多,表示希望与推测。瘳(chōu):病愈,这里指挽救卫君和卫国。

〔11〕若:你。殆:恐怕,大概。刑:这里是遭受刑戮。

〔12〕"夫道"五句:意思是修道贵在专心致志,不可心志杂乱,心志杂乱就会多欲,多欲就会自我扰乱,自我扰乱就会产生忧患,有了忧患就无法挽救。杂,心志杂乱,不专一。扰,扰乱。救,挽救。

〔13〕"先存"句:意思是先修养好自身的道德,然后再去教诲别人。存,存立。这里指道德修养的建立。

〔14〕"所存"两句:意思是自己的道德还没有修养好,哪里有闲暇去纠正暴君的行为呢?暇,闲暇。暴人,暴君,指卫国国君。

〔15〕"且若"两句:意思是况且你知道道德沦丧和智慧产生的原因吗?荡,

72

沦丧,丧失。知,通"智"。所为出,所产生的原因。

〔16〕"名也"两句:意思是名誉,是人们相互倾轧的祸根。轧,倾轧。此字郭本作"札",据崔譔注云"亦作'轧'",盖流传中误作"札"。

〔17〕争之器:争斗的工具。器,工具。

〔18〕尽行:意思是施行于世。

〔19〕"且德"两句:意思是自己德行淳厚为人诚实,但不了解对方的情趣。德厚,德行淳厚。信矼(qiāng),诚实。矼,确实的样子。达,了解。人气,人的情趣,这里指别人的情趣。

〔20〕"名闻"两句:意思是自己不争求名闻天下,但并不知道别人的心意。名闻不争,即不争名闻。人心,这里指别人的心意。

〔21〕强:勉强。绳墨:这里喻指规矩,法度。

〔22〕术:通"述",陈述。

〔23〕是:这。以人恶:用别人的丑恶。有其美:显示自己的美德。

〔24〕命之:名之,称之。菑(zāi):同"灾",害。

〔25〕若:你。殆:恐怕。为人:被人。

〔26〕苟:假使。为:指卫君的为人。悦贤:喜爱贤才。恶不肖:憎恶小人。不肖,不善,不好。这里与"贤"相对,指不贤的人。

〔27〕恶:何必。而:你。求有以异:意思是求得有所改变。异,变异,改变。

〔28〕"若唯"两句:意思是你只有不进言,否则卫君必将乘机抓住你说话的漏洞而施展他的巧辩与你巧辩,拒谏饰非。若,你。唯,只有。诏,进言。斗其捷,施展他的巧辩。

〔29〕而:你。荧(yíng):眩惑。

〔30〕色:容色。平:平和。

〔31〕营:营救。

〔32〕容:外表。形:表现,显现。

〔33〕心:内心。成之:意思是成就卫君之非。

〔34〕"是以"三句:意思是这样犹如用火救火,用水救水,与你欲挽救卫君改恶从善的初衷适得其反,反而助长了其恶。益,增加,助长。

73

〔35〕顺始无穷:意思是有了开头的顺从,就会无休止地要你顺从他。顺,顺从。无穷,无休止。

〔36〕若:你。殆:恐怕。以不信厚言:因为不被信任而即使进献诚实的谏言(也不会被采纳)。厚言,诚实的谏言。

〔37〕桀:夏桀,夏代最后一个国君,素以暴虐称著于史。关龙逢:夏桀时代的贤臣,因直言劝谏而被夏桀斩首。

〔38〕纣:商纣,商代最后一个国君,也是历史上著名的暴君。比干:商纣王的庶出叔叔,也因力谏而被纣王剖心。

〔39〕以下:以臣下的身份。伛拊(yǔ fǔ):屈身抚爱。人之民:人君的子民。人,人君的省称。

〔40〕拂:触逆,违背。上:居于上位的人,这里指人君。

〔41〕因其修:因为他们道德修养美好。修,美好,这里指美好的道德修养。挤:排挤。

〔42〕丛枝、胥敖:帝尧时代的两个小国的国名。

〔43〕有扈:禹时的小国名。

〔44〕虚:通"墟",废墟。厉:厉鬼。古时传说人无后而死则变成厉鬼。

〔45〕身:自身,指三国国君。

〔46〕其:指尧、禹。求实:贪求实利。无已:不止。

〔47〕不能胜:难以克服。胜,克服,制胜。

〔48〕若:你。有以:有所依借,有办法。

〔49〕尝:尝试。以语我:把它告诉给我。来:句末语气助词。

〔50〕端:端正。虚:谦虚。

〔51〕勉:勤恳努力。一:这里是始终如一,忠贞不贰的意思。

〔52〕"恶(wū)"两句:前一个"恶"是叹词,犹"唉";后一个"恶"是疑问代词,作"何"解。

〔53〕"夫以"句:意思是卫君刚猛的阳气充满内心并过分地张扬于外。阳,指刚猛之气。充,满,充斥于心。孔,甚,很。扬,露于外表。

〔54〕"采色不定"两句:意思是卫君喜怒无常,一般人都不敢违背他的意愿。

采色,这里指面部表情的喜怒变化。不定,无常。常人,一般人。违,违背。

〔55〕因:因而。案:压抑,压制。所感:指世人对卫君所为有所感触而作的规谏。

〔56〕容与其心:心意的自由放纵。

〔57〕日渐之德:每天浸润累积的道德,即小德。渐,浸润。不成:意思是不能感化成功。

〔58〕执:固守己见。不化:不改变。

〔59〕外合:外表附和。合,附和,赞同。内不訾(zǐ):内心拒不纳谏。訾,资取。

〔60〕其:那,那样。庸讵:怎么。可:可以,行得通。

〔61〕内直:内心正直。外曲:表面曲从。曲,俯首曲从。

〔62〕成:引用古人说的话。上比:与古代的圣贤相比。

〔63〕天:自然。为徒:为同类。

〔64〕天子:人君。所子:所生养的子女。

〔65〕蕲:祈求,希望得到。善之:以之为善,把这样的言论看作是正确的。

〔66〕"人谓"句:意思是世人会称我为没有丧失自然本性的孩童。

〔67〕擎(qíng):举,这里指手里拿着朝笏。跽(jì):长跪。曲拳:躬身屈体,这里指鞠躬。

〔68〕无疵(cī):不会责难。疵,责难。

〔69〕"其言"两句:意思是说征引的古语虽然是教诲从善的,实际上是指责人君过失的。教,教诲。谪(zhé),同"谪",指责,责备。

〔70〕不病:不会招来灾祸。病,灾祸。

〔71〕大多政法:太多纠正的方法。大,太。政法,纠正的方法。政,通"正",端正,纠正。谍,稳当。

〔72〕固:固陋,执着而不通达。

〔73〕止是:只此。耳矣:罢了。

〔74〕胡:怎么,哪里。及:达到。化:感化。

〔75〕师:师从。心:这里指内心的成见。

75

〔76〕"吾无"两句:意思是我没有其他办法进谏卫君了,请问您有什么办法呢?敢问,请问。方,办法,方法。

〔77〕斋:斋戒,本指祭祀前的清心洁身,这里专指心斋。

〔78〕语:告诉。若:你。

〔79〕"有心"两句:意思是怀有积极用世之心有意感化卫君,岂是容易的事。其,岂。郭本"有"字后缺"心"字,此据宋陈碧虚《庄子阙误》引张君房本补。

〔80〕暤(hào)天:即昊天,这里指自然天道。暤,通"昊"。不宜:不合。

〔81〕茹:吃。荤:肉食及辛辣的食物。

〔82〕心斋:指无二心、无杂念的内心的斋戒。与祭祀之斋表现在外不同。

〔83〕若:你。一志:心志专一,即摒除杂念,心思高度专一。

〔84〕气:气息。

〔85〕听止于耳:联系下句当是"耳止于听"的误倒,意思是耳的作用只是在于听。

〔86〕心止于符:意思是心的作用只是在于与外物相合。符,合。

〔87〕虚而待物:虚空而容随万物。虚,指气具有大道的虚空特点。待,容纳并随任。

〔88〕唯道集虚:大道只居处在虚空无物之所。道家认为,道体虚无,无思无虑,无滞于物,故言"唯道集虚"。集,居处。

〔89〕未始:未曾。得使:意思是得道心斋的教诲。

〔90〕实自回也:确实认为有自我的存在。

〔91〕尽:意思是对"心斋"的理解十分透彻。

〔92〕"若能"两句:意思是你进入卫国游宦,不要为名利动心。若,你。樊,藩篱,喻指卫国。感其名,为名利动心。

〔93〕"入则"两句:意思是卫君接纳规劝你就说,不接纳规劝你就不说。入,接纳进谏。鸣,说。

〔94〕无门无毒:意思是不要有意开门做事求荣,也不要有意闭门缄默。毒,通"杜",堵塞,这里是闭门的意思。

〔95〕"一宅"句:意思是心志专一,安守虚无,顺应事物的必然之理做事。一

宅,意思就是心志专一地安处于虚无之境。一,指专一于虚无之境。宅,这里指心志的居处。

〔96〕几:近,意思是做到了这一步就接近于大道,符合"心斋"的要求了。

〔97〕"绝迹"两句:意思是不走路容易,走路不留痕迹难。

〔98〕"为人"两句:意思是被人欲驱使容易作伪,而顺应自然却难以作伪。使,驱使。伪,假。

〔99〕有知知(zhì zhī)者:有智慧而能认知。前一个"知",同"智",智慧;后一个"知",意思是认知,了解。

〔100〕瞻:望,观看。阕(què)者:虚空的境界。

〔101〕虚室:虚静的心灵。白:洁白的光亮,这里指纯洁无瑕的得道心灵,光彩耀人。

〔102〕止止:意思是集处于虚静的心灵。前一个"止"字,是集处的意思;后一个"止"字,即"之",指虚静的心灵。

〔103〕"夫且"两句:意思是心灵不能安处于虚静空明的境界,这就叫形坐而心驰。不止,指心灵不能安处于虚空的境界。坐驰,指形体坐在那里而心却驰骋于他处。

〔104〕"夫徇"两句:意思是抛弃耳目的见闻,向内与体道的心体相通融,并远离妄心妄智。徇,通"殉",丧失,丢弃。外,这里是远离的意思。心知,妄心妄智。

〔105〕舍:居处,停留。

〔106〕"禹舜"句:意思是"心斋"是禹舜处世应物的关键。纽,枢纽,关键。

〔107〕伏戏、几蘧(qú):传说时代的远古帝王。"伏戏"多写为"伏羲"。行终:奉行终身。

〔108〕散焉者:这里指平庸的人。按:此则寓言为本篇第一章,通过颜回与孔子的对话,说明说君之难,指出"心斋",即清除心中一切杂念,远离妄心妄智,心志专一,安守虚无,顺应事物的必然之理做事,才能免除祸患。

译文

  颜回去拜见自己的老师孔子，向他辞行。孔子问："你到哪里去？"颜回回答："我打算去卫国。"孔子问："你去卫国干什么呢？"颜回回答说："我听说卫国的国君，他正年轻气盛，办事专断；把国家大事当成儿戏，却看不到自己的过失；把百姓的生死不当回事，死亡的百姓遍及全国不可胜数，就像填满大泽中的草芥一样，百姓都无处逃命了！我曾听老师说：'治理得好的国家就离开它，危乱的国家则要去救抚它，就好像医生门前病人多一样。'我希望根据先生的这些教诲思考治理卫国的办法，卫国也许还可以治好吧！"

  孔子说："嗨！你恐怕去到卫国就会遭到杀害吧！修行大道要专心致志，不能心志杂乱，心志杂乱就会多欲，多欲就会自我扰乱，自我扰乱就会产生忧患，有了忧患就无法挽救。古时候道德修养极高的至人，先使自己的道德修养好然后才去教诲他人。如今你连自己的道德还没有修养好，哪里还有闲工夫去纠正暴君的行为呢！况且你知道道德沦丧和智慧产生的原因吗？道德的沦丧由于追求名誉，智慧的产生出于争强好胜。名誉，是人们互相倾轧的祸根；智慧，是人们互相争斗的工具。二者都像是凶器，是不可以将它们作为治世之道推行于世的。

  "一个人虽然自己德行纯厚为人诚实，但不了解对方的情趣；虽然自己不争求闻名天下，可不了解别人的心意。便勉强用仁义法度之类的言论，陈述于暴君面前，这是用别人的丑恶来显示自己的美德，这样的人可称之为害人的人。害人的人，别人定会反过来害他。你恐怕会被别人所害了。

  "况且，假如说卫君的为人是喜好贤能而讨厌无能的人，何必用你求得有所改变呢？你去卫国除非不向卫君进言，否则卫君一定会抓住你进言的漏洞乘机施展他的巧辩与你争辩（以拒谏饰非），你则必将眼睛感到眩惑，面色将假装平和，口将唲唲以自救，外表将被迫表现出卑恭的样子，内心屈服卫君的所作所为。这样就犹如用火救火，用水救水，与你欲挽救卫君改恶从善的初衷适得其反，反而助长了其恶。开头依顺了他，以后将没完没了地顺从他的旨意，你恐怕也会因为不被信用，即使进献忠诚的言论，也必将会死在暴君面前啊！

"从前，夏桀杀害关龙逢，商纣王杀害王子比干，这些贤臣都是十分注重自身的道德修养，而以臣下的身份抚爱人君的百姓，同时也以臣下的地位违逆了他们君主意志的人，所以他们的君主就因为他们道德修养高尚而排挤、杀害了他们。这都是他们贪求名誉造成的灾祸。

"当年帝尧征伐丛枝和胥敖，夏禹攻打有扈，三国的土地都变成废墟，人民变成了厉鬼，三国的国君也遭受杀戮。尧、禹不停地使用武力，贪求实利不止，这些都是求名求利造成的。你偏偏就没有听说过这些事吗？名声和实利，就是圣人也难以克服，何况是你呢？虽然我这样说，你必定有办法游说卫君，你试着把它告诉我吧！"

颜回说："我端直而谦虚，勤勉而忠贞不贰，这样可以吗？"孔子说："唉！这怎么可以呢！卫君刚猛之气充满于内而张扬于外，喜怒无常，一般人都不敢违背他的意志。因而他压抑人们对他行为有所感触（的劝谏），以此来放纵自己的欲望，被称为'日渐之德'的小德都感化不了他，更何况用大德来感化他呢？他必将固执己见而不会改变，表面赞同而内心却拒不纳谏，你的想法怎么能行得通呢?"

（颜回说:）"既然如此,那我就内心秉正诚直而外表俯首曲就他,征引古语并处处跟古代贤人作比较。内心秉正诚直,与自然为同类。与自然为同类,可知国君与自己都是自然生养的子女,自己的言论又何必期望得到别人的赞同,或者期望别人指责它呢?像这样做,人们就会称之为未失童心,这就叫与自然同类。外表俯首曲就的人,跟世人为同类。手拿朝笏长跪和鞠躬,这是做臣子的礼仪,别人都这样做,我敢不这样做吗?做一般人臣所做的事,人们也就不会责难了,这就叫跟世人为同类。征引古语并上比古代贤人,与古代贤人为同类。征引的古语虽然是教诲从善的,实际上是指责人君过失的,这是古人所说的话,并不是我所说的。像这样做,虽然我直言指责却不会招致灾祸,这就叫与古人为同类。这样做可以吗?"孔子说:"唉!怎么可以呢?所用方法太多,未必稳当。虽然固陋而不通达,但也不会有什么罪咎。虽是这样,也只是如此而已,又怎么能感化卫君呢!这些方法还是太执着于自己内心成见。"

颜回说:"我再没有什么方法进谏卫君了,请问先生有什么方法。"孔子说:"斋戒清心,我将告诉你。怀着积极用世之心有意去感化卫君,岂是容易的事?如果这样做很容易的话,便与自然之道不合。"颜回说:"我家境贫穷,不饮酒、不吃荤食,已经好几个月了。像这样,可以说是斋戒了吧?"孔子说:"这是祭祀所要求的斋戒,并不是心斋。"

颜回说:"请问什么是心斋。"孔子说:"你必须摒除杂念,心志专一,不用耳去听而用心去领悟,不用心去领悟而用气息去感悟。耳的功用仅在于听,心的功用仅在于与外物相合。气虚无物,所以能容纳随任万物。大道只居处在虚空无物之所。达到大道虚无空明的心境,就叫作心斋。"

颜回说:"我未曾受心斋教诲时,确实认为有自我存在;受到先生心斋的教诲后,便顿时感到不曾有自我存在了,这可以叫作虚无空明的境界吗?"孔子说:"你对心斋的理解实在十分透彻了!我再告诉你:你去卫国游宦,不要为名利地位动心,卫君能接纳你的谏议你就说,不能接纳你的谏议你就不说。不要有意开门做事求荣,也不要有意闭门缄默,心志专一,安守虚无,顺应事物的必然之理做事,那么就差不多达到'心斋'的境界了。一个人不走路容易,走路而不在地上留下痕迹很难。受人欲驱使容易作假,受自然的驱使便很难作假。(世俗之人)只听说过凭借翅膀才能飞翔,不曾听说过没有翅膀也能飞翔的;听说过有智慧才能了解事物,不曾听说过不用智慧也可以了解事物。看看那空旷虚无的大道境界,虚静的心灵顿时变得空明豁亮,一切吉祥都汇集在那里。至此心境还不能空明虚静,这就叫形坐心驰。抛弃耳目的见闻,向内与体道的心体相通融,并远离妄心妄智,那么鬼神将会前来冥附,何况是人呢!心斋就是顺应万物的变化,是禹和舜处事应物的关键,也是伏羲、几蘧所遵循始终的处世原则,更何况平庸的人呢!"

叶公子高将使于齐[1],问于仲尼曰:"王使诸梁也甚重[2]。齐之待使者,盖将甚敬而不急[3]。匹夫犹未可动[4],而况诸侯乎[5]!吾甚慄之[6]。子常语诸梁也[7],曰:'凡事若小若大[8],寡不道以欢成[9]。事若不成,则必有人道之患[10];事若成,则必有阴阳之患[11]。若成若不成而后无患者,唯有德者能之。'吾食也执粗而不臧[12],爨无欲清之人[13]。今吾朝受命而夕饮冰,我其内热与[14]!吾未至乎事之情[15],而既有阴阳之患矣!事若不成,必有人道之患。是两也[16],为人臣者不足以任之[17],子其有以语我来[18]?"

仲尼曰:"天下有大戒二[19]:其一命也[20],其一义也[21]。子之爱亲,命也,不可解于心[22];臣之事君,义也,无适而非君也[23],无所逃于天地之间。是之谓大戒。是以夫事其亲者,不择地而安之[24],孝之至也;夫事其君者,不择事而安之[25],忠之盛也[26];自事其心者[27],哀乐不易施乎前[28],知其不可奈何而安之若命[29],德之至也。为人臣子者,固有所不得已。行事之情而忘其身[30],何暇至于悦生而恶死!夫子其行可矣[31]!

"丘请复以所闻[32]:凡交[33],近则必相靡以信[34],远则必忠之以言[35]。言必或传之[36]。夫传两喜两怒之言[37],天下之难者也。夫两喜必多溢美之言[38],两怒必多溢恶之言[39]。凡溢之类妄[40],妄则其信之也莫[41],莫则传言者殃。故法言曰[42]:'传其常情,无传其溢言,则几乎全[43]。'

"且以巧斗力者[44],始乎阳[45],常卒乎阴[46],大至则多奇巧[47];以礼饮酒者,始乎治[48],常卒乎乱[49],大至则多奇乐[50]。凡事亦然:始乎谅[51],常卒乎鄙[52];其作始也简[53],其将毕也必巨[54]。夫言者,风波也[55];行者,实丧也[56]。风波易以动,实丧易以危。故忿设无由[57],巧言偏辞[58]。兽死不择音,气息茀然[59],于是并生心厉[60]。剋核大至[61],则必有不肖之心应之[62],而不知其然也。苟为不知其然也,孰知其所终[63]!故法言曰:'无迁令[64],无劝成[65]。过度,益也[66]。'迁令劝成殆事[67]。美成在久[68],恶成不及改[69],可不慎与!且夫乘物以游心[70],托不得已以养中[71],至矣。何作为报也[72]!莫若为致命[73],此其难者!

注释

〔1〕叶公子高:楚庄王玄孙,名诸梁,字子高,为楚大夫,封于叶(shè),僭号为公。使:出使。

〔2〕王:楚王。使:以……为使者。甚重:责任非常重大。

〔3〕甚敬:意思是表面上很尊敬。不急:意思是不急于承诺什么。

〔4〕匹夫:指一般人。动:说服,感化。

〔5〕诸侯:这里指齐侯。

〔6〕慄:恐惧。

〔7〕子:先生,指孔子。语:告诉,教。

〔8〕若小若大:意思是无论大小。若,或者。

〔9〕寡:少。不道:不用道术。欢成:指轻松愉快地成功。

〔10〕人道之患:人为的祸患,指国君的惩罚。

〔11〕阴阳之患:意思是说事情成功前后忽忧忽喜交集于心,而造成疾病。阴,指事未办成时的忧惧。阳,指事已办成时的喜悦。

〔12〕执粗:食用粗茶淡饭。不臧:指不精美的食品。臧,善,好。

〔13〕爨(cuàn):烧火做饭。这里指厨师。欲清:追求清凉。

〔14〕其:大概。内热:内火导致的热症。

〔15〕未至乎事之情:没有真正办事情。情,实,真正。

〔16〕是两:这两种病患(即人道之患和阴阳之患)。

〔17〕人臣:这里指子高自己。任:承担,承受。之:代指两患。

〔18〕"子其"句:意思是先生大概有什么避祸的方法传授给我吧!

〔19〕大戒:指人生足以为戒的大法。戒,法。

〔20〕命:自然天性。

〔21〕义:做人的道义。

〔22〕不可解于心:无法从心里解除。

〔23〕无适而非君:意思是无论到哪里都有国君。适,往、到。

〔24〕不择地:意思是无论在什么地方。安之:使父母感到安适。

〔25〕不择事:意思是无论做什么事情。

〔26〕忠之盛:忠心的最高表现。盛,至,极。

〔27〕自事其心:侍奉自己的心思,意思是自我修身养性。

〔28〕"哀乐"句:哀乐施于前而不易,意思是在哀乐处境下也不会改变,即哀乐不会影响他的感情。易,改变。

〔29〕"知其"句:意思是知道事情无可奈何而安于所处,顺其自然。

〔30〕"行事"句:意思是按照实际情况做事,忘记自身的得失哀乐。

〔31〕夫子:指叶公子高。其行:这样做。

〔32〕复:再。所闻:所听说的。

〔33〕交:指国与国之间的外交。

〔34〕近:距离近的诸侯国。相靡(mō)以信:以信任使双方相互亲顺。靡,通"摩",亲顺。

〔35〕远:距离远的诸侯国。忠之以言:用忠实的语言相交,意思是忠于诺言。

〔36〕或:有人,指使者。传:传达。

〔37〕两喜两怒之言:两国国君或喜或怒的言辞。

〔38〕两喜:指两喜之言。溢美之言:过分夸赞的词句。溢,满,超出。

〔39〕两怒:指两怒之言。溢恶之言:过分憎恶的词句。

〔40〕类妄:类似荒诞。类,类似,接近。妄,荒诞,虚妄。

〔41〕信之也莫:意思是让人迟疑不信。莫,疑惑的样子。

〔42〕法言:古代的格言。或说是古书名,可备一说。

〔43〕"传其"三句:意思是传达其真实的言辞,不要传达其过分的言辞,那就差不多可以全身免祸了。常情,真实无妄的言辞。几,接近,差不多。全,保全。

〔44〕巧:智巧。斗力:相互较力,犹言相互争斗。

〔45〕阳:指公开地争斗。

〔46〕常:往往。卒:终。阴:指暗地里使计谋。

〔47〕大至:太甚,太过分。奇巧:异乎寻常的智巧,指玩弄阴谋诡计。

〔48〕治:指守礼仪规矩。

〔49〕乱:指醉酒后乱了礼仪规矩。

〔50〕奇乐:异乎寻常的娱乐,指放纵无度。

〔51〕谅:诚信。

〔52〕鄙:卑鄙,这里是欺诈的意思。

〔53〕作始:开始。简:微小。

〔54〕毕:完毕,终了。巨:大。

〔55〕"夫言者"两句:意思是言语,就像风波忽起忽灭。

〔56〕"行者"两句:意思是传递语言,会有得有失。实丧,得失。

〔57〕设:发生,产生。无由:这里是没有其他缘由的意思。

〔58〕巧言:虚浮不实的言辞,即花言巧语。偏辞:偏激的言辞。

〔59〕"兽死"两句:意思是野兽被逼到死地时会不加选择地狂吼乱叫,怒气勃然发作。苬(bó)然,即勃然,发怒时气息急促的样子。苬,通"勃"。

〔60〕心厉:心中的恶念,指伤害人的恶念。

〔61〕剋核:苛刻,苛责。剋,同"克"。大至:太甚。

〔62〕不肖:不善,不正。应:报复,回应。

〔63〕"苟为"两句:意思是假如自己所做的事都不知道为什么这样,那谁会知道将会有什么结果呢!终,结果,下场。

〔64〕无迁令:不要改变命令。

〔65〕劝成:勉强做成事。劝,勉力,勉强。

〔66〕"过度"两句:意思是超过常度,就是荒诞不实的满溢。益,通"溢",满溢。

〔67〕殆事:害事,把事情做坏。

〔68〕美成:意思是美好的事情要做成功。在久:意思是需要很长时间。

〔69〕"恶成"句:意思是坏事一旦做成,就来不及改正。

〔70〕乘物以游心:意思心神顺应外物逍遥自在地遨游。

〔71〕托不得已：寄托自身于不得不如此的自然变化。养中：修养心性。

〔72〕何：何必。作：做作。报：报答，指报答君命。

〔73〕"莫若"句：意思是不如如实地传达君命。致命，传达君命。按：此则寓言为本篇第二章，借叶公子高与孔子的对话，提出"义"和"命"的人生"大戒"，即不得已而从之的忠君之"义"与无可奈何而安之若命的自然之"命"。作者强调，只有"行事之情而忘其身"，忘言忘行，顺应自然变化，才是稳妥的处世之道。

译文

叶公子高将要出使齐国，去向孔子请教说："楚王派我诸梁出使齐国，责任非常重大。齐国接待外来使节，大概会表面十分恭敬而不会急于承诺什么实际事情。一般人尚且不容易被说服，何况是诸侯国的国君呢！我心里非常恐惧。您常教诲我说：'事情无论大小，很少有不用道术可以轻松愉快地成功的。事情如果办不成，那么必定会受到国君的惩罚；事情如果办成功了，那又一定会忧喜交集酿成疾病。事情办成或者办不成都不会留下祸患的，只有道德圆满的人才能做到。'我吃的都是粗糙不精美的食物，所用厨师也没有怕热贪求清凉的。我早上接受国君出使之命，晚上就躁热得非饮用冰水不可，我大概是内热之病吧！我还没有真正办事情，就已经有了阴阳失调的内热病了！假如事情真办不成，那一定还会受到国君的惩罚。这两种祸患，做臣子的我都无法承受，先生大概有什么避祸的方法可以传授给我吧！"

孔子说："天下有两个足以为戒的大法：一是天然的本性，一是做人的道义。子女敬爱父母，这是天生的本性，是无法从内心解除的；臣子侍奉国君，这是人为的道义，无论到什么地方都不会没有国君，在天地之间是无法逃避的。这就叫作足以为戒的大法。因此，侍奉双亲的人，无论什么样的境遇都要使父母安适，这是孝心的最高表现；侍奉国君的人，无论办什么事情都要让国君放心，这是忠心的最高体现。自我修养心性的人，悲哀和欢乐的处境都不会使他受到影响，他知道事情无可奈何而安于所处顺应自然，这可说是道德修养的最高境界。做臣子的，原本就有不得不做的事情。按照实际情况办事，忘掉自身的得失哀乐，哪里还有时间去贪生怕死呢！你这样去做就可以了！

"我再把我所听到的话告诉你：大凡国家之间的外交，与邻近国家交往一定要用诚信使相互之间和顺亲近，与远方国家交往则一定要忠于诺言。国家间交往的言语必须有人传达。传达两国国君或喜或怒的言辞，是天下最困难的事。两国国君喜悦的言辞必定有许多过分夸赞的词句，两国国君愤怒的言辞必定有许多过分憎恶的词句。凡是过分的言语就接近于荒诞，荒诞的言辞会让人疑惑不信，疑惑不信的话，那传达信息的使者就要遭殃。所以古代格言说：'传达其真实的言辞，不要传达其过分的言辞，那么也就差不多可以全身免祸了。'

"况且以智巧相互较量的人，开始是明来明去地争斗，后来就常常暗使计谋，太过分时则多耍阴谋诡计伤人；按照礼节饮酒的人，开始时规规矩矩，到后来常常就混乱失礼，太过分时则多放纵无度。无论什么事情都是这样，开始时相互信任，到后来常常互相欺诈；开始时单纯细微，最后便变得纷繁巨大。言语，犹如风吹的水波；传达言语，定会有得有失。风吹水波容易动荡，得失容易带来危难。所以愤怒的发作没有别的什么缘由，就是因为花言巧语和偏激的言辞造成的。野兽被逼到死地时会不加选择地狂吼乱叫，怒气勃然发作，于是产生伤人害命的恶念。做事过分苛责,就必然会引来别人的报复,而他自己也不知道为什么这样。假如自己做的事都不知道为什么这样,那谁还会知道会产生什么样的结果呢！所以古代格言说:'不要随意改变传达的命令,不要勉强把事情做成。超过常度,就是荒诞不实的满溢。'改变命令或者勉强做成事,都会把事情做坏。做成好事要花费很长的时间,坏事一旦做出就来不及悔改,(行为处世)能不审慎吗！至于能心神顺应外物而逍遥自在地遨游,托身于不得不如此的自然变化来修养心性,这可说是达到了理想的最高境界。何必为报答君命而刻意做作呢！不如如实地传达国君命令,这样做有什么困难的呢！"

颜阖将傅卫灵公大子[1],而问于蘧伯玉曰[2]:"有人于此[3],其德天杀[4]。与之为无方[5],则危吾国;与之为有方,则危吾身。其知适足以知人之过[6],而不知其所以过[7]。若然者,吾奈之何[8]?"

蘧伯玉曰:"善哉问乎[9]！戒之,慎之,正女身也哉[10]！形莫若就[11],心莫若和[12]。虽然,之二者有患[13]。就不欲入[14],和不欲出[15]。形就而入,且为颠为灭[16],为崩为蹶[17];心和而出,且为声为名[18],为妖为孽[19]。彼且为婴儿[20],亦与之为婴儿;彼且为无町畦[21],亦与之为无町畦;彼且为无崖[22],亦与之为无崖。达之[23],入于无疵[24]。

"汝不知夫螳螂乎？怒其臂以当车辙[25],不知其不胜任也,是其才之美者也[26]。戒之,慎之,积伐而美者以犯之[27],几矣[28]！

"汝不知夫养虎者乎？不敢以生物与之[29],为其杀之之怒也〔30〕；不敢以全物与之〔31〕，为其决之之怒也〔32〕。时其饥饱〔33〕，达其怒心〔34〕。虎之与人异类〔35〕，而媚养己者，顺也〔36〕；故其杀者，逆也〔37〕。

"夫爱马者，以筐盛矢〔38〕，以蜄盛溺〔39〕。适有蚉虻仆缘〔40〕，而拊之不时〔41〕，则缺衔、毁首、碎胸〔42〕。意有所至而爱有所亡〔43〕，可不慎邪！"

注释

〔1〕颜阖(hé)：颜氏，名阖，鲁国贤人。傅卫灵公大子：做卫灵公太子蒯聩的师傅。傅，做……师傅。大，通"太"。

〔2〕蘧(qú)伯玉：蘧氏，名瑗，字伯玉，卫国的贤大夫。

〔3〕有人于此：这里有一个人。这里指太子蒯聩。

〔4〕德：德性。天杀：天生凶残嗜杀。

〔5〕与之：教导他。为无方：不用法度。下文"为有方"意思是用法度。方，法度。

〔6〕其知(zhì)：他的智慧。知人之过：看到别人的过失。

〔7〕其：这里指有过的人。所以过：为什么犯错。

〔8〕"若然"两句：意思是像这种情况，我该怎么办？奈之何，怎么办。

〔9〕善哉：好啊。问：指颜阖问的问题。

〔10〕"戒之"三句：意思是对教导卫太子之事，要警戒，要慎重，首先要端正你自身。女，通"汝"，你。

〔11〕形：外表。与下句"心"相对。就：亲近，亲附。

〔12〕和：和顺，有顺其本性的意思。

〔13〕之：此，这。二者：指形就、心和。有患：带来祸患。

〔14〕不欲入：不要陷进去，意思是不与他苟同。入，陷入，这里有苟同的意思。

89

〔15〕不欲出:不要显露自己。出,超出,显露。

〔16〕颠:仆倒,坠落。灭:灭绝。

〔17〕崩:崩塌。蹶(jué):跌倒,失败。"颠"、"灭"、"崩"、"蹶"均用指"形就而入"造成的恶果。

〔18〕为(wèi):为了。本句两个"为"字跟上下三句的另六个"为"字含意不同,其他六个"为"字都是造成、招致的意思。

〔19〕妖、孽:指灾祸。

〔20〕"彼且"句:意思是卫太子假如像婴儿。

〔21〕无町畦(tǐng qí):意思是不讲究法度界限,意思是不守法度规矩。町畦,田间的界限,喻指法度、规矩。

〔22〕为无崖:放荡不羁。崖,山边或岸边。

〔23〕达:通达,这里指顺着他的本性引导他逐渐归于正途。

〔24〕入于:进入,达到。无疵:不会有祸害。疵,病,这里比喻祸害。

〔25〕怒:奋起。当:通"挡",阻挡。车辙:指车轮。辙,车轮辗过的印记,这里代指车轮。

〔26〕是其才之美:意思是自恃才能很大。是,以……自恃。

〔27〕积伐而美:经常夸耀你自己的才能。积,长期,经常。伐,夸耀。而,你。犯之:触犯他。之,代指卫太子。

〔28〕几:几乎危殆,意思是接近危险。

〔29〕生物:活的动物。与之:给老虎。

〔30〕"为其"句:唯恐它扑杀活物时而诱发残杀生物的怒气。

〔31〕全物:完整的动物。

〔32〕决:撕裂。

〔33〕时其饥饱:意思是顺应老虎的饥饱去喂养它。时,通"伺",伺候,喂养。

〔34〕达其怒心:意思是顺势疏导老虎发怒时的野性。达,这里是疏导。

〔35〕异类:不同类。

〔36〕媚:意思是摇尾乞怜,俯首帖耳。顺:顺应,指养虎的人能顺应虎性。

〔37〕杀者:被老虎吃掉的人。逆:违背,触犯,指触犯了老虎的性情。

〔38〕矢：屎，粪便。

〔39〕蜄(shèn)：大蛤，这里指蛤壳。溺：尿。

〔40〕适：恰巧，刚好。蚉䖟：即蚊虻，牛虻。仆缘：附着，指叮在马身上。

〔41〕拊(fǔ)：拍击。不时：时时，常常。

〔42〕缺衔：咬断勒口。衔，马勒口。毁首：挣断辔头。首，辔头。碎胸：碎毁胸络。胸，指胸络。

〔43〕意有所至：是说本意在于爱马。爱有所亡：是说失其所爱，适得其反。亡，失去。按：此则寓言是本篇第三章，借颜阖与蘧伯玉的对话，阐述面对残暴的储君，应当先端正自身，然后虚己待物，顺应其性情，委曲疏导，这样便可不受伤害。

译文

颜阖将要去做卫灵公太子蒯聩的师傅，他去向蘧伯玉求教说："这里有这样一个人，他的德性生来凶残。如果不用法度去教导他，那将会危害我们国家；如果用法度教导他，那又将会危害我自身。他的智慧只足以看到别人的过错，却不了解别人为什么会犯错。像这种情况，我该怎么办呢？"

蘧伯玉说："你问得好啊！教导卫太子，你要警惕，要谨慎，首先要端正你自己！表面上要顺从他、亲近他，内心里要顺应他的秉性使他亲和于你。即使这样，这两种态度仍有隐患。表面亲附他但不要陷入其中而与他苟同，心里顺和他但不要显露。外表亲附而与他完全苟同，将会招致颠仆毁灭，招致崩溃失败。内心顺和他而显露自己，将被认为是为了名声，也会招致祸害。他如果像婴儿那样无知，你也跟他一样表现得像个无知无识的婴儿；他如果不讲究法度规矩，那你也就顺随他不讲究法度规矩；他如果放荡不羁，那你也顺随他放荡不羁。顺随他的本性慢慢地将他引导入正途，就不会遭受伤害了。

"你不知道螳螂吗？奋起它的臂膀去阻挡滚动的车轮，不知道自己的力量不能胜任，原因在于它自以为能力很大。要警惕啊，要谨慎啊，经常夸耀自己的才智而触犯了他，就接近危险了！

"你不了解养虎的人吗？他们从不敢用活着的动物去喂养老虎，因为害怕老虎扑杀活物时会激起老虎凶残的怒气；他们也从不敢用整个的动物去喂养老虎，因为担心老虎撕裂动物也会诱发老虎凶残的怒气。顺应老虎的饥饱去喂养它，顺势疏导老虎发怒时的野性。老虎与人不同类，却向养虎的人摇尾乞怜、俯首帖耳，是因为养虎的人能顺应老虎的本性；那些被老虎吃掉的人，是因为触犯了老虎的性情。

"喜爱马的人，用精美的竹筐装马粪，用漂亮的蛤壳盛马尿。刚巧有牛虻叮在马身上，爱马人不时地随手拍打，没想到马儿受惊便咬断勒口、挣断辔头、碎毁胸络。爱马人本意在于爱马，而反而失其所爱，能不谨慎吗！"

匠石之齐[1]，至于曲辕[2]，见栎社树[3]。其大蔽数千牛，絜之百围[4]，其高临山十仞而后有枝[5]，其可以为舟者旁十数[6]。观者如市，匠伯不顾[7]，遂行不辍[8]。弟子厌观之[9]，走及匠石[10]，曰："自吾执斧斤以随夫子[11]，未尝见材如此其美也。先生不肯视，行不辍，何邪？"曰："已矣[12]，勿言之矣！散木也[13]。以为舟则沉[14]，以为棺椁则速腐[15]，以为器则速毁，以为门户则液樠[16]，以为柱则蠹[17]，是不材之木也。无所可用，故能若是之寿[18]。"

匠石归,栎社见梦曰[19]:"女将恶乎比予哉[20]?若将比予于文木邪[21]?夫柤梨橘柚果蓏之属[22],实熟则剥[23],剥则辱[24];大枝折,小枝泄[25]。此以其能苦其生者也[26],故不终其天年而中道夭,自掊击于世俗者也[27]。物莫不若是。且予求无所可用久矣,几死[28],乃今得之,为予大用[29]。使予也而有用,且得有此大也邪?且也若与予也皆物也,奈何哉其相物也[30]?而几死之散人[31],又恶知散木!"匠石觉而诊其梦[32]。弟子曰:"趣取无用[33],则为社何邪[34]?"曰:"密[35]!若无言!彼亦直寄焉[36],以为不知己者诟厉也[37]。不为社者,且几有翦乎[38]!且也彼其所保与众异,而以义誉之,不亦远乎[39]!"

注释

〔1〕匠石:名叫石的匠人。之:往,去。

〔2〕至:到。曲辕:地名。

〔3〕栎(lì)社树:被当作社神的栎树。栎,树木名。社,祭祀土地神的场所。

〔4〕蔽:遮蔽。絜(xié):用绳子计量。围:双手合抱为一围。

〔5〕临山:高出山顶。临,从高处向下看。仞:八尺为一仞。有枝:才有枝杈分出。

〔6〕为舟:造舟。舟,小船。旁:通"方",且,将近。

〔7〕市:集市。这里指观看的人像集市上赶集的人那么多。匠伯:即匠石。伯,工匠之长。匠石为工匠之长,故称匠伯。不顾:不看。顾,回头看。

〔8〕遂:仍然。不辍(chuò):不停。辍,止,停。

〔9〕厌观:看够。厌,满足。

〔10〕走:跑。及:赶上。

〔11〕执:持,拿。斧斤:即斧。斤,斧的一种,后称"锛",即横口斧。

93

〔12〕已矣：算了。已，止。

〔13〕散木：指不成材的无用之木。

〔14〕以为：即"以之为"，把它做成。沉：沉没。

〔15〕棺：棺材。椁(guǒ)：同"椁"，指棺外的套棺。

〔16〕户：单扇的门。液樠(mán)：脂液渗出。樠，汁液渗出的样子。

〔17〕蠹(dù)：蛀虫，这里是生蛀虫的意思。

〔18〕若是之寿：像这样的长寿。

〔19〕栎社：栎社树。见梦：托梦。

〔20〕女：通"汝"，你。恶：什么。比予：把我比成。

〔21〕若：你。文木：纹理细密的可用之木。文，同"纹"。

〔22〕柤(zhā)：山楂。蓏(luǒ)：瓜类植物的果实。属：类。

〔23〕实：果实。剥：敲击。

〔24〕辱：这里是枝干受到折损的意思。

〔25〕泄：通"抴(yè)"，拉扯。

〔26〕以：因。能：指能结果实。苦其生：使其一生受苦。

〔27〕自：自致，自己招致。掊(pǒu)击：打击。

〔28〕几死：这里意思是曾经几乎被砍死。

〔29〕乃今：而今。得之：意思是侥幸得以不材保全性命。为予大用：意思是不材之用成了我保全性命的最大用处。

〔30〕奈何：为何。其：如此。指匠石以有用、无用看待事物。相物：看待事物。

〔31〕而：通"尔"，你。散人：无用的人。

〔32〕诊：通"畛"，告诉，说出。

〔33〕趣取：求取。趣，通"趋"，趋向，追求。

〔34〕为社：做社树。

〔35〕密：默，意思是闭嘴。

〔36〕直：特，仅只。寄焉：意思是把形体寄托于社中。

〔37〕以为：以至于招致。诟厉：讥辱和伤害。

〔38〕且：将。翦(jiǎn)：斩伐。

〔39〕"且也"三句：意思是况且栎树保全性命的方法与众不同，而用常理来理解它，不是相去太远了吗！义，常理。誉，又作"喻"，了解，理解。按：此则寓言是本篇的第四章，以匠人石与栎社树的故事，对以"有用"看待事物价值的观念提出批评，阐明不材而寿，无用之用。

译文

有位叫石的木匠往齐国去，来到曲辕这个地方，看见一棵被当作社树的栎树。这棵栎树之大可以遮蔽几千头牛，测量它的树干有上百围粗，树身比山顶高出八十尺才分枝，用它来造船可造十余条。观赏的人群像赶集似的那么多，而这位木工连瞧也不瞧一眼，仍然不停地往前走。他的徒弟站在树旁看了个够，跑着赶上了匠人石，说："自我拿起斧子跟随先生以来，从不曾见过这样好的木材。可是先生却不肯看一眼，不停地往前走，这是为什么呢？"匠人石回答说："算了，不要再说它了！这是一棵没有什么用处的树。用它造船会沉没，用它做棺椁会很快朽烂，用它做器皿会很快毁坏，用它做房门会脂液外渗（而不合缝），用它做梁柱会生蛀虫，这是一棵无法取材的树。没有什么用处，所以它才能如此长寿。"

匠人石回到家后，栎社树托梦给他说："你把我比成什么树呢？你打算拿纹理细密的可用之木来跟我相比吗？那山楂、梨、橘、柚之类的果树，果实成熟就会被打落，打落果子枝干也随之会折损；大的枝干被折断，小的枝丫被拉扯。这就是因为它们能结出果实才使自己一生受苦。所以，它们不能终享天年而半途夭折，是自身招来了世俗人们的打击。各种事物莫不如此。而且我寻求没有什么用处已经很久很久了！曾经差点被砍死，而今才保全住性命,以无用成就了我最大的用处。假如我有用,还能够长得这么高大吗?况且你和我都是天地间的一个物体,你怎么能这样以'有用'来看待事物呢?你不过是个接近死亡的没有用处的人,又怎么会真正懂得没有用处的散木呢!"匠人石醒来后把梦中的情况告诉给他的弟子。弟子说:"栎树既然意在求取无用,那又为什么做社树呢?"匠人石说:"闭嘴!你别说了!它只不过是把形体寄托在社中罢了!因此招致不了解自己的人的讥辱和伤害。如果它不做社树的话,将会有可能被砍伐的危险啊!况且它用来保全性命的办法与众不同,而用常理来理解它,不是相去太远了吗!"

南伯子綦游乎商之丘[1],见大木焉,有异[2],结驷千乘[3],隐将芘其所藾[4]。子綦曰:"此何木也哉?此必有异材夫[5]!"仰而视其细枝,则拳曲而不可以为栋梁[6];俯而视其大根,则轴解而不可以为棺椁[7];舐其叶[8],则口烂而为伤;嗅之,则使人狂酲三日而不已[10]。子綦曰:"此果不材之木也,以至于此其大也。嗟乎!神人以此不材[11]!"

注释

〔1〕南伯子綦(qí):人名,庄子寓言中的人物,盖即南郭子綦。商之丘:即商丘,宋国都城,在今河南商丘。

〔2〕有异:意思是异乎寻常的大。

〔3〕结:集结。驷(sì):一辆车上的四匹马。千乘(shèng):一千辆车。乘,四马一车为一乘。

〔4〕隐将:"将隐"的倒文,歇息。芘(pí):通"庇",遮蔽。藾(lài):荫。

〔5〕有异材:有特异的材质。

〔6〕拳曲:弯弯曲曲的样子。

〔7〕大根:指树干。

〔8〕轴解:木心向外开裂。轴,木心。解,开裂。椁(guǒ):套在棺材外的大棺材。

〔9〕咶(shì):同"舐",舔。

〔10〕狂酲(chéng):大醉如狂。酲,醉酒。已:止。

〔11〕嗟乎:感叹词。神人:得道的人。以此不材:意思是用这不材而保全性命。按:此则寓言为本篇第五章,以商丘大木不材自全,阐述神人以"无用"为用。与前面一章主旨相同。

译文

南伯子綦在商丘一带游览,看到一棵大树,异乎寻常的大,可供上千辆四匹马的大车集结在那里,在它树荫的遮蔽下歇息。子綦说:"这是什么树呢?这树一定有特异的材质吧!"仰头观看大树的枝条,弯弯曲曲的不能用来做栋梁;低头观看大树的主干,树心直到表皮旋着裂口,不能用来做棺椁;用舌舔一舔树叶,口舌会溃烂受伤;用鼻闻一闻气味,会使人像大醉一样发狂,三天三夜还醒不过来。子綦说:"这棵树果真是无用的树木,以至长到这么高大。唉!得道的神人,正是用这不材而保全性命的!"

宋有荆氏者〔1〕,宜楸柏桑〔2〕。其拱把而上者〔3〕,求狙猴之杙者斩之〔4〕;三围四围〔5〕,求高名之丽者斩之〔6〕;七围八围,贵人富商之家求樿傍者斩之〔7〕。故未终其天年而中道之夭于斧斤〔8〕,此材之患也。故解之以牛之白颡者〔9〕,与豚之亢鼻者〔10〕,与人有痔病者〔11〕,不可以适河〔12〕。此皆巫祝以知之矣〔13〕,所以为不祥也〔14〕。此乃神人之所以为大祥也〔15〕。

注释

〔1〕荆氏:宋国地名。

〔2〕"宜楸"句:意思是适宜种植楸、柏、桑三种树木。楸(qiū),落叶乔木,干高叶大,木材质地致密。

〔3〕拱:两手合握为拱。把:一手所握。

〔4〕狙(jū)猴:猕猴。杙(yì):小木桩。此指系猴的木桩。斩:砍伐。

〔5〕三围四围:意思是三围或四围粗的树木。

〔6〕高名:高大。名,大。丽:通"欐",栋梁。

〔7〕椫(shàn)傍:指由整板做成的棺板。

〔8〕中道:中途。夭:夭折,这里是被砍伐的意思。

〔9〕故:古时候。解之以:郭本原作"解以之",语法不通,此从王先谦本。解,祈祷神灵,以消除灾祸。白颡(sǎng):白额。这里指颜色不纯。古人认为颜色不纯的牲畜不洁净,不能用于祭祀。

〔10〕豚:小猪。这里泛指猪。亢鼻:鼻孔上仰。亢,仰。古人以高鼻牲畜不洁净,也不能用于祭祀。

〔11〕痔病:痔疮。古人认为有痔疮的人不洁净,也不能用来祭祀。

〔12〕适河:沉入河中祭神。

〔13〕巫祝:巫师。以知:即已知。以,通"已"。

〔14〕以为:认为。不祥:不吉利。

〔15〕此:这些,指巫师和世俗认为的不祥之物。大祥:最大的吉祥。按:此则寓言为本篇第六章,以宋荆氏之地的楸树、柏树、桑树有材而中道被斧斤砍伐,白额之牛、仰鼻之猪和痔病之人因不材而免为祭品,申说"有才"之患与"无用"之用。与上二章同旨。

译文

宋国有个叫荆氏的地方,适合种植楸树、柏树、桑树。(这

98

三种树)树干长到一两把粗以上,寻找系猴木桩的人便会把它们砍去;树干长到三、四围粗,就会被寻求高大房梁的人砍去;树干长到七、八围粗,便会被寻找整幅的棺材板的达官贵人、富家商贾砍去。所以,这些树木没能终享天年,中途就被刀斧砍伐,这就是材质有用带来的祸患。古代祈祷神灵消除灾害的人,总认为颜色不纯的白额的牛、鼻孔上仰的猪以及患有痔疮的人,不能作为祭品沉入河中去祭神。这些情况巫师都知道,所以认为它们是不吉祥之物。而这些巫师和世人认为的不吉祥之物,正是得道的神人所认为的世上最大的吉祥。

支离疏者[1],颐隐于脐[2],肩高于顶[3],会撮指天[4],五管在上[5],两髀为胁[6]。挫针治繲[7],足以餬口;鼓筴播精[8],足以食十人。上征武士[9],则支离攘臂而游于其间[10];上有大役[11],则支离以有常疾不受功[12];上与病者粟,则受三钟与十束薪[13]。夫支离其形者[14],犹足以养其身,终其天年,又况支离其德者乎[15]?

注释

〔1〕支离疏:寓言假托的人名。"支离"与"疏"都是分散、不完整的意思,"支离疏"含有忘形、忘德的意思。

〔2〕颐:面颊。脐:肚脐。

〔3〕顶:头顶。

〔4〕会撮:发髻。因为脊背弯曲,所以发髻朝天。一说指颈椎,可备一说。

〔5〕五管在上:意思是五脏的穴位都在脊背上。五管,五脏的穴位。

〔6〕两髀(bì)为胁:意思是大腿与胸胁并生在一起。髀,股骨,这里指大腿。胁,胸胁。

〔7〕挫针治繲(xiè):意思是替人缝补和洗涤衣服。挫针,缝衣。治繲,洗衣。繲,脏旧衣服。

〔8〕鼓筴(cè)播精:意思是用簸箕扬糠选米。鼓,簸动。筴,小簸箕。播,扬去灰土与糠屑。精,精米。

〔9〕上:指国君。征:征选。

〔10〕攘(rǎng)臂:意思是捋起衣袖,伸长手臂。攘,捋。游于其间:游走在应征的人中间。意思是他知道自己不符合征选条件,所以不害怕征选。

〔11〕役:徭役。

〔12〕以:因。常疾:残疾。不受功:不用接受差使,即不用当差。功,指劳役之事。

〔13〕与:给与。病者:病残的人。粟:代指粮食。钟:古代粮食计量单位,六斛四斗为一钟。薪:柴草。

〔14〕支离其形:形体残缺不全。

〔15〕支离其德者:忘掉德行的人,指得道的人。按:此则寓言是本篇的第七章,以支离疏因残疾而免除徭役并得到救济之例,阐说"有用"之患和"无用"之用,并提出支离形体、支离德行的忘形、忘德之论。与上三章意旨略同。

译文

有个名叫支离疏的人,面颊隐缩在肚脐里,双肩高过头顶,脑后的发髻朝向天空,五脏的穴位都在朝上的脊背上,两条大腿和两边的胸肋并生在一起。他给人缝洗衣服,足够糊口度日;又替人筛糠簸米,足可养活十口人。国君征选武士时,支离疏捋袖扬臂在被征者中间走来走去;国君有大的差役,支离疏因身有残疾而不用当差;国君给病残的人赈济粮食,支离疏能领到三钟粮食和十捆柴草。像支离疏那样形体残缺不全的人,还足以养活自己,终享天年,又何况忘掉德行的得道之人呢!

孔子适楚[1],楚狂接舆游其门曰[2]:"凤兮凤兮[3],何如德之衰也[4]!来世不可待,往世不可追也[5]。天下有道,圣人成焉[6];天下无道,圣人生焉[7]。方今之时,仅免刑焉。福轻乎羽[8],莫之知载[9];祸重乎地,莫之知避。已乎,已乎!临人以德[10]。殆乎,殆乎!画地而趋[11]。迷阳迷阳[12],无伤吾行;吾行郤曲[13],无伤吾足。"

注释

〔1〕适:往,到。

〔2〕楚狂接舆:楚国隐士,相传为陆氏,名通,字接舆。游其门:走到孔子馆舍门口。其,代指孔子。

〔3〕凤:凤鸟。传说凤鸟在至德之世方才出现。这里用来比喻孔子。

〔4〕"何如"句:意思是为何怀有如此盛德却来到这衰乱之国。何如,如何,为何。之,往。

〔5〕来世:指未来的时光。待:期待。往世:指过去的时光。追:追回。

〔6〕"天下有道"两句:意思是天下太平时,圣人便成就自己的事业。有道,指天下太平。成,指成就事业。

〔7〕"天下无道"两句:意思是天下混乱时,圣人则只求保全性命。生,指保全性命。

〔8〕轻乎羽:比羽毛还轻。乎,于,比。

〔9〕莫之知:不知道。载:承受,这里是受用的意思。

〔10〕"已乎"三句:意思是"临人以德"的做法可以停止了。已乎,算了吧。临人以德,字面意思是在别人面前夸耀自己的德行,结合前两句,接舆的真正意思是劝孔子不要在别人面前夸耀自己的德行。

〔11〕"殆乎"三句:意思是"画地而趋"的做法是危险的,言外之意是不要再这样做。画地而趋,在地上画圈自己跑进去,喻指自己束缚自己。

〔12〕迷阳:指荆棘,一种多刺的草。

〔13〕郤(xì)曲:屈曲,指道路曲折难行。根据上句结构特点,"吾行郤曲"当与"迷阳迷阳"结构相同,而"吾行"很可能是传抄时涉上文而衍,则本句当作"郤曲郤曲"。按:此章为本篇第八章,以楚狂接舆之言,警告世人:有为处世如画地为牢,必自陷危殆;效法圣人随顺大道,自然无为,方能全身免祸。

译文

　　孔子去到楚国,楚国隐士接舆来到孔子馆舍门前,说:"凤鸟啊,凤鸟啊!你为何怀有如此盛德却来到这衰败的国家!未来的时光不可期待,过去的岁月无法追回。天下太平时,圣人便成就自己的事业;天下混乱时,圣人则保全性命而已。当今这个时代,圣人也不过仅可免遭刑戮。幸福比羽毛还轻,而不知道受用;祸患比大地还重,却不知道回避。算了吧,算了吧!不要在人前夸耀自己的德行。危险啊,危险啊!人为地画地为牢而自投罗网!荆棘,荆棘,不要妨碍我走路;曲曲弯弯的道路啊,不要伤害我的双脚。"

　　山木,自寇也〔1〕;膏火,自煎也〔2〕。桂可食〔3〕,故伐之;漆可用,故割之。人皆知有用之用,而莫知无用之用也。

注释

　　〔1〕自寇:意思是因为自身有用而招致被砍伐之祸。寇,这里是砍伐的意思。
　　〔2〕膏:油脂。自煎:意思是自取熬煎。
　　〔3〕桂:树名,其皮可作香料和药材。按:此章为本篇第九章,以实例阐明有用有杀身之患、无用才能保全性命。

译文

　　山上的树木因其材质可用,而招致被砍伐的灾祸;油脂因其可以燃烧照明,而被取去煎熬。桂树皮芳香可供调味食用,因而遭到砍伐;漆树因为可以派上用场,所以遭到刀的割裂。人们都知道有用的用处,却不懂得无用的用处。

大 宗 师[1]

　　知天之所为,知人之所为者,至矣[2]！知天之所为者,天而生也[3];知人之所为者,以其知之所知以养其知之所不知[4],终其天年而不中道夭者:是知之盛也[5]。虽然,有患[6]。夫知有所待而后当,其所待者特未定也[7]。庸讵知吾所谓天之非人乎？所谓人之非天乎[8]？且有真人而后有真知[9]。

　　何谓真人？古之真人,不逆寡[10],不雄成[11],不谟士[12]。若然者,过而弗悔,当而不自得也[13]。若然者,登高不慄[14],入水不濡[15],入火不热。是知之能登假于道者也若此[16]。

　　古之真人,其寝不梦[17],其觉无忧[18],其食不甘[19],其息深深[20]。真人之息以踵,众人之息以喉[21]。屈服者,其嗌言若哇[22]。其耆欲深者,其天机浅[23]。

　　古之真人,不知说生,不知恶死[24]。其出不䜣,其入不距[25];翛然而往,翛然而来而已矣[26]。不忘其所始,不求其所终[27];受而喜之,忘而复之[28]。是之谓不以心捐道,不以人助天[29]。是之谓真人。若然者,其心志,其容寂,其颡頯[30];凄然似秋,煖然似春[31],喜怒通四时,与物有宜而莫知其极[32]。

故圣人之用兵也,亡国而不失人心[33]。利泽施乎万世,不为爱人[34]。故乐通物,非圣人也[35];有亲,非仁也[36];天时,非贤也[37];利害不通,非君子也[38];行名失己,非士也[39];亡身不真,非役人也[40]。若狐不偕、务光、伯夷、叔齐、箕子、胥余、纪他、申徒狄[41],是役人之役[42],适人之适[43],而不自适其适者也[44]。

古之真人,其状义而不朋[45],若不足而不承[46];与乎其觚而不坚也,张乎其虚而不华也[47];邴邴乎其似喜也[48],崔崔乎其不得已也[49],滀乎进我色也[50],与乎止我德也[51],厉乎其似世也[52],警乎其未可制也[53],连乎其似好闭也[54],悗乎忘其言也[55]。以刑为体[56],以礼为翼[57],以知为时[58],以德为循[59]。以刑为体者,绰乎其杀也[60];以礼为翼者,所以行于世也[61];以知为时者,不得已于事也[62];以德为循者,言其与有足者至于丘也[63],而人真以为勤行者也[64]。故其好之也一,其弗好之也一[65]。其一也一,其不一也一[66]。其一与天为徒,其不一与人为徒[67]。天与人不相胜也[68],是之谓真人。

注释

〔1〕本篇是《庄子》内七篇的第六篇。篇题"大宗师",意思是至大无尚的宗师。这个"宗师",从全文来看,指的就是道。作者认为道"自本自根"、"自古以固存",是产生宇宙万物的本源,是万事万物的主宰,人们应当效法道的自然无为,故称其为大宗师。全文凡十章,前三章为理论论述,后七章为寓言故事喻说,所论的中心问题不外二端:什么是道;什么是"真人"的境界以及如何达到这一境界,也即是如何修道。

〔2〕"知天"三句:意思是明白天道的作为,明白人应当的作为,就达到认识的极点了。知,知道,明白。天,自然,这里指天道。所为,作为。至,极致,极点。

〔3〕天而生：意思是天道无为，而让万物自然而然地生生不息。

〔4〕"以其"句：意思是用自己的智力所能认知的事物及其道理，去自然从容地顺应自己智力所不能认知的事物及其道理。此二句中的第一个和第三个"知"，同"智"，是智力、智慧的意思；第二个、第四个"知"，是知识、认知的意思，指的是对事物及其道理的认知。养，奉养，这里是从容无为地顺应的意思。

〔5〕天年：天赋予的年寿，即自然寿命。知之盛：认识的极高境界。盛，大，极。

〔6〕"虽然"两句：意思是虽说上述的认知达到了极高境界，但其中还是有患累存在。患，患累，问题。庄子主张弃知，所以再高明的知他都认为有患累存在。

〔7〕"夫知"两句：意思是说正确的认知需要依赖一定的对象和条件才可获得，而它所依赖的对象和条件却是变化不定的。有所待，有所依赖，指要依赖一定的对象和条件。当，恰当，正确。特，独。

〔8〕"庸讵"两句：意思是说怎么知道我所说的自然天成不是人为呢？我所说的人为不是自然天成呢？庸讵，何以，怎么。

〔9〕真人：道德圆满纯真的得道者。与"神人"、"至人"、"圣人"、"大人"、"德人"等同为《庄子》中理想的得道者的称号。真知：合乎大道的知识。

〔10〕逆：忤逆，这里是拒绝的意思。寡：少，这里指浅薄无德的人。

〔11〕不雄成：意思是不以成功自恃，不居功，即无功。雄，以……自傲，以……自恃。

〔12〕不谟(mó)士：不谋虑事情，意思是无心于事，虚己而任其自然。谟，谋虑。士，通"事"。

〔13〕"过而"两句：意思是虽行事有所过失也不懊悔，虽行事恰当合宜而不自鸣得意。过，过失。当，恰当，得当。自得，自鸣得意。

〔14〕慄：恐惧。

〔15〕濡(rú)：沾湿。

〔16〕是：这。知：见识。登假：达到。登，升。假，至，到。

〔17〕其寝不梦：意思是真人弃绝智虑，情意妄想不生，故而睡觉不会做梦。

寝,睡。

〔18〕其觉无忧:意思是真人无是非得失之心,故而醒时无忧。觉,醒。

〔19〕其食不甘:意思是真人以道自娱,不追求口腹之欲,故而不讲究饮食精美可口。甘,形容饮食精美可口。

〔20〕其息深深:意思是真人心神凝寂,气息深沉。息,气息。

〔21〕"真人"两句:是说真人用脚跟呼吸,凡俗大众用喉咙呼吸。踵,脚跟。"息以踵"言气息深沉,发自根本。

〔22〕"屈服者"两句:意思是凡俗众人的呼吸仿佛辩论中被人辩倒而屈服的人,言语堵塞在喉咙里像要呕吐一样。嗌(ài)言,堵塞在喉咙中的语言。嗌,咽喉。哇,呕吐。

〔23〕"其耆欲"两句:意思是那些嗜好欲望深重的人,他们天生对道的悟性就浅薄迟钝。耆,通"嗜",嗜好。机,机悟,即对道的悟性。

〔24〕说生:对生存感到喜悦。说,通"悦",高兴,喜悦。恶死:厌恶死亡。

〔25〕"其出"两句:意思是真人对生死泰然顺应,应时而生不会欣喜,应时而死也不拒绝。出,生。䜣,同"欣",欣喜。入,死。距,通"拒",拒绝。

〔26〕翛(xiāo)然:无拘束、自然而然的样子。往:回归。这里是把死看成回归自然之意。来:意即来到人世。

〔27〕"不忘"两句:意思是生死双遣,既不执着于生,也不执着于死。不忘,不妄求。忘,通"妄",妄求。始,生。终,死。

〔28〕"受而"两句:意思是说得到生命后便快然自适,忘怀死亡而复归于自然。喜,快然自适。

〔29〕"是之"两句:意思是这就叫不用欲心捐弃天道,不以人为帮助自然之道。捐,捐弃。天,天道,自然之道。

〔30〕若然者:像这样的人。志:心所去往的地方,这里指专一于道。寂:寂静安闲。颡(sǎng):额。頯(kuí):宽厚质朴。

〔31〕"凄然"两句:意思是其表情严峻,像秋天一样肃杀;表情和蔼,像春天一样和暖。煖(xuān),同"煊",温暖。

〔32〕"喜怒"两句:意思是真人无情,其喜怒与四季相通,顺应四季事物的变

107

化,自然无迹,变化无穷。极,尽。

〔33〕"故圣人"两句:意思是说圣人发动战争因顺民心,虽破灭敌国却不会失去敌国民心。圣人,即真人。亡国,破灭敌国。人心,民心。本段(从"故圣人之用兵也"至"而不自适其适者也")闻一多认为文意与上下不能一贯而自成片断,疑系错简。以备参考。

〔34〕利泽:利益和恩泽。万世:万代。不为爱人:不是有意施爱于人。

〔35〕"故乐"两句:意思是圣人无为,故而乐于助成万物通畅的,不是圣人。通物,使万物通畅。

〔36〕"有亲"两句:意思是至人无亲,故而有心偏爱,就算不上是真正的仁。亲,这里指偏爱。

〔37〕"天时"两句:意思是有意推度以求合于天时,不是圣贤。天时,自然形成的时机。

〔38〕"利害"两句:意思是说不能将利害等同看待,不是君子。通,齐一,等同。

〔39〕"行名"两句:意思是说矫饰的行为、虚浮的名声与内在本性不符,不是贤士。失己,失去内在自然本性。

〔40〕"亡身"两句:意思是说丧身失性,就不是役使人的人。亡身,丧身。不真,迷失本性。役,役使,驱遣。

〔41〕狐不偕、务光、伯夷、叔齐、箕子、胥余、纪他、申徒狄:都是人名,都是前文所说的"亡身不真"的"非役人"之人。狐不偕,传说为尧时贤人,不接受尧的禅让,投河而死。务光,夏末隐士,汤让给他天下,他不接受,负石投庐水而死。伯夷、叔齐,孤竹君二子,武王伐纣,二人扣马而谏,武王不从,于是隐于首阳山,不食周粟而死。箕子,商纣王叔父,因忠谏不从而佯狂为奴,被纣王囚禁。胥余,生平事迹不详。或说是比干,或说是伍子胥,无从稽考。纪他,殷时隐者,担心汤让位给他,携弟子俱隐窾水旁。申徒狄,殷时人,因仰慕纪他,负石沉河而死。

〔42〕役人之役:为他人的事所役使,意即把他人的事当自己的事。第一个"役",作动词,役使。第二个"役",作名词,指劳役之事。

〔43〕适人之适:把别人的安适当自己的安适。第一个"适",意为以……为

安适。第二个"适"是安适、舒畅的意思。

〔44〕"而不"句:而不是把自己的安适当成安适的人。

〔45〕状:神情。义(é)而不朋(bēng):意思是巍峨而不自恃。义:通"峨",高大的样子。朋:通"崩",崩裂,这里是自恃的意思。

〔46〕若:好像。不承:无所承受。

〔47〕"与乎"两句:意思是安适独立而不固执,心胸宽广而不浮华。与乎,即豫乎,自然安适的样子。与,通"豫"。觚(gū),通"孤",特立超群。坚,这里是固执的意思。张乎,广大的样子,这里指心胸宽广。华,浮华。

〔48〕邴邴(bǐng)乎:舒畅和适的样子。也:郭本原作"乎",陈碧虚《庄子阙误》以为当作"也",从上下文看,陈说是,今从改。

〔49〕崔崔乎:漠然行动的样子。此句郭本原作"崔乎其不得已乎",由前后文看,"崔"字后当脱一"崔"字,"乎"字当作"也",今据陈碧虚《庄子阙误》改。

〔50〕滀(chù)乎:本指水停聚而有光泽的样子,这里形容真人容颜和悦。进我色:意思是真人的和悦之色令人亲近。

〔51〕与乎:待人宽厚的样子。止我德:意思是真人宽厚的德让人归依。止,归止,归依。

〔52〕厉乎:即广乎,宽广的样子,这里形容真人心胸虚空博大无所不包。厉,当从崔譔所见本作"广",古籍中"厉"与"广"多混用。世:通"大",二字古代音、义相同,都有大的意思,这里意思是阔大无涯。也:郭本原作"乎",从上下文看,当作"也",此从陈碧虚《庄子阙误》改之。

〔53〕警(áo)乎:高放自得的样子。警,通"傲",高远旷放。制:限止,限量。

〔54〕连乎:绵邈深远的样子。闭:闭门,这里指真人德行深远难测,沉默无言,好像门户关闭,找不到门径。

〔55〕悗(mèn)乎:漫不经心的样子。

〔56〕以刑为体:意思是真人因顺世俗把刑律作为治世的主体。此句至"而人真以为勤行者也"十三句,所述皆真人处于世俗世界中因顺世俗的处世之道,正是真人齐一是非、随顺万物思想的体现。或以为此十三句内容不似庄子的思想和主张,跟上下文内容也不连贯,非庄子所作。此处不取此解。

〔57〕礼:礼仪。翼:羽翼,这里引申为辅助之意。

〔58〕以知为时:用智慧审时度势。知,通"智"。时,时机,时势。

〔59〕以德为循:把道德作为为人处世所遵循的准则。

〔60〕绰乎其杀:意思是刑律以杀止杀,乃杀一儆百,虽然是杀,却显得宽大。绰,宽绰。

〔61〕所以行于世:意思是是为了顺应世俗行事。

〔62〕不得已于事:意思是出于不得已而随应世事变化。

〔63〕其与有足者至于丘:意思是真人因顺道德把那些有识之士都引导到很高的境界。有足者,有脚的人。这里比喻有识之士。丘,山丘。这里比喻回归人本性的境界。

〔64〕"而人"句:意思是世人真的以为真人勤于修行呢!此句背后意思是说真人只是随顺世事的自然发展,无心行事,并非有意而行,故而虽行不劳。

〔65〕"故其"两句:意思是真人无心好恶,世俗所谓好恶在真人看来是齐一无别的。

〔66〕"其一"两句:意思是真人持守万物齐一之道,世俗认为的一样或不一样在他那里都是一样的。

〔67〕"其一与"两句:意思是齐一万物是与天道为伍,分别事物的不同是与人道为伍。徒,徒属,同类。

〔68〕"天与人"句:意思是天道和人道两不相伤,即天人合一。胜,克。按:此章为本篇第一章,主要论述"天"与"人"的作用及描述得道"真人"的理想人格。

译文

明白天道的自然作为,并且明白人应当的作为,这就达到了认知的极点了。明白天道的作为,是懂得天道自然无为,从而让万物自然而然地生生不息;明白人的作为,是用人的智力所认知的事物及其道理去从容无为地顺应人的智力所未能通晓的事物及其道理,直至自然寿命结束而不中途夭折,这是认识的极高境界了。虽然这样,但其中还是存在患累。正确的认知需要依赖一定的对象和条件,而认知的对象和条件却是变化不定的。怎么知道我所说的自然天成不是出于人为呢?怎么知道我所说的人为不是自然天成呢?况且有了"真人",然后才有真知。

什么样的人叫"真人"呢?古时候的"真人",不拒绝浅薄无德的人,不以成功自恃,无心于事而任其自然。像这样的人,虽行事有过失而不后悔,虽行事恰当合宜而不自鸣得意。像这样的人,登上高处不会恐惧,下到水里不会沾湿,进入火中不觉得灼热。这只有见识能达到大道境界的人才能如此。

古时候的"真人",他睡觉不做梦,他醒时没有忧愁,他吃饭不讲求甘美可口,他呼吸时气息深沉。真人呼吸用的是脚跟,而凡俗大众呼吸则靠的是喉咙。凡俗之人的呼吸仿佛辩论中被人辩倒而屈服的人,言语堵塞在喉咙里像要呕吐一样。那些嗜好和欲望深重的人,他们天生对道的悟性就浅薄迟钝。

古时候的"真人",不懂得对生存感到喜悦,也不懂得厌恶死亡;应时而生不会欣喜,应时而死也不拒绝;自然而然地将死亡视为回归自然,自由自在地来到世间。他生死双遣,既不执着于生,也不执着于死。得到生命后便快然自适,忘怀死亡而复归于自然。这就叫不用欲心捐弃天道,不以人为帮助自然之道。这就叫"真人"。像这样的人,他专心大道,他的容颜淡漠安闲,他的额头宽厚质朴。他表情严峻时,像秋天一样肃杀;表情和蔼时,像春天一样和暖;他的喜怒与四季相通,顺应四季事物的变化,自然无迹,变化无穷。

所以圣人因顺民心发动战争,破灭敌国却不会失掉敌国的民心;利益和恩泽广施万代,却不是出于有意爱人。所以乐于助成事物畅通的人，不是圣人；有私心偏爱的人，算不上是真正的仁；有意推度天时行事的人，不是贤人；不能将利害等同的人，算不上君子；矫饰的行为、虚浮的名声与内在本性不符的人，不是贤士；丧失生命而迷失自然真性的人，不是能役使人的人。像狐不偕、务光、伯夷、叔齐、箕子、胥余、纪他、申徒狄，这样的人都是把他人的事当成自己的事，把他人的安适当成自己的安适，而不是把自己的安适当成安适的人。

　　古时候的"真人"，神情巍峨而不自恃，好像不足却又无所承受；安闲自然、特立超群而不执着顽固，胸襟宽广虚清而不浮华；舒畅和适，似有喜色；漠然而动，像是出自不得已；容颜和悦的样子令人乐于亲近，宽厚之德让人乐于归依，胸襟恢宏而阔大无涯，高放自得而无所拘束，绵邈深远像封闭了门户难寻其迹，漫不经心的样子又好像忘记了要说的话。把刑律当作主体，把礼仪当作辅助，用智慧审时度势，把道德作为处世所遵循的准则。把刑律当作主体，目的在于以杀止杀，杀一儆百，所以虽杀却见宽大；把礼仪当作辅助，是为了顺应世俗行事；用智慧审时度势，是为了顺随各种不得已而为的世事；把道德作为处世所遵循的准则，是为了把那些有识之士都引导到很高的境界，世人却真以为"真人"是勤于做事的人。所以，真人无心好恶，世俗所谓好恶在真人看来是齐一无别的。真人持守万物齐一之道，世俗认为的一样或不一样在他那里都是一样的。齐一万物是与天道为伍，分别事物的不同是与人道为伍。天道和人道浑融为一，两不相伤，这就叫"真人"。

　　死生，命也[1]；其有夜旦之常，天也[2]。人之有所不得与，皆物之情也[3]。彼特以天为父,而身犹爱之,而况其卓乎[4]!人特以有君为愈乎己,而身犹死之,而况其真乎[5]!

泉涸[6],鱼相与处于陆,相呴以湿[7],相濡以沫[8],不如相忘于江湖[9]。与其誉尧而非桀[10],不如两忘而化其道[11]。

夫大块载我以形[12],劳我以生[13],佚我以老[14],息我以死[15]。故善吾生者,乃所以善吾死也[16]。夫藏舟于壑[17],藏山于泽[18],谓之固矣。然而夜半有力者负之而走,昧者不知也[19]。藏小大有宜[20],犹有所遁[21]。若夫藏天下于天下而不得所遁,是恒物之大情也[22]。特犯人之形而犹喜之[23]。若人之形者,万化而未始有极也,其为乐可胜计邪[24]?故圣人将游于物之所不得遁而皆存[25]。善妖善老,善始善终,人犹效之,又况万物之所系而一化之所待乎[26]!

注释

〔1〕命:这里指无法人为改变的生命运动。

〔2〕其:指生死。有:通"犹",犹如。夜旦:昼夜。常:恒常不变,指不停地交替运行。天:天道,自然规律。

〔3〕"人之"两句:意思是说对于"天"和"命",人是无法干预的,这都是事物本身自然变化的实情。与,参与,干预。情,实情。

〔4〕"彼特"三句:意思是世人都把天看作生命之父,并且还终身爱戴它,何况那卓然独化的大道呢!彼,指世人。特,独。卓,指卓然独化的大道。

〔5〕"人特"三句:意思是世人都认为国君的地位、才智是超越自己的,而且还愿终身为国君效忠甚至捐躯,何况对待无与伦比的本真大道呢!愈,胜,超过。死之,为国君而献身。真,指大道。

〔6〕涸(hé):水干枯。

113

〔7〕相呴(xū)：相互吐气。呴,吐气。以湿：意思是来湿润对方。

〔8〕濡：沾湿。沫：唾沫,即口水。

〔9〕"不如"句：意思是不如在江湖里彼此相忘。这里暗喻应该忘掉生死,随顺大道。

〔10〕誉尧：赞美尧帝。非桀：非议夏桀。

〔11〕化其道：意思是遨游于道的境界,将生死、是非浑化为一。

〔12〕大块：自然。载：负载。形：形体。

〔13〕劳我以生：意思是用生存来辛劳我。

〔14〕佚(yì)我以老：意思是用衰老来让我闲逸。佚,通"逸",闲逸。

〔15〕息我以死：用死来安息我。息,休息。

〔16〕善吾生：把我的出生看成好事。善,以……为善。善吾死：把我的死看成好事。

〔17〕壑(hè)：深深的山谷。

〔18〕山：通"汕",捕鱼的用具。

〔19〕昧者：睡着的人。昧,通"寐",睡。

〔20〕藏小大：即"藏小于大",把小东西藏在大东西里面。宜：合适,适宜。

〔21〕遯(dùn)：同"遁",逃遁,这里是丢失的意思。

〔22〕恒：恒常,普遍。物之大情：万物的至理。大情,至理。

〔23〕特：只,仅。犯人之形：遇到成为人形。犯,遇。

〔24〕"若人"三句：意思是至于人的形体,千变万化是无穷无尽的,如果因有形体而欣喜,那欣喜之情哪里能计算得清楚呢？若,至于。可,何可。

〔25〕"故圣人"句：意思是所以圣人逍遥于无得无失的大道之境,与道共存。

〔26〕"善妖"四句：意思是对于寿命长短和生死都能安顺的人,人们尚且效法,又何况对于万物的根本、一切变化所依赖的大道呢！善,善待,安顺。妖,通"夭",短命。老,长寿。始、终,生死。一化,一切变化。待,依靠、凭借。按：此章为本篇第二章,论述的是生死问题,主要阐述的是生死两忘而"化其道"的人生态度。

译文

　　死和生，是无法人为改变的生命运动；它们犹如黑夜和白天交替那样永恒地不停运行，是自然规律。人是无法干预的，这都是事物自身自然变化的实情。世人都把天看作生命之父，而且终身爱戴它，何况对卓然独化的大道呢！世人总认为国君的地位、才智超过自己，而且终身愿为国君效忠甚至捐躯，何况对无与伦比的大道呢！

　　泉水干涸了，鱼儿相互依偎在陆地上，用吐出来的湿气相互滋润，用唾沫相互润泽，这样远不如在江湖里彼此相忘。与其赞誉唐尧(的圣明)而非议夏桀(的暴虐)，不如把他们都忘掉而遨游于生死、是非浑化为一的道的境界。

　　大自然承载着我的形体，用生存来辛劳我，用衰老来闲适我，用死亡来安息我。所以，把我的出生看作好事，也就应该把我的死亡看作是好事。把船儿藏在深谷里，把渔具藏在深水里，可以说是十分牢靠了。然而半夜里有个大力士把它们背跑了，睡着的人是不会知道的。把小东西藏在大东西里是适宜的，不过还是会有丢失。假如把天下藏在天下里，就不会丢失，这是普遍存在的事物的至理。人们只要遇到成为人的形体便十分欣喜，至于人的形体，千变万化，无穷无尽，如果因有形体而欣喜，那欣喜之情哪里能计算得清楚呢？所以圣人逍遥于无得无失的大道之境，与道共存。对于寿命长短和生死都能安顺的人，人们尚且效法，又何况对于万物的根本、一切变化所依赖的大道呢！

　　夫道，有情有信[1]，无为无形[2]；可传而不可受，可得而不可见[3]；自本自根[4]，未有天地，自古以固存[5]；神鬼神帝[6]，生天生地;在太极之先而不为高[7],在六极之下而不为深[8],先天地生而不为久,长于上古而不为老。狶韦氏得之[9],以挈天地[10];伏戏氏得之[11],以袭气母[12];维斗得之[13],终古不忒[14];日月得之,终古不息;堪坏得之[15],以袭昆仑[16];冯夷得之[17],以游大川;肩吾得之[18],以处大山[19];黄帝得之,以登云天[20];颛顼得之[21],以处玄宫[22];禺强得之[23],立乎北极[24];西王母得之[25],坐乎少广,莫知其始,莫知其终[26];彭祖得之[27],上及有虞,下及五伯[28];傅说得之[29],以相武丁,奄有天下[30],乘东维[31],骑箕尾[32],而比于列星[33]。

注释

〔1〕情:真实。信:信实。《老子》第二十一章曰:"道之为物,惟恍惟忽。忽兮恍兮,其中有象;恍兮忽兮,其中有物。窈兮冥兮,其中有精;其精甚真,其中有信。"庄子此句本于此。

〔2〕无为:无所作为。无形:没有形体可见。

〔3〕"可传"两句:意思是可以体悟到它而却无法口授,可以用心领悟而无法看见它。传,体悟,感受。受,口授。得,心得,用心领悟。

〔4〕自本自根:意思是道以自己为根本,自生自长。

〔5〕固存:本来就存在着。《老子》第二十五章曰:"有物混成,先天地生。……强字之曰道。"庄子此两句本于此。

〔6〕神鬼神帝:比鬼、帝还神,意思是变化莫测。神,相当于"神于"。

〔7〕太极:派生万物的本原,即宇宙的初始。先:据上下文和用词对应的情况看,当从俞樾说作"上"字,这样"太极之上"与下句"六极之下"对应。

〔8〕六极:即六合,指天地四方。

〔9〕狶(xī)韦氏:传说中的远古时代的帝王。之:代指大道。

〔10〕挈(qiè):提挈,这里有统领、驾驭的含意。

〔11〕伏戏氏:即伏羲氏,传说中的古代帝王。

〔12〕袭:调和。气母:指元气。

〔13〕维斗:北斗星。

〔14〕终古:永久。不忒(tè):不出差错,意思是不改变维度。忒,差错。

〔15〕堪坏:传说中人面兽身的昆仑山神。

〔16〕袭:这里是入主的意思。

〔17〕冯夷:传说中的黄河之神。

〔18〕肩吾:传说中的泰山之神。

〔19〕处:驻守。大山:即泰山。大,即"太",也即是"泰"。

〔20〕以登云天:意思是升天成仙。

〔21〕颛顼(zhuān xū):传说为黄帝之孙,为五帝之一,号高阳。

〔22〕处:居住。玄宫:北方的宫殿。玄,黑色,为北方之色。颛顼又称玄帝,即北方之帝,故称其居处"处玄宫"。

〔23〕禺强:传说中人面鸟身的北海之神。

〔24〕立:自立。北极:指北海。

〔25〕西王母:古代神话中的女神,居住在最西端的少广山。

〔26〕"莫知"两句:意思是不知道有生死的变化。始,生。终,死。

〔27〕彭祖:传说为颛顼的玄孙,以长寿闻名。

〔28〕"上及"两句:意思是从上古虞舜时代活到五霸时代。有虞,即舜。五伯,说法不一,旧注以为指夏代的昆吾、殷时的大彭、豕韦,周代的齐桓公、晋文公,此姑从之。

〔29〕傅说(yuè):殷商时代的贤才,辅佐高宗武丁,成为武丁的相。传说傅说死后成了星精,故下有"乘东维,骑箕尾"之说。

〔30〕奄有天下:统治天下。奄,囊括。

〔31〕乘:驾驭。东维:星宿名,在箕星、尾星之间。

〔32〕骑:驾驭。箕、尾:二星宿名,为二十八宿中的两个星宿。

〔33〕比:并列。列星:众星。按:此章为本篇第三章,阐述的是"道"的特点和作用。从其对"道"的描述看,庄子所说的"道",是从《老子》那里继承来的,如认为"道"先天地而存在,无始无终;"道"自本自根,为天地万物之源;"道"是真

实存在的,无为无形,只可意会难以言传。

译文

　　道,是真实地存在的,它自然无为又无形态可见;可以体悟到它却无法说出来予以传授,可以用心领悟却无法可见它;它以自身为根本,自生自长,天地没出现之前,自古以来它就本来地存在着;它比鬼神、天帝还变化莫测,能产生天地;它在太极之上而不算高远,它在天地四方之下而不算深邃,它先于天地存在而不算长久,它早于上古而不算年老。狶韦氏得到它,用来统领天下;伏羲氏得到它,用来调和元气;北斗星得到它,永远不会改变方位;太阳和月亮得到它,永远运行不停;堪坏得到它,得以入主昆仑;冯夷得到它,得以巡游黄河;肩吾得到它,得以驻守泰山;黄帝得到它,得以升天成仙;颛顼得到它,得以居处玄宫;禺强得到它,得以自立为北海之神;西王母得到它,得以安坐少广山,不知道生死的变化;彭祖得到它,从上古的有虞时代一直活到五霸时代;傅说得到它,得以做殷高宗武丁之相,辅佐他统治天下,而后驾驭着东维、箕、尾三星宿,并列在众星神的行列里。

　　南伯子葵问乎女偊曰[1]:"子之年长矣,而色若孺子[2],何也?"曰:"吾闻道矣[3]。"南伯子葵曰:"道可得学邪?"曰:"恶!恶可[4]!子非其人也。夫卜梁倚有圣人之才而无圣人之道[5],我有圣人之道而无圣人之才。吾欲以教之,庶几其果为圣人乎[6]?不然,以圣人之道,告圣人之才[7],亦易矣。吾独守而告之[8],参日而后能外天下[9];已外天下矣,吾又守之,七日而后能外物[10];已外物矣,吾又守之,九日而后能外生[11];

已外生矣,而后能朝彻[12];朝彻,而后能见独[13];见独,而后能无古今[14];无古今,而后能入于不死不生[15]。杀生者不死,生生者不生[16]。为物,无不将也[17],无不迎也,无不毁也,无不成也。其名为撄宁[18]。撄宁也者,撄而后成者也。"

南伯子葵曰:"子独恶乎闻之[19]?"曰:"闻诸副墨之子,副墨之子闻诸洛诵之孙,洛诵之孙闻之瞻明,瞻明闻之聂许,聂许闻之需役,需役闻之於讴,於讴闻之玄冥,玄冥闻之参寥,参寥闻之疑始[20]。"

注释

〔1〕南伯子葵、女偊(yǔ):均为人名。旧注曾疑"南伯子葵"即"南郭子綦"。

〔2〕孺子:儿童。

〔3〕闻道:这里是得道的意思。

〔4〕恶(wū):前一个"恶",是否定对方的感叹词,义同"不";后一个"恶",意同"何",怎么。

〔5〕卜梁倚:虚构的人名。才:天资。圣人之道:指虚淡内凝的道境。

〔6〕庶几:差不多。其:代指卜梁倚。果:果真。

〔7〕告:告诉,这里是传授的意思。

〔8〕守:监守。

〔9〕参日:三天。外天下:超脱天下,将天下置之度外。外,置之度外,遗忘,超脱。

〔10〕外物:超脱万事万物。

〔11〕外生:忘身,超脱自身形体。

〔12〕朝彻:明彻的朝阳,这里喻指超脱物我的凝寂空灵的心境。朝,朝阳。彻,明彻。

〔13〕独:指独立不群的大道。

〔14〕无古今:没有古今的分别,意思是古今齐同为一。

〔15〕不死不生:没有生死的区别,意思是生死齐同为一。

〔16〕"杀生"两句:意思是超脱于生的人未曾死,贪生的人未曾生。杀,灭,摒弃,这里是超脱之意。

〔17〕将:送。

〔18〕撄(yīng)宁:指处于外界事物纷扰的环境而能保持虚寂宁静心境。这是庄子所倡导的极高的修道境界。撄,扰乱。

〔19〕恶:何,哪里。

〔20〕"闻诸"九句:此九句中的"副墨"、"洛诵"、"瞻明"、"聂许"、"需役"、"於(wū)讴"、"玄冥"、"参寥"、"疑始",均为假托的寓言人物之名。其命名含义大体如下:副墨之子,指简策文书。副墨,文字。洛诵,反复吟诵。瞻明,目视明晰或间接洞彻。聂许,耳闻心许。需役,待时行事。於讴,吟咏领会。玄冥,幽渺深远。参寥,参悟空寥。疑始,指似有似无的本始之道。按:此章为本篇第四章,以南伯子葵与女偊问答的故事,详细叙写了学道的进程与途径,即所谓的"破三关"、"体四悟"。"破三关",依次是"外天下"、"外物"、"外生";随后的"体四悟",依次是"朝彻"、"见独"、"无古今"、"不死不生",达到"不死不生"即达到了道的"撄宁"境界。

译文

南伯子葵问女偊:"您的岁数已经大了,可容颜却像孩童,这是什么缘故呢?"女偊回答:"我得道了。"南伯子葵说:"道可以学吗?"女偊回答说:"不!怎么可以学呢!你不是能学道的人。卜梁倚有圣人的天资却没有圣人虚淡宁静的心境,我有圣人虚淡宁静的心境却没有圣人的天资。我想(用虚淡宁静的心境来)教导他,大概他果真能成为圣人吧?然而道不易学,把圣人虚淡宁静的心境传授给具有圣人天资的人,相对就容易许多。不过我还是监守着他而传授他大道,三天之后他便能忘怀天下了；既已遗忘天下，我又监守着他，七天之后他能忘怀外物了；既已忘怀外物，我又监守着他，九天之后他已能忘怀自身的存在；既已忘怀自身，而后心境便能达到超脱物我的凝寂空灵的心境；能够达到超脱物我的凝寂空灵的心境，而后就能感悟到独立不群的大道了；能体悟大道，而后就能超越古今的时限；能够超越古今的时限，而后便进入无所谓生、无所谓死的浑一境界。超脱于生的人未曾有死，贪生的人未曾有生。（道作为万物的本宗）对于万物，它没有不伴送的，没有不接迎的，没有不任随其毁灭的，没有不任随其生成的，这就叫作'撄宁'。撄宁，就是处于外界事物纷扰的环境而能保持虚寂宁静心境。"

南伯子葵又问："您是从哪里学到的道呢？"女偊回答说："我是从副墨的儿子那里学到的，副墨的儿子是从洛诵的孙子那里学到的，洛诵的孙子是从瞻明那里学到的，瞻明从聂许那里学到的，聂许是从需役那里学到的，需役是从於讴那里学到的，於讴是从玄冥那里学到的，玄冥是从参寥那里学到的，参寥是从疑始那里学到的。"

子祀、子舆、子犁、子来四人相与语曰[1]："孰能以无为首[2]，以生为脊[3]，以死为尻[4]；孰知死生存亡之一体者[5]，吾与之友矣[6]。"四人相视而笑，莫逆于心[7]，遂相与为友。

俄而子舆有病，子祀往问之[8]。曰："伟哉！夫造物者。将以予为此拘拘也[9]：曲偻发背[10]，上有五管[11]，颐隐于齐[12]，肩高于顶，句赘指天[13]。"阴阳之气有沴[14]，其心闲而无事，跰𨇤而鉴于井[15]，曰："嗟乎！夫造物者又将以予为此拘拘也！"

子祀曰:"汝恶之乎[16]?"曰:"亡,予何恶[17]!浸假而化予之左臂以为鸡,予因以求时夜[18];浸假而化予之右臂以为弹[19],予因以求鸮炙[20];浸假而化予之尻以为轮[21],以神为马[22],予因以乘之,岂更驾哉[23]!且夫得者,时也;失者,顺也[24]。安时而处顺,哀乐不能入也[25]。此古之所谓县解也[26],而不能自解者,物有结之[27]。且夫物不胜天久矣[28],吾又何恶焉?"

俄而子来有病,喘喘然将死[29]。其妻子环而泣之[30]。子犁往问之,曰:"叱[31]!避!无怛化[32]!"倚其户与之语曰[33]:"伟哉造化!又将奚以汝为[34]?将奚以汝适[35]?以汝为鼠肝乎?以汝为虫臂乎?"子来曰:"父母于子[36],东西南北,唯命之从。阴阳于人[37],不翅于父母[38]。彼近吾死而我不听[39],我则悍矣[40],彼何罪焉?夫大块载我以形,劳我以生,佚我以老,息我以死。故善吾生者,乃所以善吾死也。今之大冶铸金[41],金踊跃曰[42]:'我且必为镆铘[43]!'大冶必以为不祥之金[44]。今一犯人之形[45],而曰:'人耳!人耳!'夫造化者必以为不祥之人。今一以天地为大炉,以造化为大冶,恶乎往而不可哉!"成然寐,蘧然觉[46]。

注释

〔1〕子祀、子舆、子犁、子来:都是作者虚构的人名。相与语:相互交谈。

〔2〕孰:谁。首:头。

〔3〕脊:脊梁。

〔4〕尻(kāo):屁股。

〔5〕死生存亡之一体者:意思是生、死、存、亡浑然一体不分彼此的道理。

〔6〕与之友:和他做朋友。

122

〔7〕莫逆于心：意思是心意相通，无所违逆。逆，违背。

〔8〕问：探望，问候。

〔9〕以予：把我。为：变成。拘拘：曲屈不伸的样子。

〔10〕曲偻(lóu)：弯腰。发背：背骨外露。

〔11〕五管：五脏的腧穴。

〔12〕颐：脸颊。齐：通"脐"，肚脐。

〔13〕句(gōu)赘：颈椎。因其驼背，颈椎勾曲隆起状如赘瘤，故称。指天：朝天。

〔14〕沴(lì)：凌乱，错乱。

〔15〕跰𰻞(pián xiān)：步履蹒跚的样子。鉴于井：对着井水照看自己。

〔16〕汝：你。恶(wù)：厌恶。

〔17〕亡：不。何恶：怎么会厌恶。

〔18〕"浸假"两句：意思是造物主假使把我的左臂逐渐变成公鸡，我就用它来报晓。浸，渐渐。假，假使。鸡，这里指公鸡。时夜，即"司夜"，报晓。

〔19〕弹：弹丸。

〔20〕求鸮(xiāo)炙(zhì)：意思是打下斑鸠烤肉吃。鸮，斑鸠。炙，烤熟的肉。

〔21〕轮：车轮。

〔22〕以神为马：意思是把我的精神变成马。

〔23〕岂：哪里，难道。更(gēng)：更换。驾：这里指车马。

〔24〕"且夫"四句：意思是所谓的得，是适应时命而得；所谓的失，是顺应事物的自然变化而去。时，指时命，天时。顺，意思是顺应事物的自然变化。或以为"得"指"生"、"失"指"死"，亦通。

〔25〕哀乐不能入：悲哀和欢乐都不能侵入内心，意思是无哀无乐，哀乐不能对他产生任何影响。

〔26〕县(xuán)解：即解脱倒悬。庄子认为人不能超脱物外，就像人倒悬一样其苦不堪，而超脱于物外则像解脱了倒悬之苦。县，通"悬"。

〔27〕物有结之：意思是外物束缚了他。结，纠结，束缚。

123

〔28〕物不胜天:事物不能超越自然天道。胜,胜过,超越。

〔29〕喘喘然:气息急促的样子。

〔30〕妻子:妻子儿女。环:围绕。

〔31〕叱:呵叱之声,意思是别哭。

〔32〕无怛(dá)化:意思是不要惊扰他的变化。怛,惊扰。化,变化。道家以人死为化。

〔33〕倚其户:倚着门。之:指子来。

〔34〕奚以汝为:即"以汝为奚",把你变成何物。奚,何。为,这里是变成的意思。

〔35〕奚以汝适:即"以汝适奚",把你变到何处去。适,到……去。

〔36〕父母于子:当解为"子于父母",意思是子女对于父母。

〔37〕阴阳于人:当解为"人于阴阳",意思是人对于阴阳。阴阳,阴气和阳气,这里指自然变化。

〔38〕不翅于:无异于。不翅,不啻。

〔39〕彼:指造化,自然。近吾死:让我死。近,逼迫。

〔40〕悍:违逆。

〔41〕大冶:指冶金技术高超的工匠。

〔42〕踊跃:跳跃。

〔43〕镆铘:也作"莫邪",宝剑名。相传春秋时代干将、莫邪夫妇两人为楚王铸剑,三年剑成,雄剑取名为"干将",雌剑取名为"莫邪"。

〔44〕不祥之金:不吉祥的金属。

〔45〕一:一旦。犯:遇。

〔46〕"成然"两句:意思是子来说完话,安然入睡,像死去一样,而后又惊喜地醒来,像是获得了重生。成然,安闲的样子。寐,睡,这里又喻指死亡。蘧(qú)然,惊喜的样子。觉,睡醒,这里又喻指生还。按:此则寓言是本篇第五章,主要阐发的是"安时处顺"的处世和自处之道。"安时处顺",即是"悬解",其关键是不受外物的束缚,忘怀外物,齐一得失和生死,将形体、得失、生死等变化都视为天道的自然变化。

译文

　　子祀、子舆、子犁、子来四个人在一块互相交谈说:"谁能把无当作头,把生当作脊梁,把死当作屁股,谁能知道生死存亡浑然一体的道理,我就跟他做朋友。"四个人都会心地相视而笑,心心相契,无所违逆,于是相互交往成为朋友。

　　不久子舆生病,子祀前去探望他。子舆说:"真伟大啊!造物者。它把我变成如此屈曲不伸的样子:腰弯背驼,五脏穴口朝上,脸颊埋藏在肚脐里,两肩高过头顶,弯曲的颈椎形如赘瘤朝天隆起。"阴阳二气错乱到如此地步,可是子舆仍安闲自适,若无其事,步履蹒跚地来到井边,对着井水照看自己,说:"哎呀!造物者竟把我变成如此曲屈不伸的模样!"

　　子祀问:"你讨厌这个样子吗?"子舆回答:"不,我怎么会讨厌这副样子呢!假使造物者把我的左臂逐渐变成公鸡,我便用它来报晓;假使造物者把我的右臂逐渐变成弹丸,我便用它来打斑鸠烤肉吃;假使造物者把我的臀部变成车轮,把我的精神变化成骏马,我就把它们当马车来乘坐,难道还要更换别的车马吗?况且所谓的得,是适应时命而得;所谓的失,是顺应事物的自然变化而去。安于时命而顺应事物的自然变化,悲哀和欢乐都不会侵入内心。这就是古人所说的解脱了倒悬之苦,而不能自我解脱的原因,则是受到了外物的束缚。况且事物不能超越自然天道已经很久了,我又怎么能厌恶自己现在的变化呢?"

　　不久,子来也生了病,气息急促地将要死去。他的妻子儿女围着他哭泣。子犁前往探望他,说:"别哭!躲开!不要惊扰了他的变化!"子犁靠着门跟子来说:"真伟大啊,造物主!又将把你变成何物？将把你送往何方？将把你变化成老鼠的肝脏吗？将把你变化成虫子的臂膀吗？"子来说："子女对于父母，无论东西南北，他们都要听从父母的吩咐。人对于自然的变化，则无异于子女对父母。它让我死而我若不听从，那我就违逆了，它有什么过错呢！大自然承载着我的形体，用生存来劳苦我，用衰老来闲适我，用死亡让我安息。所以把我的生存于看作是好事，就应该把我的死亡也看作是好事。现在如果有一个高超的冶金工匠铸造金属器皿，有金属跳跃起来说：'我一定要成为莫邪那样的宝剑！'冶金工匠必定认为它是不吉祥的金属。如今人一旦从造物者那里禀受了人的外形，便欣喜地喊叫：'人呀！人呀！'造物者一定会认为他是不吉祥的人。如今一旦把天地当作大熔炉，把造物者当作高超的冶金工匠，我往哪里去不可以呢！"子来说完话，安然入睡，像死去一样，而后又惊喜地醒来，像是获得了重生。

子桑户、孟子反、子琴张三人相与友[1]，曰："孰能相与于无相与，相为于无相为[2]？孰能登天游雾，挠挑无极，相忘以生，无所终穷[3]？"三人相视而笑，莫逆于心，遂相与为友。

莫然有间[4]，而子桑户死，未葬。孔子闻之，使子贡往侍事焉[5]。或编曲，或鼓琴，相和而歌[6]，曰："嗟来桑户乎[7]！嗟来桑户乎！而已反其真[8]，而我犹为人猗[9]！"子贡趋而进曰[10]："敢问临尸而歌，礼乎[11]？"二人相视而笑曰："是恶知礼意[12]！"子贡反[13]，以告孔子，曰："彼何人者邪？修行无有[14]，而外其形骸[15]，临尸而歌，颜色不变，无以命之[16]。彼何人者邪？"孔子曰："彼，游方之外者也；而丘，游方之内者也[17]。外内不相及[18],而丘使女往吊之[19],丘则陋矣[20]!彼方且与造物者为人[21],而游乎天地之一气[22]。彼以生为附赘县疣[23],以死为决疢溃痈[24]。夫若然者,又恶知死生先后之所在[25]!假于异物,托于同体[26];忘其肝胆,遗其耳目[27];反覆终始,不知端倪[28];芒然彷徨乎尘垢之外[29],逍遥乎无为之业[30]。彼又恶能愦愦然为世俗之礼[31],以观众人之耳目哉[32]!"

子贡曰:"然则夫子何方之依[33]?"孔子曰:"丘,天之戮民也[34]。虽然,吾与汝共之[35]。"子贡曰:"敢问其方[36]?"孔子曰:"鱼相造乎水[37],人相造乎道。相造乎水者,穿池而养给[38];相造乎道者,无事而生定[39]。故曰:鱼相忘乎江湖,人相忘乎道术。"子贡曰:"敢问畸人[40]?"曰:"畸人者,畸于人而侔于天[41]。故曰:天之小人,人之君子;人之君子,天之小人也。"

注释

〔1〕子桑户、孟子反、子琴张:都是作者虚构的人名。相与友:相互结交为朋友。相与,相交。

〔2〕"孰能"两句:字面意思是谁能在不相交中相交,不相助中相助?背后之意是进入大道浑一的境界,在无心中自然相交、相助。相为,相助。

〔3〕"登天"四句:意思是高蹈绝尘,盘桓在派生宇宙万物的无极之所,相互忘记生命的存在,随任事物无穷无尽的变化。登天游雾,即登升上天,遨游云雾,这里比喻清高轻举,超脱世俗。挠挑,宛转循环的样子。无极,指派生宇宙万物的本源。

〔4〕莫然:即"漠然",指淡漠无心地相交。有间:不久。

〔5〕侍事:帮助办理丧事。

〔6〕"或编"三句：是说孟子反和子琴张二人，一个编撰词曲，一个弹琴，相互应和着在唱歌。

〔7〕嗟来：犹如"嗟乎"。来，语助词。

〔8〕而：你。反：返回。真：本真，指大道。

〔9〕我犹为人：我们还在做人。猗（yī）：叹词，犹"啊"。此句与上句，是孟子反、子琴张二人所唱之歌的主要内容，其意以为子桑户之死是解脱了做人之苦，值得庆幸，而二人尚在人间受苦，反倒可怜可叹。

〔10〕趋而进：意思是快步走到跟前。趋，小步快走。

〔11〕礼乎：意思是合乎礼仪吗？

〔12〕是：这个人，指子贡。恶知：哪里懂得。礼意：礼的真正含意。

〔13〕反：通"返"，返回。

〔14〕修行无有：即无有修行，没有礼仪道德的修行。

〔15〕外其形骸：以其形骸为外，把自身的形骸置之度外，意思是不把死亡当回事。

〔16〕无以命之：不知道该称他们为何种人。命，名，称。

〔17〕方之外：即方外，世外。方之内：即方内，受礼法约束的世俗社会。

〔18〕不相及：意思是彼此不相干。

〔19〕女：通"汝"，你。

〔20〕陋：鄙陋。

〔21〕造物者：指大道。为人：即为偶，结为伴侣。人，偶。

〔22〕游乎天地之一气：意思是与生成天地万物的浑元之气浑然一体。一气，指生成天地万物的元气。

〔23〕以生为：把活着看成。附赘县（xuán）疣（yóu）：附着在人身上的肉瘤，喻指多余的东西。赘，肉瘤。县，通"悬"。疣，瘤疖。

〔24〕以死为：把死看成。决疣溃痈（yōng）：意思是弄破皮肤上脓疮。决，破。疣，肿包。溃，溃烂。痈，毒疮。

〔25〕"又恶知"句：意思是又哪里知道有生死先后的存在呢？背后之意是他们已生死齐一，没有生死先后之分。

〔26〕"假于"两句:意思是他们把人的身体看成大道偶然借助其他物体凑集而成的临时寄居之所。假,凭藉。异物,其他物体。

〔27〕遗:遗弃,这里是忘掉的意思。

〔28〕"反覆"两句:意思是他们认为生死的变化往复循环,找不到头绪和边界。反覆,反复。端,头绪。倪,畔,边界。

〔29〕芒然:即"茫然",无知无虑的样子。彷徨:与"逍遥"意思相同,逸乐自得的意思。尘垢:这里喻指尘世。

〔30〕无为之业:意思是寂寞无为之乡。

〔31〕恶能:怎么能够。愦愦(kuì)然:烦乱的样子。

〔32〕"以观"句:意思是让众人去听闻和观看呢!观,显示,展示。

〔33〕何方之依:依从何方?方,指方内、方外二者而言。

〔34〕天之戮民:意思是受到自然惩罚的人,即摆脱不了方内束缚的人。戮,刑戮。

〔35〕"虽然"两句:意思是虽然我未能超脱世俗,可我还是想和你一起游于世俗之外。共之,一同前往。

〔36〕方:方法,方术。

〔37〕造:往。

〔38〕穿池:掘地成池。养给:供养充裕。给,足。

〔39〕无事:无为。生定:即心性平静安适。生,通"性"。

〔40〕畸(jī)人:即奇异的人,这里指超脱世俗的方外之人。

〔41〕侔(móu):合,同。按:此则寓言是本篇第六章,借方外之士孟子反、子张琴与方内之士孔子、子贡等人关于子桑户之死的反应及对话,表达了作者对世俗生乐死哀的生死观的批评,指出生是"附赘县疣"不值得乐,死乃"决疴溃痈"方为解脱,只有忘记生死,无知无虑,自然无为,随顺生死往复循环的变化,才能进入逍遥的大道之乡。

译文

子桑户、孟子反、子琴张三人相互结交为朋友,他们说:"谁

129

能自然无心地在不相交中相交,不相助中相助呢?谁能高蹈绝尘,盘桓在派生宇宙万物的无极之所,相互忘记生命的存在,随任事物无穷无尽的变化呢?"三人会心地相视而笑,彼此心意相通,无所违逆。于是他们相互结成好友。

他们淡漠无心地相交不久,子桑户死去,还没有下葬。孔子听到子桑户死的噩耗,便派子贡前去帮助料理丧事。孟子反和子琴张二人,却一个在编撰词曲,一个在弹琴,相互应和着歌唱道:"哎呀,桑户啊!哎呀,桑户啊!你已经返归本真的大道,我们却还在做人啊!"子贡听后小步快走到他们跟前说:"请问对着死人的尸体唱歌,这合乎礼仪吗?"二人相互看了看而笑道:"这种人哪里会懂得礼的真实含意呢!"子贡回去,把见到听到的情况告诉给孔子说:"他们是什么样的人呢?他们没有礼仪道德的修行,把自身的形骸置之度外,面对着死尸唱歌,脸上没有一点儿哀伤之色,不知该称他们为哪种人!他们究竟是什么样的人呢?"孔子说:"他们是摆脱礼仪约束而逍遥于世俗社会之外的人,而孔丘我是生活在受礼仪法度约束的世俗世界中的人。世俗世界之外的人和世俗世界之内的人彼此不相干,我却让你前去吊唁子桑户,我实在是鄙陋啊!他们正和大道为伴,与生成天地万物的浑元之气浑然一体。他们把人活着看成是附生在人身上多余的肉瘤,把人死去看成是人皮肤上脓包毒疮的溃破。像他们这样的人,又哪里知道有生死先后的存在!在他们看来,人的身体不过是大道偶然借助其他物体凑集而成的临时寄居之所;他们忘掉了体内的肝胆,忘掉了体外的耳目;他们认为生死的变化往复循环,找不到头绪和边界;他们无知无虑地彷徨于世俗世界之外,逍遥于寂寞无为的大道之乡。他们又怎么会烦乱地去遵守世俗的礼仪,来让众人听闻和观看呢!"

子贡问:"如此,那么先生将依从方外还是依从方内呢?"孔子回答:"我孔丘,是受到自然惩罚的人。虽然我未能超脱世俗,可我还是想和你一起游于世俗之外。"子贡又问:"请问用什么方法呢?"孔子回答:"鱼争相投水,人争相求道。争相投水的鱼,掘地成池便供养充裕;争相求道的人,自然无所作为便心性平静安适。所以说:鱼相忘在江湖里,人相忘在大道中。"子贡再问道:"请问什么是畸人?"孔子回答:"畸人,不同于世俗的人却与自然天道相合。所以说:自然天道的小人,便是人世间的君子;人世间的君子,即是自然天道的小人。"

颜回问仲尼曰[1]:"孟孙才[2],其母死,哭泣无涕[3],中心不戚[4],居丧不哀[5]。无是三者[6],以善处丧盖鲁国[7],固有无其实而得其名者乎[8]?回壹怪之[9]。"

仲尼曰:"夫孟孙氏尽之矣,进于知矣[10]。唯简之而不得,夫已有所简矣[11]。孟孙氏不知所以生,不知所以死[12];不知就先,不知就后[13];若化为物,以待其所不知之化已乎[14]!且方将化,恶知不化哉[15]?方将不化,恶知已化哉[16]?吾特与汝,其梦未始觉者邪!且彼有骇形而无损心,有旦宅而无情死[17]。孟孙氏特觉,人哭亦哭,是自其所以乃[18]。且也相与'吾之'耳矣,庸讵知吾所谓'吾之'乎[19]?且汝梦为鸟而厉乎天[20],梦为鱼而没于渊。不识今之言者,其觉者乎?其梦者乎?造适不及笑[21],献笑不及排[22],安排而去化[23],乃入于寥天一[24]。"

注释

〔1〕颜回、仲尼:颜回是孔子的得意门生,仲尼是孔子的字。二人原本都是儒家代表,这里作者借重其名,以二人之口来阐述道家思想。

〔2〕孟孙才:人名,复姓孟孙。

〔3〕涕:眼泪。

〔4〕中心:心中。戚:悲痛。

〔5〕居丧:服丧,这里指守丧期间。

〔6〕三者:指上述"哭泣不涕"、"中心不戚"、"居丧不哀"三种表现。

〔7〕善处丧:善于处理丧事。盖:覆盖,这里是名满的意思。

〔8〕固有:竟有,难道有。固,竟,难道。

〔9〕壹:实在,确实。怪:对……感到奇怪。

〔10〕尽之:尽到了服丧之礼。进于知:意思是超过了只知道服丧礼仪的人。进,胜,超过。

〔11〕"唯简"两句:意思是孟孙氏对于丧礼中他想简化而不得已简化不了的,他就顺应世俗不予简化,能简化的实际上已经作了简化。

〔12〕"孟孙氏"两句:意思是孟孙氏不知道人为何而生,不知道人为何而死,即他随任生死的自然变化,不去探求究竟。

〔13〕"不知就先"两句:意思是孟孙氏不贪生,也不人为地找死,也即顺随生死的自然变化之意。就先,贪生。就,趋近,追求。先,指生。就后,找死。后,指死。

〔14〕若化为物:意思是顺应自然变化而为一物。若,顺。待:等待。其所不知之化:他所不知道的变化。

〔15〕"且方"两句:意思是况且正要变化,怎么知道不变化呢? 方将,正要,即将。恶知,怎么知道。

〔16〕"方将"两句:意思是即将不再发生变化,又怎么知道已经有了变化呢!

〔17〕"且彼"两句:意思是孟孙氏把生死当成人形体的变化,因而其母之死不能损伤他的本真心性,他也没有对死别产生哀痛之情。彼,指孟孙氏。有骇形、有旦宅,都是说孟孙氏把生死看成是人形体的转化,二者没有分别。骇形,形

体变化。骇,动,这里是变化、转化的意思。且宅,也是躯体变化的意思。且,日新,朝夕改变的意思。宅,这里喻指精神的寓所,即人的躯体。情死,对死动情。

〔18〕"孟孙氏特觉"三句:意思是孟孙氏独自觉醒,懂得因顺人情物理,人们哭,他也跟着哭,这就是他那样居丧的原因。特觉,独自觉醒。是,这。所以乃,所以那样。乃,那样,指居丧哭而不哀。

〔19〕"且也"两句:意思是世人交往时总是就自己暂时的形体互相介绍说"这就是我",怎么知道自己所说的暂时有形的我就真的是我呢?相与,相互介绍的意思。庸讵,怎么。

〔20〕厉:通"戾",至,往。

〔21〕造适不及笑:意思是忽然而至的快适是来不及笑的。造,至,到。适,快意。

〔22〕献笑不及排:意思是突然发笑是来不及考虑将其安排得妥当与否的。献笑,指突然发笑。排,安排。

〔23〕安排:安于自然的推移。去化:忘却生死的变化。

〔24〕"乃入"句:意思是进入虚空寂寥的自然境界,而与大道浑然一体。寥天,虚空寂寥的自然境界。一,指大道。按:此则寓言为本篇第七章,借颜回与孔子关于孟孙才服丧问题的问答,主要阐述的是"安排而去化"的修道方法。所谓"安排",即安顺自然的推移变化;所谓"去化",本章主要谈的是忘掉生死的变化。这样,就进入大道的境界了。

译文

颜回问孔子道:"孟孙才,他的母亲死了,哭泣时没有掉眼泪,心中不觉悲伤,守丧期间不哀痛。没有这三个方面的良好表现,却以善于处理丧事而名扬鲁国,难道真有无其实而有其名的人吗?颜回我实在觉得奇怪。"

孔子说:"孟孙才已经尽到处理丧事之礼了,而且超过了只懂得服丧礼仪的人。对于丧礼中他想简化而不得已简化不了的,他顺应世俗不予简化,能简化的实际上已经作了简化。孟孙才(随任生死的自然变化)不知道人为何而生,不知道人为何而死。他不贪生,也不人为地找死。他顺应自然变化而为一物,他正等待那些他自己所不知道的变化!况且正要出现变化,怎么知道不变化呢?即将不再发生变化,又怎么知道已经有了变化呢?只是我和你,大概是正在做梦还没有醒的人吧!孟孙才把生死当成人形体的变化,因而其母之死不能损伤他的本真心性,他也没有对死别产生哀痛之情。他独自觉醒,懂得因顺人情物理,人们哭,他也跟着哭,这就是他那样居丧的原因。世人交往时总是就自己暂时的形体互相介绍说"这就是我",怎么知道自己所说的暂时有形的我就真的是我呢?你做梦变成鸟便飞向天空,做梦变成鱼便潜入深渊。不知道现在说话的我们,是醒着的人呢?还是做梦的人呢?忽然而至的快适是来不及笑的,突然发笑是来不及考虑将其安排得妥当与否的,安于自然的推移而且忘却生死的变化,就进入了虚空寂寥的自然境界,而与大道浑然一体了。"

意而子见许由[1]。许由曰:"尧何以资汝[2]?"意而子曰:"尧谓我:'汝必躬服仁义而明言是非[3]。'"许由曰:"而奚来为轵[4]?夫尧既已黥汝以仁义[5],而劓汝以是非矣[6],汝将何以游夫遥荡恣睢转徙之涂乎[7]?"

意而子曰:"虽然,吾愿游于其藩[8]。"许由曰:"不然。夫盲者无以与乎眉目颜色之好[9],瞽者无以与乎青黄黼黻之观[10]。"意而子曰:"夫无庄之失其美[11],据梁之失其力[12],黄帝之亡其知[13],皆在炉捶之间耳[14]。庸讵知夫造物者之不息我黥而补我劓[15],使我乘成以随先生邪[16]?"许由曰:"噫!未可知也。我为汝言其大略:吾师乎[17]!吾师乎!齑万物而不为义[18],泽及万世而不为仁[19],长于上古而不为老[20],覆载天地、刻雕众形而不为巧[21]。此所游已[22]!"

注释

〔1〕意而子:作者虚拟的人名。许由:传说为尧时的隐士,这里是作者借以阐述自己思想的得道者。

〔2〕资:资助。这里是传授、教诲的意思。

〔3〕躬服:身体力行。躬,亲自。服,作。明言:明辨。

〔4〕而奚来为轵(zhǐ):即"而来奚为轵"的倒装。而,你。奚,何。轵,同"只",句末语气词。

〔5〕黥(qíng):古代的一种刑法,用刀在受刑人的额上刺刻而后涂上墨。这里用受黥刑比喻仁义对人的毒害。

〔6〕劓(yì):古代的一种刑法,割去受刑人的鼻子。这里用受劓刑比喻是非对人的毒害。

〔7〕何以:即以何,凭什么。遥荡恣睢:逍遥自在。遥荡,逍遥放荡。恣睢,放任不拘。转徙之涂:指变化的境界。转徙,辗转变化。涂,道路。

〔8〕虽然:尽管这样。然,这样,指仁义、是非的毒害深。藩:藩篱。这里喻指大道的境域。

〔9〕盲者:有眼无珠的瞎子。与:参与,这里是赏鉴、欣赏的意思。下句"与"字同此解。

〔10〕瞽(gǔ)者:眼睛无缝看不见东西的瞎子。黼黻(fǔ fú):古代礼服上绣制的花纹。

〔11〕无庄:虚构的古代美人之名,寓含不装饰的意思。传说她闻道之后不再装饰而自忘其美。

〔12〕据梁:虚构的古代大力士之名,寓含强梁之意。

〔13〕亡:丢失,失去。

〔14〕炉捶:熔炉和锤子,这里是冶炼锻打的意思。捶,通"锤"。此句喻指得到"道"的熏陶而回归本真。

〔15〕息我黥:除去我的黥纹。息,消息,除去。

〔16〕乘成:意思是乘着浑全的大道。成,完备,浑全。

〔17〕吾师:我的宗师。指的即是"道",许由以道为自己的宗师。

〔18〕齑(jī):粉碎,这里是调和的意思。不为义:不认为是行义。

〔19〕泽:恩泽,恩惠。万世:万代。不为仁:不认为是行仁。

〔20〕长于上古:比上古年长。不为老:不认为古老。

〔21〕刻雕众形:造就万物各种各样的形态。不为巧:不认为是技艺高超。

〔22〕此所游已:意思是这就是我逍遥而游的大道境界!按:此则寓言为本篇第八章,借意而子与许由的问答,阐说学习大道,必须先摒弃世俗的仁义、是非。

译文

意而子去拜访许由。许由问:"尧把什么东西传授给了你?"意而子回答说:"尧对我说:'你一定得亲身力行仁义并明辨是非'"。许由又问:"你为何来我这里呢?尧已经用仁义和是非深深毒害了你,就像受了黥刑额上被刻下了印记和受了劓刑被割了鼻子一样,你将凭借什么游处于逍遥自在、变化不息的大道境界呢?"意而子说:"尽管我受尧所传授的仁义、是非毒害如此之深,我还是希望能游处于大道的境域。"许由说:"不能这样说。对于瞎子,没法跟他一起观赏姣好的眉目和容颜,也没法跟他一起赏鉴礼服上青黄等不同颜色的花纹。"意而子说:"无庄忘掉自己的美丽(而不再打扮),据梁忘掉自己的勇力(而不再逞强),黄帝闻忘掉自己的智慧(而成仙),他们都因为经过了大道的冶炼和锻打才达到的。怎么知道造物者不会消除我受黥刑的伤痕、补全我受劓刑所残缺的鼻子,让我乘着浑全的大道跟随先生呢?"许由说:"唉!不知道造物者是否会满足你的愿望。我给你说个大概吧:我的宗师啊!我的宗师啊!它调和万物而不自认为是行义,它把恩泽施及万代而不自认为是行仁,它比上古年长而不自认为老,它覆天载地、造就万物各种各样的形态而不自认为是技艺高超。这就是我逍遥而游的大道境界!"

颜回曰[1]:"回益矣[2]。"仲尼曰:"何谓也?"曰:"回忘仁义矣。"曰:"可矣,犹未也[3]。"他日复见,曰:"回益矣。"曰:"何谓也?"曰:"回忘礼乐矣。"曰:"可矣,犹未也。"他日复见,曰:"回益矣。"曰:"何谓也?"曰:"回坐忘矣[4]。"仲尼蹴然曰[5]:"何谓坐忘?"颜回曰:"堕肢体[6],黜聪明[7],离形去知[8],同于大通[9],此谓坐忘。"仲尼曰:"同则无好也[10],化则无常也[11]。而果其贤乎[12]!丘也请从而后也[13]。"

注释

〔1〕颜回:孔子的得意弟子,这里仍是把他们作为具有道家思想的人物来写,是借重历史名人阐发道家思想。

〔2〕益:增益。这里是进步、长进的意思,指的是道家大道修养上进步。

〔3〕"可矣"两句:意思是忘掉仁义,可以说有了进步,但还没有达到大道的境界。犹未,还不够。

〔4〕坐忘:端坐静心而忘怀一切的修道方法。

〔5〕蹴(cù)然:惊惭不安的样子。

〔6〕堕:毁废,这里是忘记的意思。

〔7〕黜(chù):罢除。聪明:听力好为聪,视力好为明,这里指见闻。

〔8〕离形去知:意思是忘掉形体,抛弃智谋思虑。知,通"智"。

137

〔9〕同于大通：与大道浑然一体。大通，即大道。

〔10〕同：指"同于大通"。无好：没有偏好。

〔11〕化：指顺应大道的变化。无常：意思是不滞守常理。常，常理。

〔12〕而：你。贤：贤人，贤才。这里指得道的人。

〔13〕丘：孔子自称其名。从而后：意思是跟从在你后面向你学道。按：此则寓言是本篇的第九章，以孔子和颜回师徒关于修道问题的问答，阐述了"坐忘"的修道方法。寓言所言"坐忘"，首先是忘掉仁义礼乐，这与上章相同。

译文

颜回说："我有进步了。"孔子问道："你说的进步指的是什么呢？"颜回说："我已经忘却仁义了。"孔子说："这可以说有了进步，但还没有达到大道的境界。"过了几天，颜回再次拜见孔子，说："我又有进步了。"孔子问："你所说的进步又指什么呢？"颜回说："我忘却礼乐了。"孔子说："这可以说又有了进步，但还是没有达到大道的境界。"过了几天，颜回又去拜见孔子，说："我又有进步了。"孔子问："你的进步又是指的什么呢？"颜回说："我达到坐忘了。"孔子惊惭不安地问："什么叫坐忘？"颜回答道："忘掉肢体，罢除见闻，抛弃形体和智谋思虑，与大道浑然一体，这就叫端坐静心而忘怀一切的坐忘。"孔子说："与大道浑然一体就没有偏好，顺应大道的变化就不会滞守常理。你果真成了得道的贤人啊！我孔丘也希望跟从在你后面向你学道了。"

子舆与子桑友[1]。而霖雨十日[2]。子舆曰："子桑殆病矣[3]！"裹饭而往食之[4]。至子桑之门，则若歌若哭，鼓琴曰[5]："父邪？母邪？天乎？人乎[6]？"有不任其声而趋举其诗焉[7]。子舆入,曰:"子之歌诗[8],何故若是[9]?"曰:"吾思夫使我至此极者而弗得也[10]。父母岂欲吾贫哉?天无私覆,地无私载,天地岂私贫我哉?求其为之者而不得也。然而至此极者,命也夫[11]!"

注释

〔1〕子舆、子桑:都是虚构的人名。本篇第五章有子舆。子桑,或说即子桑户。

〔2〕霖雨:连绵不断的雨。

〔3〕殆:恐怕,大概。病:这里是饿坏的意思。

〔4〕裹饭:用东西包着饭食。食(sì)之:给他吃。

〔5〕鼓琴:弹琴。

〔6〕"父邪"四句:意思是究竟是父亲、母亲、天地、人四者中的哪个呢?

〔7〕不任其声:意思是勉强发出微弱的声音。任,胜,堪。趋举:急促地吟唱。趋,急促。

〔8〕歌诗:吟唱诗歌。

〔9〕何故:什么原因。若是:如此。

〔10〕思:思索。使我至此极者:使我达到这样极度贫困的主宰者。下文的"为之者"与此意思相同。

〔11〕命:指合于大道自然运化的天命。按:此则寓言为本篇第十章,借子桑对自己极度贫困处境的思索,表明作者"安时处顺"的处世和自处之道,与本篇第五章主旨相同。

译文

子舆和子桑是好朋友。连绵不断的雨下了十天,子舆说:"子桑恐怕饿坏了吧!"便包着饭前去给他吃。来到子桑门前,就听见子桑好像在唱歌,又好像在哭泣,弹着琴唱道:"是父亲呢？是母亲呢？是天地呢？是人呢？"声音微弱，勉强而急促地吟唱着自己的诗句。子舆走进屋里，问他道："你吟唱诗歌，是什么原因让你唱成这个样子？"子桑回答说："我在思索使我达到如此极度贫困的主宰者是谁，却没有找到答案。父母难道会想要我贫困吗？苍天没有偏私地覆盖着万物，大地没有偏私地托载着所有生灵，天地难道会单单让我贫困吗？寻找使我如此贫困的主宰者却寻找不到。然而使我达到如此极度的贫困境地的，应该是自然运化的天命吧！"

应 帝 王[1]

　　齧缺问于王倪,四问而四不知[2]。齧缺因跃而大喜,行以告蒲衣子[3]。蒲衣子曰:"而乃今知之乎[4]?有虞氏不及泰氏[5]。有虞氏,其犹藏仁以要人[6],亦得人矣,而非始出于非人[7]。泰氏,其卧徐徐[8],其觉于于[9];一以己为马,一以己为牛[10];其知情信[11],其德甚真,而未始入于非人[12]。"

注释

　　[1] 本篇是《庄子》内七篇中的最后一篇,篇名"应帝王"即点明了本篇的中心是阐说庄子认为什么样的人应成为帝王,表达的是庄子的为政思想。庄子认为宇宙万物是浑一的,无所谓分别和不同,世间的一切变化也都出于自然,人为的因素都是外在的、附加的。因而他政治上主张无为而治,认为能够顺应大道、听任自然、顺乎民情、行不言之教的人宜为帝王。全篇共七章,以六个寓言故事和一章说理,来寓托他无为而治的政治主张。

　　[2] 齧(niè)缺、王倪:人名,传说中尧舜时代的得道者。《天地》篇说:"尧之师曰许由,许由之师曰齧缺,齧缺之师曰王倪。"此处乃借助其名虚构的人物。四问四不知:成玄英疏以为指的就是《齐物论》中齧缺与王倪的四问四不知。道家主张忘知、无为,王倪四不知,说明他正是领悟了忘知、无为的得道者。

〔3〕"齧缺因跃"两句：意思是齧缺从王倪四不知中悟出得道在于忘知、无为，于是高兴得跳跃起来，去到蒲衣子那里告诉他。蒲衣子，传说中尧时的贤人，王倪的老师。

〔4〕而：尔，你。乃今：如今，现在。之：代指悟出得道在于无知无为。

〔5〕有虞氏：即虞舜。不及：比不上，不如。泰氏：指太昊（hào），即伏羲氏。

〔6〕"其犹"句：意思是虞舜还有意识地用仁爱之心来笼络人。其，代指有虞氏。犹，还。藏仁，心怀仁义。要（yāo），通"邀"，交结，这里是笼络的意思。

〔7〕非始出于非人：意思是未曾超脱人为的物我、是非的困境。非始，未曾。出，跳出，超脱。人，指人为的物我、是非境遇。

〔8〕徐徐：安闲徐缓的样子。

〔9〕于于：即"盱盱"，质朴无知的样子。

〔10〕"一以"两句：意思是有时以为自己是马，有时以为自己是牛。这是道家推崇的忘却物我之分、是非之分而与万物浑融一体的齐物境界。一，或，有时。

〔11〕其：指伏羲氏。知：指对道的认知。情信：真实可信。情，确实，实在。

〔12〕未始入于非人：未曾陷入人为的物我、是非的困境，意思是到达了自然无为、无知无欲与万物一体的境界。按：此则寓言为本篇第一章，借蒲衣子之口说出理想的为政者，应听任自然，不有意作为而堕入物我两分的困境。

译文

齧缺向王倪求教，四次提问王倪四次都回答说不知道。齧缺因此高兴得跳跃起来，去到蒲衣子那里把上述情况告诉了他。蒲衣子说："你现在明白了大道吧？虞舜比不上伏羲氏。虞舜他还是有意识地用仁爱之心来笼络人，虽然也获得了人心，但他还不曾超脱人为的物我、是非两分的困境。而伏羲氏他卧睡时安闲自得，醒来时质朴无知；有时以为自己是马，有时以为自己是牛；他对道的认知确实可信，他的德行非常纯真，并且不曾陷入人为的物我、是非两分的困境。"

肩吾见狂接舆[1]。狂接舆曰:"日中始何以语女[2]?"肩吾曰:"告我:君人者以己出经式义度[3],人孰敢不听而化诸[4]?"狂接舆曰:"是欺德也[5]。其于治天下也,犹涉海凿河而使蚊负山也[6]。夫圣人之治也,治外乎[7]? 正而后行,确乎能其事者而已矣[8]。且鸟高飞以避矰弋之害[9],鼷鼠深穴乎神丘之下以避熏凿之患[10],而曾二虫之无知[11]?"

注释

〔1〕肩吾:人名。狂接舆:狂士接舆的简称,楚国隐士,陆氏,名通,字接舆。

〔2〕日中始:即名叫中始的日者。我国古代观察天象的人叫日者,也称天官,是《庄子》假托的寓言人物,肩吾的老师。何以:以何。语:告诉,传授。女:通"汝",你。

〔3〕君人者:为人君者,即国君。以己出:按照自己的意志来颁行。出,颁布,颁行。经、式、义、度:指典章法度。义,通"仪",法度。

〔4〕人:百姓。化:教化。诸:"之乎"的合音。

〔5〕是:这。欺德:虚伪的道德。

〔6〕"犹涉海"句:意思是犹如在海上开凿河道渡海、让蚊子背负大山一样。这两个比喻说明以人为的典章法度治国是以小谋大,绝不可能成功。

〔7〕治外:治理自然本性之外的外在表象。

〔8〕"正而"两句:意思是得道的圣人先端正自己的本性而后才推行无为而治,确实地顺应百姓内在的自然能力做事罢了。正,指端正自己自然无为的本性。行,指推行无为之治。而已,罢了。

〔9〕矰(zēng):系有丝绳用来弋射的短箭。弋(yì):用丝绳系在箭上射飞鸟。

〔10〕鼷(xī)鼠:小鼠。神丘:社坛。熏凿:指用烟熏洞,用铲掘洞。

〔11〕而:尔,你们,指日中始与肩吾。曾:竟。二虫:指鸟和鼷鼠。按:此则

寓言为本篇第二章,借肩吾与接舆的对话,指出制定各种行为规范来治理国家乃是一种虚伪,为政者不能强人所难,自己应先以自然无为之道加强自身的内在修养,顺应百姓的自然本性,从而达到无为而治。

译文

　　肩吾拜见狂接舆。狂接舆问:"日中始告诉了你什么治国方略?"肩吾回答说:"他告诉我:作为一国之君要按照自己的意志来颁行典章法度,(这样)百姓谁敢不听从并接受其教化呢?"狂接舆说:"这是虚伪的道德。用这办法来治理天下,就好像在海上开凿河道渡海、让蚊虫背负大山一样。圣人治理天下,是治理自然本性之外的外在表象吗?圣人先端正自己自然无为的本性而后才推行无为而治,确实地顺应百姓内在的自然能力做事罢了。鸟儿尚且懂得高飞以躲避弓箭的伤害,鼹鼠尚且知道深藏在神坛下的洞穴来逃避熏烟凿地的祸患,你们竟然连这两种小动物还不如吗?"

　　天根游于殷阳[1],至蓼水之上[2],适遭无名人而问焉[3],曰:"请问为天下[4]。"无名人曰:"去[5]!汝鄙人也,何问之不豫也[6]!予方将与造物者为人[7],厌则又乘夫莽眇之鸟[8],以出六极之外,而游无何有之乡[9],以处圹埌之野[10]。汝又何帠以治天下感予之心为[11]?"又复问。无名人曰:"汝游心于淡[12],合气于漠[13],顺物自然而无容私焉[14],而天下治矣。"

注释

　　〔1〕天根:寓言中虚构的人名。殷阳:殷山的南面。
　　〔2〕蓼(liǎo)水:水名,在赵国境内。

〔3〕适:恰好,碰巧。遭:遇到。无名人:寓言中虚构的人名。

〔4〕为:治理。

〔5〕去:走开,这里有呵斥、不屑多言的意思。

〔6〕鄙人:鄙俗浅陋的人。不豫:不愉快。这里有讨厌、厌烦的意思。豫,悦,愉快。

〔7〕方将:正要。造物者:指道。为人:结为伴侣。人,偶。

〔8〕厌:厌烦,指厌烦世俗社会。莽眇(miǎo)之鸟:状如飞鸟行无辙迹的清虚之气,这里指大道。

〔9〕六极:东、西、南、北、上、下六个方向的尽头处,即天地四方。无何有之乡:什么都不存在的地方,这里指大道所在的地方。

〔10〕圹埌(kuàng làng):旷达辽阔的样子。

〔11〕帠(yì):古代字书未录此字,俞樾疑为"臬"字之误,是"瘞(yì)"的假借字,同"呓",梦话的意思,无名人认为天根的问话像是梦呓。一本"帠"作"为",亦通。感:惑乱。

〔12〕淡:这里指齐万物、一是非、无知无欲的恬淡心境。

〔13〕漠:这里指清静无为,居处寂寞空旷。

〔14〕顺物自然:顺应事物本性的自然存在与变化。无容私:没有任何偏私,指没有一点儿人为的私心成见。按:此则寓言为本篇第三章,借天根与无名人的对话,说明统治者治理天下不能存有治理天下之心,应当"顺物自然而无容私",这样天下自然大治。

译文

天根在殷山南麓闲游,来到蓼水边,碰巧遇到无名人,便向他求教道:"请问如何治理天下。"无名人说:"走开!你这个鄙俗浅陋的人,怎么张口就问让人讨厌的问题!我正要和大道结成伴侣,厌烦世俗时就乘着那状如飞鸟的清虚之气,超脱于天地四方之外,而逍遥于大道所在的无何有之乡,居处于旷达辽阔的

145

清虚之野。你又为什么要用治理天下这梦呓般的话语来惑乱我的心思呢?"天根又问。无名人说:"你把心自由驰骋于齐万物、一是非、无知无欲的恬淡心境,把由气聚合而成的形体安放于清静无为的寂寞空旷境域,顺应事物的自然存在与变化,并对事物没有半点儿人为的私心成见,天下就可治理好了。"

阳子居见老聃[1],曰:"有人于此,向疾强梁[2],物彻疏明[3],学道不倦。如是者,可比明王乎?"老聃曰:"是于圣人也,胥易技系[4],劳形怵心者也[5]。且曰虎豹之文来田[6],猨狙之便、执斄之狗来藉[7]。如是者,可比明王乎?"阳子居蹴然曰[8]:"敢问明王之治。"老聃曰:"明王之治,功盖天下而似不自己[9],化贷万物而民弗恃[10];有莫举名[11],使物自喜;立乎不测,而游于无有者也。"

注释

〔1〕阳子居:即阳朱,字子居。或说名居。战国时代倡导为我主义的哲学家。

〔2〕"向疾"句:意思是说反应敏捷,行事果断。向疾,像回声那样迅疾敏捷。向,通"响",回声。强梁,强干果决。

〔3〕"物彻"句:对事物的认识通达明白。彻,通彻。疏明,通达明白。

〔4〕胥:即后来的"谞(xǔ)"字,意思是有才智的人,这里指有一定才智的小官吏。易:治理,这里指供职办事。技系:为技艺所累。

〔5〕劳形:使身体劳苦。怵(chù)心:扰心,惊心。

〔6〕文:同"纹",这里指虎豹皮毛上的花纹。来田:招致猎人的猎杀。来,招致,招来。田,同"畋",打猎。

〔7〕猨狙(yuán jū):猕猴。便:指猕猴跳跃敏捷。执:同"势",盛力,大力。

斄(lí):通"氂(máo)",牦牛。狗:当为"狗"字之误,"狗"是"徇(xùn)"的俗字,这里是迅疾、敏捷的意思。藉:用绳索拘系。

〔8〕蹴(cù)然:惊悚而面容改变的样子。

〔9〕不自己:不认为功劳出自自己。

〔10〕"化贷"句:意思是明王顺应自然,无为治天下,潜施教化,化育万物,而百姓感觉不到,都以为是我自然如此,不是依靠君主所得。化,化育。贷,施及。恃,依赖。

〔11〕有莫举名:功德无量而不称说来炫耀名声。举,称述。按:此则寓言为本篇第四章,借阳子居向老子请教"明王之治"的故事,说明所谓"明王"之治,在于明王无功、无名,"使物自喜"而"游于无有者也"的无为之治。

译文

阳子居拜见老聃,问道:"这里有这么一个人,他反应敏捷,行事果决,对事物的认识通达明白,学习大道勤奋不厌倦。像这样的人,可以跟圣明的君王相媲美吗?"老聃说:"这样的人在圣人看来,只不过像有才智的小官吏供职办事为技能所系累、使自己身体劳苦、心神受到惊扰的情况一样。况且老虎豹子因为皮毛上美丽的花纹而招来猎人的猎杀,猕猴因为敏捷、力大的牦牛因为迅疾而招致绳索的拘缚。像这样的,怎么可以拿来跟圣明的君王相比呢?"阳子居听了这番话面色惊悚,不安地说:"请问圣明的君王是怎么治理天下的。"老聃说:"圣明的君王治理天下,功盖天下却又不认为功劳出自自己,化育万物而让百姓不觉得有所依赖;功德无量而不称说来炫耀名声,让万事万物各居其所而欣然自得;立足于高深莫测的神妙之境,而逍遥在大道的无何有之乡。"

郑有神巫曰季咸[1],知人之死生存亡、祸福寿夭,期以岁月旬日[2],若神。郑人见之,皆弃而走[3]。列子见之而心醉,归,以告壶子[4],曰:"始吾以夫子之道为至矣,则又有至焉者矣!"壶子曰:"吾与汝既其文,未既其实,而固得道与[5]?众雌而无雄,而又奚卵焉[6]!而以道与世亢,必信[7],夫故使人得而相女。尝试与来,以予示之。"

明日,列子与之见壶子。出而谓列子曰:"嘻!子之先生死矣!弗活矣!不以旬数矣[8]!吾见怪焉,见湿灰焉[9]。"列子入,泣涕沾襟以告壶子。壶子曰:"乡吾示之以地文,萌乎不震不正[10]。是殆见吾杜德机也[11]。尝又与来。"

明日,又与之见壶子。出而谓列子曰:"幸矣,子之先生遇我也!有瘳矣[12],全然有生矣[13]!吾见其杜权矣[14]。"列子入,以告壶子。壶子曰:"乡吾示之以天壤[15],名实不入[16],而机发于踵[17]。是殆见吾善者机也[18]。尝又与来。"

明日,又与之见壶子。出而谓列子曰:"子之先生不齐[19],吾无得而相焉。试齐,且复相之。"列子入,以告壶子。壶子曰:"乡吾示之以太冲莫胜[20]。是殆见吾衡气机也[21]。鲵桓之审为渊[22],止水之审为渊,流水之审为渊。渊有九名,此处三焉[23]。尝又与来。"

明日,又与之见壶子。立未定,自失而走[24]。壶子曰:"追之!"列子追之不及,反,以报壶子曰:"已灭矣,已失矣[25],吾弗及已。"壶子曰:"乡吾示之以未始出吾宗[26]。吾与之虚而委蛇[27],不知其谁何[28],因以为弟靡[29],因以为波流[30],故逃也。"

然后列子自以为未始学而归[31],三年不出。为其妻爨[32],食豕如食人[33]。于事无与亲[34],雕琢复朴[35],块然独以其形立[36]。纷而封哉[37],一以是终[38]。

注释

〔1〕神巫:神异灵验的巫师。神,这里指其预卜十分灵验。巫,指以沟通天地鬼神、占卜为职业的人,女的叫巫,男的叫觋(xí),这里是泛称。季咸:人名,寓言称他是郑国巫师,善于占卜看相。

〔2〕期:预卜的时期。岁:年。旬:十日为一旬,一月分上、中、下三旬。

〔3〕"郑人"两句:基于畏惧死亡凶祸的心理,郑国人见到季咸,担心他预言到自己不喜欢的,所以都躲离他而逃跑。弃,躲开。走,逃跑。

〔4〕列子:即列御寇,郑国人。此处应是假托列子之名,和前面寓言假托孔子之名一样。心醉:这里指内心折服。壶子:郑国得道者,号壶子,名林,传说是列子的老师。

〔5〕与:传授。既:尽,全。文:纹饰,外在的东西。实:本质,内在的精髓,与上句的"文"相对。而:你。固:固执。这里指固执于表面的"文",以为学了"文"即是得道。

〔6〕奚:怎么,哪里。卵:用如动词,产卵的意思。

〔7〕而:你。道:此"道"指的是前面所说的"既其文"之道,是外在的道,而非真正的大道。亢:通"抗",抗衡。信:实情,真相。

〔8〕不以旬数:即不能用一旬来计数,意思是说活不了十天。

〔9〕怪:指壶子展示给季咸的怪异的形色之相。湿灰:指壶子呈露的神情像用水浇湿的死灰,死灰尚可复燃,而水湿之灰已无复燃之可能,这里喻指必死无疑。

〔10〕乡:通"向",刚才。示:显露,给……看。地文:大地上的纹理,即大地宁静的表象。萌乎不震不正:崔譔注本作"罪乎不渗不止",据俞樾考,可从。意思是像山一样不动不止。渗,"震"的异体字,动。萌,为"罪"字之误,通"崒(zuì)",意思是山的样子。正,为"止"字之误,不动,停息。这两句是说壶子展示给季咸的是真正得道者虚静凝寂的外部表象。

〔11〕殆:大概,恐怕。杜:闭塞。德机:至德的生机。

〔12〕瘳(chōu):病愈,这里指病愈的征兆。

〔13〕全然:完全。生:生气,这里指救活的希望。

〔14〕杜权:闭塞中的机权,即闭塞的生机出现了活动的征兆。权,机权,即生机的权变。

〔15〕天壤:天地,这里指像天地化育万物那样阴阳相对与感应的征兆。

〔16〕名实:名利。不入:没有掺入,指不为名利所动,名利不能进入到内心。

〔17〕踵:脚后跟,这里喻生机。

〔18〕善者机:即"善之机",好转的一线生机。者,助词,相当于"之"。

〔19〕齐:这里指面相显示的吉凶祸福的兆象稳定。一说通"斋"("齐"繁体为"齊","斋"繁体为"齋"),斋戒的意思。

〔20〕太冲莫胜:是说阴阳二气均衡融合后的虚心凝寂、动静无别之象。太冲,太虚。

〔21〕衡气机:是说平衡阴阳之气的所显示的阴阳、生死、动静浑然凝一的表象。衡,平。

〔22〕鲵(ní):鲸鱼,这里泛指大鱼。桓:盘桓。审:当作"潘",水回旋聚积的地方。

〔23〕渊有九名:即渊有九种。九渊,《列子·黄帝篇》载为:鲵旋之潘为渊,止水之潘为渊,流水之潘为渊,滥水之潘为渊,沃水之潘为渊,氿水之潘为渊,雍水之潘为渊,汧水之潘为渊,肥水之潘为渊。此处三焉:意思是这里说了深渊的三种。这里所谓三"渊",即鲵桓、止水、流水所汇聚而成的三渊,分别喻指的是前面所说"太冲莫胜"、"地文"、"天壤"三种相态,借以暗示大道深不可测,神巫所能看到的只是表象。

〔24〕自失:不能自持。

〔25〕灭:消失了踪影。失:通"佚",奔逃。

〔26〕吾宗:我所宗尚的,指大道。

〔27〕虚而委蛇(yí):即虚与委蛇,意思是虚己忘怀,随顺应付。委蛇,随顺的样子。

〔28〕其：我，壶子自指。谁何：何谁，怎样的人，这里有究竟的意思。

〔29〕以为：以之为，把自己变成。弟靡：像稊草随风倒伏一样随顺自然变化。弟，通"稊(tí)"，稗子一类的草。靡，倒下，这里是随顺的意思。

〔30〕波流：崔譔注本作"波随"，王念孙考"随"与前文的"蛇"、"何"、"靡"押韵，当以崔本为是，意思是像水波追逐流水一样因顺世事。

〔31〕未始学：不曾学过道。神巫季咸逃跑后，列子才醒悟到自己老师壶子的道术深不可测，因而觉得自己好像不曾求师学道似的。

〔32〕爨(cuàn)：烧火煮饭。

〔33〕食(sì)：饲养。

〔34〕于事：对于世事人情。无与亲：没有亲疏之别，无所偏私。

〔35〕雕琢复朴：意思是去掉原来人为的外在华饰，回归到自然朴实的内在本性。

〔36〕块然：像大地一样，这里指的是无知无欲的样子。

〔37〕纷：这里指世事纷杂。封哉：崔譔注本作"封戎"，李桢从用韵考，认为当以"封戎"为是，可从，意思是散乱。

〔38〕一以：即以一，意思是因顺大道。一，指自然无为的道。是终：而终。终，死。按：此则寓言为本篇第五章，借助神巫季咸给壶子看相的故事，说明虚与委蛇、委顺自然的大道深不可测，含蓄地指出为政也得虚己而顺应。

译文

郑国有个十分灵验的巫师叫季咸，他能通过看相预知人的生死存亡和祸福寿夭，所预卜某事发生在某年某月某旬某日的时间，都准确无误，仿佛是神人一样。郑国人见到他，都因害怕他预卜到自己死亡和凶祸而躲离跑开。列子见到他却佩服得如醉如痴，回来后把见到的有关季咸的情况告诉了老师壶子，并且说："原先我以为先生的道行是最高深的了，没想到现在又有比您道行更高深的了！"壶子说："我教给你的都是些道的表象的东西,还没有教给你道的实质内容,你自以为真的已经得道了吗?只有众多的雌性禽类却没有雄性禽类,那又怎么能受精产卵呢!你用所学到的表象的道与世人抗衡,必定会表露出自己的真相,因而让人洞察底细而据此准确看出你的命相。你试着跟他一块儿来,把我介绍给他看看相吧。"

第二天,列子跟季咸一起来拜见壶子。(季咸)走出门后对列子说:"哎!你的老师快要死了!活不成了!过不了十天了!我观察到他的形色有怪异的征象,呈现出来的是必死无疑的湿灰相。"列子回到屋里,泪水流湿了衣襟,伤心地把季咸的话转告给壶子。壶子说:"刚才我显露给他看的是如同大地纹理那样宁静的表象,它像山一样既没有震动也没有止息。这样大概只能看到我闭塞生机的征象。试试再让他和你一起来看看。"

第二天,列子又和季咸一道来拜见壶子。(季咸)走出门后对列子说:"幸运啊,你的老师遇上了我!有病愈的征兆了,完全有救活的希望了!我已经观察到他闭塞的生机中出现了生命活动的兆相。"列子回到屋里,把季咸的话转告给壶子。壶子说:"刚才我显露给他看的是像天地化育万物那样阴阳相对与感应的征兆,名声和实利等智慧欲望都被排除在外,而生机从脚跟向全身发散。这样他大概看到了我好转的一线生机。试着再让他和你一块儿来看看。"

第二天,列子又同季咸一道来拜见壶子。(季咸)走出门后对列子说:"你的老师面相显示的吉凶祸福的兆象不稳定,我没有办法给他看相。等到他兆象稳定,我再来给他看相。"列子回到屋里,把季咸的话转告给壶子。壶子说:"刚才我显露给他看的是阴阳二气均衡融合后的虚心凝寂、动静无别之象。这样恐怕他看到了我平衡阴阳所显示的阴阳、动静、生死浑然凝一的表相。大鱼盘桓聚集的地方叫渊(喻"太冲莫胜"之相),静止的水聚积的地方叫渊(喻"地文"之相),流动的水积聚的地方叫渊(喻"天壤"之相)。渊有九种不同形态,这里只提到了上面三种(大道深不可测,得道者随顺自然,得道的表现形态各异,就像深渊一样)。你试着再和他一块儿来看看。"

第二天,列子又跟咸季一道来拜见壶子。季咸还没有站稳,就不能自持地逃跑了。壶子说:"追上他!"列子去追赶他,没能追上。回来告诉壶子,说:"已经不见人了,让他跑掉了,我没能赶上他。"壶子说:"刚才我呈露给他看的始终未脱离我所宗尚的大道。我虚己忘怀、自然随顺地与他应付,他弄不清我的究竟,于是我使自己变得像稊草随风倒伏一样随顺自然变化,像水波追逐流水一样因顺世事,所以他逃跑了。"

这之后,列子内心真正感到自己像从没有学过道似的回到了自己的家里,三年不出门。他给妻子烧火煮饭,喂猪就像侍候人吃饭一样。对于各种世事人情不分亲疏没有偏私,去掉了原来人为的外在雕琢与华饰,回归到自然朴实、无知无欲的内在本性,像大地一样寂然忘情地将形骸独立于世俗之外。虽然世事纷扰杂乱,他却因顺大道,终生不渝。

无为名尸[1],无为谋府[2],无为事任[3],无为知主[4]。体尽无穷,而游无朕[5];尽其所受乎天,而无见得[6],亦虚而已[7]。至人之用心若镜,不将不迎[8],应而不藏,故能胜物而不伤[9]。

注释

〔1〕无为:不要成为,不要作。名:名誉,名声。尸:主,这里是主持者、主人的意思。

〔2〕谋府:谋虑的心思。府,灵府,心思。

〔3〕事任:世事的承担者。任,负担,这里是承担者的意思。

〔4〕知主:智慧的主宰。知,通"智"。主,主宰。

〔5〕体尽:尽心体悟,这里指全身心地体悟大道。无朕(zhèn):无迹,没有踪迹。朕,迹。

〔6〕尽:完全。所受乎天:所秉承的自然本性。见(xiàn):同"现",表露,炫耀。得:自得。

〔7〕虚:指心境清虚淡泊,忘却自我。

〔8〕不将不迎:指镜子照物之影听之任之,来即照,去不留。将,送。

〔9〕胜物:任物,因顺外物、不为外物左右。按:此章为本篇第六章,为说理片段,强调为政虚己、清明,应像镜子那样,不迎不送,顺应不藏,这样才能应和外物并不为外物所束缚,进而自己也不受到伤害。

译文

不要成为名誉的主人,不要有谋虑的心思,不要成为世事的承担者,不要成为智慧的主宰。全身心地体悟无穷的大道,自由自在地游心于无迹的虚空境界;完全因顺自己所秉承的自然本性,不炫耀也不自得,也就是心境清虚淡泊而无所求罢了。得道最高深的人心思就像镜子,外物来照时它不会去迎接,离开时它不会送别,只是客观自然地应合事物本身,从不有所隐藏,所以能够因顺外物不为外物束缚而又不因此损心劳神。

南海之帝为儵,北海之帝为忽,中央之帝为浑沌[1]。儵与忽时相与遇于浑沌之地,浑沌待之甚善。儵与忽谋报浑沌之德[2],曰:"人皆有七窍以视听食息[3],此独无有,尝试凿之。"日凿一窍,七日而浑沌死。

注释

〔1〕儵(shū)、忽、浑沌:都是作者虚构的寓言人物名。但取名颇有寓意,"儵"和"忽"的意思都是急速的样子,寓指有为;"浑沌"的意思是和合不分的样子,寓指无为。

〔2〕谋:商量,筹谋。德:恩情。

〔3〕七窍:指人头部的两眼、两耳、两鼻孔和嘴七个孔穴。按:此则寓言为本篇第七章,通过浑沌受人为伤害失去本真而死去的故事,寓指有为之政祸害无穷。

译文

南海的帝君名叫儵,北海的帝君名叫忽,中央的帝君名叫浑沌。儵与忽常常在浑沌之处相会,浑沌待他们非常好,儵和忽一起商量报答浑沌的厚待之恩,说:"人都有眼耳口鼻七个窍孔来看、听、吃和呼吸,唯独浑沌没有,我们试着给他开凿七窍吧。"于是他们在混沌身上每天开凿出一个孔窍,七天下来,七窍开凿好了,浑沌也死了。

外 篇

马　蹄[1]

马,蹄可以践霜雪[2],毛可以御风寒,龁草饮水[3],翘足而陆[4],此马之真性也。虽有义台路寝[5],无所用之。及至伯乐[6],曰:"我善治马。"烧之[7],剔之[8],刻之[9],雒之[10],连之以羁䵠[11],编之以皂栈[12],马之死者十二三矣[13]。饥之,渴之[14],驰之,骤之[15],整之,齐之[16],前有橛饰之患[17],而后有鞭筴之威[18],而马之死者已过半矣。陶者曰[19]:"我善治埴[20],圆者中规,方者中矩[21]。"匠人曰[22]:"我善治木,曲者中钩,直者应绳[23]。"夫埴木之性,岂欲中规矩钩绳哉?然且世世称之曰[24]:"伯乐善治马,而陶匠善治埴木。"此亦治天下者之过也。

注释

〔1〕本篇是《庄子》的第九篇,属于外篇。篇名取自首句前两个字,意思是马的蹄子。本篇是《庄子》外篇中结构完整的篇章之一,它表现了庄子反对世俗人为的各种束缚和羁绊,提倡自然无为的思想。全文分三部分。第一部分至"此亦治天下者之过也",先写马自然快乐的本性,然后以"伯乐善治马"和"陶匠善

治埴木"为例,寄喻一切从政者治理天下的规矩和办法,都直接残害了事物的自然和本性。第二部分至"圣人之过也",以尊重本性、顺应自然的上古"至德之世"与摧残本性、泯灭真情的当今圣人治世对比,谴责圣人推行所谓仁义礼乐,摧残了人的本性和事物的真情,并直接指出这都是"圣人之过"。余下的第三部分,继续以马为喻,进一步说明一切人为的束缚和羁绊都是对自然本性的摧残,圣人推行的所谓仁义,只能是引导人们"争归于利"。

〔2〕践:踩,践踏。

〔3〕龁(hé):咬嚼,吃。

〔4〕翘(qiáo):扬起。陆:通"陆(lù)",跳跃。

〔5〕义台:古代君主贵族举行礼仪的高台。义(é),通"峨",高。路寝:正寝。古代帝王处理政事的宫室。路,大,正。寝,宫室。

〔6〕伯乐:孙氏名阳,字伯乐,相传为秦穆公时人,善于相马、驯马。

〔7〕烧:用烧红的烙铁在马身上的一定部位烙上特殊印记,以便识别。

〔8〕剔:通"剃",修剪马的鬃毛。

〔9〕刻:修削马蹄甲,钉马掌。

〔10〕雒(luò):通"络",给马戴上笼头。

〔11〕连:系,绑。羁(jī):马络头。絷(zhí):马缰绳。

〔12〕编:编列。皂(zào):饲马的槽枥。栈:马厩。

〔13〕十二三:十分之二三。

〔14〕饥、渴:使动用法,使马饥渴。

〔15〕驰、骤:使马快速奔跑。

〔16〕整、齐:使马儿行列整齐,步伐、速度保持一致。

〔17〕橛(jué):马口所衔的横木,即马衔。饰:马缨。患:束缚。

〔18〕鞭筴:马鞭,带皮的叫鞭,不带皮的叫策。筴,同"策"。威:威胁。

〔19〕陶者:制作陶器的人。

〔20〕埴(zhí):黏土。

〔21〕中(zhòng):这里两个"中"字,都是符合的意思。规:圆规。矩:画直角和方形的矩尺。

〔22〕匠人:木工。

〔23〕钩:测曲度的工具。应:符合。绳:木工用的墨线。

〔24〕称:称道,赞扬。

译文

马,蹄子可以凌踏霜雪,毛可以抵御风寒,饿了吃草,渴了喝水,性起时扬蹄跳跃,这是马天生的性情。即使有高台大殿,对它来说也没有什么用处。等到世上出了伯乐,他说:"我善于调理马。"于是用烧红的烙铁给马烙上印记,用剪刀修剪马鬃,用刻刀修削马蹄甲,给马戴上笼头,用缰绳把马拴住,再把它们编入马厩和马槽,这样一来马便死掉十分之二三了。然后让马饿着、渴着,还让它们奔跑、疾驰,又训练它们整齐、划一,前有马衔和马缨装饰的束缚,后有皮鞭和竹条的威逼,这样一来马就死过半数了。制陶工匠说:"我最善于整治黏土,(我用黏土制成的器皿)圆的符合圆规的标准,方的符合矩尺的标准。"木匠说:"我善于整治木料,(我用木材制成的器皿)能使弯曲的合于钩弧的要求,直的符合墨线的要求。"黏土和木材的本性,难道是希望去迎合圆规、矩尺、钩弧、墨线吗?然而人们还世世代代地称赞说:"伯乐善于调理马,陶工、木匠善于整治黏土和木材。"这也是治理天下的人的过错。

吾意善治天下者不然[1]。彼民有常性[2],织而衣,耕而食,是谓同德[3];一而不党[4],命曰天放[5]。故至德之世[6],其行填填[7],其视颠颠[8]。当是时也,山无蹊隧[9],泽无舟梁[10];万物群生[11],连属其乡[12];禽兽成群,草木遂长[13]。

161

是故禽兽可系羁而游[14],鸟鹊之巢可攀援而窥[15]。夫至德之世,同与禽兽居,族与万物并[16],恶乎知君子小人哉[17]！同乎无知[18],其德不离[19];同乎无欲,是谓素朴[20]。素朴而民性得矣。

及至圣人,蹩躠为仁[21],踶跂为义[22],而天下始疑矣[23];澶漫为乐[24],摘僻为礼[25],而天下始分矣。故纯朴不残[26],孰为牺尊[27]！白玉不毁,孰为珪璋[28]！道德不废[29],安取仁义[30]！性情不离,安用礼乐！五色不乱,孰为文采[31]！五声不乱,孰应六律[32]！夫残朴以为器,工匠之罪也;毁道德以为仁义,圣人之过也！

注释

〔1〕意:认为。不然:不是这样。

〔2〕常性:固有不变的天性。

〔3〕同德:共同的自然本性。

〔4〕一:指百姓本性与言行纯洁专一。党:偏私。

〔5〕命:名,称作。天放:任性自然。

〔6〕至德之世:道德最高尚的时代。这里指人类天性保留最完美的时代,庄子追求的理想社会。

〔7〕填填:悠闲徐缓的样子。

〔8〕颠颠:纯朴专一的样子。

〔9〕蹊(xī):小路。隧:隧道。

〔10〕梁:桥。

〔11〕群生:共同生长。

〔12〕连属其乡:居处相连不分彼此。连属,连在一起。

〔13〕遂长:顺着本性生长。遂,顺。

〔14〕系羁:用绳子牵引。

〔15〕攀援:攀登爬越。窥:探视,张望。

〔16〕族:聚合。并:并处。

〔17〕恶乎:哪里。君子:指世俗所说的地位高或道德修养高的人。小人:指世俗所说的地位低下或道德品质低劣的人。

〔18〕同乎无知:与下文"同乎无欲",意思是至德之世人和万物同样天性纯朴,无机巧之心和超越天性的欲望。无知,指没有世俗所谓的智慧机巧之心。

〔19〕德:自然本性。离:背离,丧失。

〔20〕素朴:这里喻指天然的本性。素,未染色的生绢。朴,未加工的木料。

〔21〕蹩躠(bié xuè):步履艰难、勉力行走的样子。

〔22〕踶跂(dì qí):足跟上提、竭力向上的样子。

〔23〕始疑:开始疑惑。

〔24〕澶(chán)漫:放纵,无节制。

〔25〕摘僻:繁琐。

〔26〕纯朴:未曾加过工的原木。残:分割,毁坏。

〔27〕牺尊:这里指雕刻精致的木制酒器。尊,同"樽",酒器。

〔28〕珪璋:古代玉器名。上尖下方的为珪,半珪形为璋。

〔29〕道德:与下文的"性情",这里均指人类原始的自然本性。

〔30〕安:哪里。取:采取,采用。仁义:与下文的"礼乐",这里均指人为的各种道德规范,是与上句的"道德"对立的概念。

〔31〕五色:古代以赤、黄、青、白、黑为正色,称五色。乱:破坏,错乱。文采:用正色调配出的错杂华丽的色彩。

〔32〕五声:指我国古代宫、商、角、徵、羽五声音阶。六律:我国古代定乐器的标准,指黄钟、太簇、姑洗、蕤宾、夷则、亡射六律。

译文

　　我认为善于治理天下的人不是这样。百姓有他们固有不变的本能和天性,织布而后穿衣,耕耘而后吃饭,这是人所共有的本能和天性;百姓本性和言行纯洁专一而没有偏私,这叫作任性

163

自然。所以上古人类天性最完美的时代,人们的行动从容安详,人们的目光纯真无邪而无所顾盼。在那个时代,山野里没有路径和隧道,水面上没有船只和桥梁;万物共同生活,人类与万物的居所相通相连而不分彼此;禽兽成群结队,草木顺着心性自然生长。因此禽兽可以用绳子牵引着游玩,鸟鹊的巢窠可以攀登上去探望。在那人类天性最完美的年代,人类跟禽兽同居在一起,与各种物类相互聚合并存,哪里知道什么君子、小人呢!人同万物一样都纯朴而无智巧之心,人类的本能和天性没有丧失;人和万物一样都淡然而无私欲,这就叫作素朴。能够像生绢和原木那样保持其自然的本色,人的本能和天性就完整地保留了下来。

等到世上出了世俗所说的圣人,他们勉为其难地去倡导仁,竭心尽力地去追求义,于是天下开始产生迷惑与猜疑;他们放纵无度地制作乐曲乐章,繁杂琐碎地制定礼仪法度,于是天下开始有了等级区分。所以说,原木不被剖分,谁能用它制作酒器!白玉不被破裂,谁能用它制作出珪璋等玉器!人类的自然本性不被废弃,哪里用得着仁义!人类固有的性情不遭背离,哪里用得着礼乐!五色不被错乱,谁能调配出华丽炫目的色彩!五声不被错乱,谁能够应和六律!破解原木做成各种器皿,这是木工的罪过;毁弃人的自然本性以推行仁义,这就是圣人的罪过!

夫马,陆居则食草饮水,喜则交颈相靡[1],怒则分背相踶[2]。马知已此矣[3]。夫加之以衡扼[4],齐之以月题[5],而马知介倪[6]、闉扼[7]、鸷曼[8]、诡衔[9]、窃辔[10]。故马之知而态至盗者[11],伯乐之罪也。夫赫胥氏之时[12],民居不知所为,行不知所之,含哺而熙[13],鼓腹而游[14],民能以此矣。及至圣人,屈折礼乐以匡天下之形[15],县跂仁义以慰天下之心[16],而民乃始踶跂好知[17],争归于利,不可止也。此亦圣人之过也。

注释

〔1〕靡(mó):通"摩",摩擦。

〔2〕分背相踶(dì):形容马背对着背用后蹄相踢。踶,踢。

〔3〕马知:马的智慧。已:止。

〔4〕衡:车辕前面的横木。扼:通"轭",叉马颈两头与横木相连的弯曲条木。

〔5〕齐:装饰。月题:马额上状如月形的佩饰。题,额。

〔6〕介倪:马侧立在两輗之间,不服驾驭。介,侧立。倪,通"輗",车辕与横木衔接的关键部位。

〔7〕闉(yīn)扼:马曲颈不伸,企图摆脱木轭。闉,屈曲。扼,通"轭"。

〔8〕鸷(zhì)曼:马抵触车幔。鸷,抵触。曼,通"幔",车幔。

〔9〕诡衔:诡谲地吐出口里的嚼衔。

〔10〕窃辔:偷偷地咬坏缰绳。

〔11〕而:与。态:神态。至盗者:达到像盗贼一样。

〔12〕赫胥氏:传说中的上古帝王。

〔13〕哺:口里所含的食物。熙:通作"嬉",嬉戏。

〔14〕鼓腹:鼓着肚子,意思是吃得饱饱的。

〔15〕屈折:矫揉造作。匡:端正,改变。形:形象,这里指行为举止。

〔16〕县(xuán)跂:高举,提倡。县,同"悬"。跂,踮起脚跟远望。慰:慰藉。

〔17〕好知:推崇才智。知,通"智"。

译文

马,生活在陆地上,吃草饮水,高兴时颈交颈相互摩擦,发怒时背对背相互踢撞。马的智慧只是这样了。等到后来给它加上车衡和颈轭,戴上配有月牙形佩饰的辔头,马就懂得抗拒车軏,曲拧着脖子企图摆脱轭木,抵触车幔,诡谲地吐出嘴里的嚼衔,偷偷地咬坏缰绳。所以,使马的心智和神态变得像盗贼一样,这完全是伯乐的罪过。上古赫胥氏的时代,黎民百姓绝智安居而无所作为,率性走动而不知道去往哪里,口里含着食物嬉戏,鼓着吃饱的肚子游玩,人们的智能就只是这样了。等到圣人出现,造作礼乐来匡正天下百姓外在的行为举止,提倡仁义来慰藉天下百姓的内在心灵,于是人们便开始殚精竭虑地去崇尚才智,争先恐后地去追逐名利,而不能终止。这也是圣人的罪过。

胠　箧[1]

　　将为胠箧、探囊、发匮之盗而为守备[2]，则必摄缄縢、固扃鐍[3]，此世俗之所谓知也[4]。然而巨盗至，则负匮、揭箧、担囊而趋[5]，唯恐缄縢、扃鐍之不固也。然则乡之所谓知者[6]，不乃为大盗积者也[7]？

　　故尝试论之：世俗之所谓知者，有不为大盗积者乎？所谓圣者，有不为大盗守者乎？何以知其然邪[8]？昔者齐国，邻邑相望，鸡狗之音相闻，罔罟之所布[9]，耒耨之所刺[10]，方二千余里。阖四竟之内[11]，所以立宗庙社稷[12]，治邑屋州闾乡曲者[13]，曷尝不法圣人哉[14]？然而田成子一旦杀齐君而盗其国[15]，所盗者岂独其国邪？并与其圣知之法而盗之[16]。故田成子有乎盗贼之名，而身处尧舜之安[17]，小国不敢非[18]，大国不敢诛[19]，十二世有齐国[20]。则是不乃窃齐国并与其圣知之法，以守其盗贼之身乎[21]？

　　尝试论之：世俗之所谓至知者，有不为大盗积者乎？所谓至圣者，有不为大盗守者乎？何以知其然邪？昔者龙逢斩[22]，比干剖[23]，苌弘胣[24]，子胥靡[25]，故四子之贤而身不免乎戮[26]。故跖之徒问于跖曰[27]："盗亦有道乎[28]?"跖曰："何适而无有道邪[29]？夫妄意室中之藏,圣也[30]；入先[31],勇也；出后[32],义也；知可否,知也[33]；分均[34],仁也。五者不备而能成大盗者,天下未之有也[35]。"由是观之,善人不得圣人之道不立[36],跖不得圣人之道不行[37]；天下之善人少而不善人多,则圣人之利天下也少,而害天下也多。故曰：唇竭而齿寒[38],鲁酒薄而邯郸围[39],圣人生而大盗起[40]。掊击圣人[41],纵舍盗贼[42],而天下始治矣。

注释

〔1〕本篇是《庄子》的第十篇,属于外篇。篇名取自文章首句,"胠箧"的意思是撬开箱子。本篇也是庄子外篇中结构完整的篇章之一。其主旨在宣扬"绝圣弃知"、返归自然本性、无为而治的思想主张,与《马蹄》篇相同,但对仁义的虚伪、社会的弊端的批判和揭露比《马蹄》篇更深刻,也更一针见血。全篇大体分成三个部分。第一部分至"而天下始治矣"。先以盗为喻,说明世俗所说的智慧只是给大盗提供方便；接着以田成子及盗跖等为例,说明世俗所说的圣智不过是窃国大盗手中的工具,从而得出结论：只有抨击圣人及其仁义礼法,天下才能大治。第二部分至"法之所无用也",进一步指出社会的一切文明成果皆为大盗所窃用,变成他们维护私利的工具,甚至出现"窃钩者诛,窃国者为诸侯,诸侯之门而仁义存焉"的局面。因此,只有绝圣弃智、回归人无知无欲的自然本性,才能改变混乱的现实。余下为第三部分,通过对理想中"至德之世"的太平景象与"三代以下"天下大乱局面的对比描述,告诉人们：社会紊乱的根源在于社会上下"好知",只有遵循自然之道,"恬淡无为",方能天下大治。

〔2〕为：此句中前一个"为"读去声(wèi),意思是"为了"；后一个读平声(wéi),意思是"做"。胠箧(qū qiè)：撬开箱子。胠,撬。箧,箱子。探囊：掏袋子。发匮(guì)：开柜。发,打开。匮,通"柜",柜子。

〔3〕摄：打结,绑紧。缄縢(jiān téng)：均为绳索。固：加固。扃(jiōng)：用

来关牢门窗的插闩。镉(jué):箱柜上用以加锁的钮环。

〔4〕知:通"智",智慧。

〔5〕负:背着。揭:举,扛着。担:用扁担挑着。趋:快步疾走。

〔6〕乡:通"向",先前。

〔7〕不乃:不正是。为:替,给。积:积累,储备。

〔8〕何以:以何,根据什么。然:这样。

〔9〕罔罟(gǔ):指捕猎禽兽和鱼类的网。罔,同"网"。罟,各种网的总称。所布:所及。布,分布。

〔10〕耒(lěi):耕地用的犁。耨(nòu):除草用的锄。所刺:指用耒耨耕地除草所插入的地域。刺,插入。

〔11〕阖(hé):同"合",全,整个。竟:通"境"。

〔12〕所以:所用来。宗庙:古代天子、诸侯、大夫、士祭祀祖先的地方。社稷:本指土地神和谷神,这里指祭祀土神和谷神的地方。

〔13〕治:治理,统治。邑、屋、州、闾、乡曲:古代不同行政区划的名称。《司马法》上记载:"六尺为步,步百为亩,亩百为夫,夫三为屋,屋三为井,井四为邑。"又载:"五家为比,五比为闾,五闾为族,五族为党,五党为州,五州为乡。"乡曲,指乡中一隅之地。曲,角落。

〔14〕曷:何。法:取法,效法。

〔15〕田成子:即田常,本为陈国人,故又称陈恒。其先祖田完从陈国来到齐国,为齐国大夫,改为田氏。田常于鲁哀公十四年(前481)杀齐简公,立简公弟骜为齐侯,即齐平公,从此齐国大权落入田氏之手,齐侯不过是傀儡。后来田常的曾孙又废齐自立,仍称"齐"。

〔16〕并:连同,一起。

〔17〕安:指安稳的地位。

〔18〕非:非议,责难。

〔19〕诛:讨伐,征伐。

〔20〕十二世有齐国:十二代享有齐国。十二世,指田成子篡齐至齐国为秦所灭,共历十二代。田成子杀简公篡齐,齐侯成为傀儡。五代以后至田和,把齐

169

康公流放海岛,自立为齐侯。由田和至齐王建为秦所灭,凡七代。合起来共十二代。

〔21〕则:那么。是:这。不乃……乎:不就是……吗?守:守卫,保护。

〔22〕龙逢:即关龙逢,夏桀时的贤臣,后被夏桀杀害。

〔23〕比干:殷纣王的庶出叔叔,因力谏纣王,被纣王剖心。

〔24〕苌(cháng)弘:周敬王时大夫,因与晋国范氏关系密切,导致范氏的政敌赵氏讨伐,公元前492年被周人所杀。胣(chǐ):裂腹掏肠。

〔25〕子胥:即伍员,吴王夫差时因谏吴王不从,被赐死,死后被抛尸江中。靡:通"糜",腐烂。

〔26〕故:同"固",原来,本来。不免乎戮:不免于被刑戮。戮,刑戮。

〔27〕跖:即柳下跖,春秋时有名的大盗,也称盗跖。

〔28〕道:指盗贼奉行的规矩、准则。

〔29〕何适:即适何,到哪儿,这里是做什么。

〔30〕妄意室中之藏:猜中房屋中所藏的财物。妄意,猜想。

〔31〕入先:盗窃时带头进入室内。

〔32〕出后:盗窃后最后出来。

〔33〕知可否:盗窃前预先料定安危吉凶、成功与否。知,本句中的两个"知",第一个是预知的意思,第二个同"智",智慧、聪明的意思。

〔34〕分均:分赃公平。均,平均,公平。圣、勇、义、智、仁本是儒家推崇的道德品质,这里用于盗贼之道,意思是儒家和盗贼没有区别。

〔35〕未之有:未有之,没有这种情况。

〔36〕善人:世俗所说的好人。得:得到。圣人之道:即儒家所推崇的圣勇义智仁之道。立:立身。

〔37〕行:指在盗贼行业立身横行。

〔38〕唇竭而齿寒:即唇亡齿寒。竭,尽,无。

〔39〕"鲁酒薄"句:字面意思是说,因为鲁国产的酒味道淡导致赵国都城邯郸被围困。据《淮南子·缪称训》高诱注:楚王大会诸侯,赵与鲁均献酒,鲁酒味薄而赵酒味浓。楚王的酒吏向赵国索酒而赵不给,酒吏怀恨易换赵、鲁之酒,于

170

是楚王以酒薄的缘故兵围赵国都城邯郸。这句是借历史故事来说明,事出有因,圣人的出现才造成了大盗的兴起。

〔40〕生:产生,出现。起:兴起。

〔41〕掊(pǒu)击:抨击,打倒。

〔42〕纵舍:释放。纵,释放。舍,放弃。

译文

　　为了对撬箱子、掏袋子、开柜子的小偷而做防范准备,便一定要绑紧绳索,加固门窗插闩和箱柜锁钮,这是一般世俗人所说的聪明做法。可是大盗来了,他们就背着柜子、扛着箱子、挑着袋子快步疾走,唯恐绳索、插闩与锁钮不够牢固。既然是这样,那么先前所谓的聪明做法,不正是给大盗作储备的吗?

　　所以我在此尝试讨论这种情况:世俗所说的聪明人,有不替大盗积聚财物的吗?世俗所说的圣人,有不替大盗守卫财物的吗?怎么知道是这样的呢?当年的齐国,邻近的村邑举目可望,鸡鸣狗叫之声相互可以听闻,百姓打猎捕鱼所及地域,犁锄所耕作的土地,方圆两千多里。整个国境之内,所有用来设立宗庙、社稷的礼法,所有用来治理邑、屋、州、闾、乡、里各级行政机构的制度,何尝不是在效法古代圣人呢?然而田成子一旦杀了齐国的国君而盗取了齐国,他所盗窃夺取的难道仅仅是那个齐国吗?实际上他连同齐国的各种圣明的法规与制度也一起盗取去了。所以田成子虽然有盗贼的名声,却处于尧舜那样安稳的地位,小的国家不敢非议他,大的国家不敢讨伐他,享有齐国达十二世之久。那么,这不是盗窃了齐国并及其圣明的法规和制度,用来守卫他盗贼之身家性命吗?

　　我在此尝试讨论这种情况:世俗的所说的聪明人,有不替大

171

盗积聚财物的吗？世俗所说的圣人，有不替大盗防守财物的吗？怎么知道是这样的呢？从前关龙逢被斩首，比干被剖心，苌弘被裂腹掏肠，伍子胥被抛尸江中任其腐烂。原来像上面四个人那样的贤能之士仍不能免于遭到杀戮。因而盗跖的门徒问盗跖道："做强盗也有规矩和准则吗？"盗跖回答说："到什么地方会没有规矩和准则呢？盗窃前能猜中屋里藏着什么财物，这就是圣明；盗窃时敢带头进到屋里，这就是勇敢；盗窃完最后从屋子退出，这就是义气；能事先预判可否采取行动，这就是智慧；事后分配公平，这就是仁爱。以上五样不能具备却能成为大盗的人，天下是没有的。"从这一点来看，世俗所说的好人不通晓圣人之道便不能立身，盗跖不通晓圣人之道便不能横行窃界；天下的善人少，而不善的人多，那么圣人给天下带来的好处少，而给天下带来的祸患多。所以说：没有嘴唇牙齿就会外露受寒，鲁侯奉献的酒味道淡薄致使赵国都城邯郸遭到围困，圣人出现了因而大盗也就兴起。打倒圣人，释放盗贼，天下才能大治。

夫川竭而谷虚[1]，丘夷而渊实[2]。圣人已死，则大盗不起，天下平而无故矣[3]。圣人不死，大盗不止[4]。虽重圣人而治天下[5]，则是重利盗跖也[6]。为之斗斛以量之[7]，则并与斗斛而窃之；为之权衡以称之[8]，则并与权衡而窃之；为之符玺以信之[9]，则并与符玺而窃之；为之仁义以矫之[10]，则并与仁义而窃之。何以知其然邪？彼窃钩者诛[11]，窃国者为诸侯，诸侯之门而仁义存焉[12]。则是非窃仁义圣知邪？故逐于大盗，揭诸侯[13]，窃仁义，并斗斛、权衡、符玺之利者，虽有轩冕之赏弗能劝[14]，斧钺之威弗能禁[15]。此重利盗跖而使不可禁者，是乃圣人之过也[16]。

故曰:"鱼不可脱于渊,国之利器不可以示人[17]。"彼圣人者[18],天下之利器也,非所以明天下也[19]。故绝圣弃知[20],大盗乃止;擿玉毁珠[21],小盗不起;焚符破玺,而民朴鄙[22];掊斗折衡[23],而民不争;殚残天下之圣法[24],而民始可与论议。擢乱六律[25],铄绝竽瑟[26],塞瞽旷之耳[27],而天下始人含其聪矣[28];灭文章[29],散五采[30],胶离朱之目,而天下始人含其明矣[31]。毁绝钩绳而弃规矩,攦工倕之指[32],而天下始人有其巧矣[33]。故曰:"大巧若拙[34]。"削曾史之行[35],钳杨墨之口[36],攘弃仁义[37],而天下之德始玄同矣[38]。彼人含其明,则天下不铄矣[39];人含其聪,则天下不累矣[40];人含其知,则天下不惑矣;人含其德,则天下不僻矣[41]。彼曾、史、杨、墨、师旷、工倕、离朱,皆外立其德而以爚乱天下者也[42],法之所无用也[43]。

注释

〔1〕川:河水,此处指山间溪水。竭:干涸。虚:空旷。

〔2〕丘:山丘。夷:平,这里是被铲平的意思。渊:深潭。实:满,这里是被填满。

〔3〕平:太平。无故:无事。故,事故,变故。

〔4〕止:停止,平息。

〔5〕虽:即使。重(zhòng):尊重。而:以,来。

〔6〕重利盗跖:使盗跖获得厚利。

〔7〕之:本句两个"之"字含意不一,前指天下之人,后指斗斛所量之物。斗斛(hú):古代的两种量器,十斗为一斛。

〔8〕权:秤锤。衡:秤杆。称:称量轻重。

173

〔9〕符玺(xǐ):古代用作凭证的信物。符,符契。由两半组成,双方各执一半,合在一起以验明真伪。玺,印,秦以前官民之印可通称为玺。信:取信。

〔10〕矫:纠正,矫正。

〔11〕钩:衣带钩,这里泛指各种细小的不值钱的东西。诛:刑戮,杀害。

〔12〕焉:于彼,在那里。

〔13〕逐:竞逐,追随。揭诸侯:高居于诸侯之位。揭,举,这里是高居之意。

〔14〕轩冕(miǎn):指高官厚禄。轩,古代大夫以上的人所乘坐的高大而有帷幕的车子。冕,古代帝王、诸侯、卿大夫所戴的礼帽。劝:劝勉,鼓励,这里指劝勉从善。

〔15〕斧钺(yuè):古代刑具。古代处死犯人多用斧钺砍头,这里代指死刑。钺,大斧。禁:禁止。

〔16〕是乃:这都是。过:过错。

〔17〕"鱼不可脱于渊"两句:出自《老子》第三十六章。脱,离开。国之利器,治理国家的重要工具,此指圣人的仁义礼智及法规制度等。示人,给人看。示,显露。

〔18〕圣人:由上下句看,此处圣人当指圣人治理天下的制度和方法等。

〔19〕明:公开,明示。

〔20〕绝圣弃知:出《老子》第十九章,意思是摒弃一切聪明才智,返回到人与自然同一的混沌状态。

〔21〕擿(zhì):掷弃,扔掉。

〔22〕朴鄙:无知无欲的纯朴状态。朴,敦厚朴实。鄙,质野无知。

〔23〕掊(pǒu):破,打碎。折:折断,折毁。

〔24〕殚(dān)残:完全毁掉。殚,尽,完全。残,毁坏。圣法:圣人之法。

〔25〕擢(zhuó)乱:散除。擢,拔除。乱,散乱。

〔26〕铄(shuò)绝:毁折。铄,销毁。绝,折断。竽瑟:两种古乐器之名,这里泛指乐器。竽的形状与笙相似,瑟是一种弦乐器。

〔27〕塞:堵塞。瞽(gǔ)旷:即师旷,春秋时晋国的著名乐师。因其眼瞎,所以又叫他"瞽旷"。瞽,盲人。

〔28〕含:含养。聪:天然灵敏的听觉。

〔29〕灭:除去。文章:文彩,文饰。

〔30〕散:离散。五采:即五色,五色错杂乃成文采。

〔31〕胶:粘住。离朱:又叫离娄,据说能于百步之外察秋毫之末。明:天然明亮的视力。

〔32〕擺(lì):折断。工倕(chuí):传说中尧时著名的能工巧匠,相传规矩是他发明的。

〔33〕有:保有。此处"有"字很可能是"含"字之误。巧:指天生具有的智巧。

〔34〕大巧若拙:语出《老子》第四十五章,意思是最高明的巧匠是顺应自然不尚技巧,形似愚拙。

〔35〕削:除去。曾:曾参,孔子弟子,以孝著称。史:史鱼,卫灵公时忠臣,尸谏卫灵公重贤臣、黜小人。行:品行。

〔36〕钳:钳制,封住。杨、墨:杨朱、墨翟,二人均为战国时期思想家,能言善辩。

〔37〕攘弃:排除,舍弃。

〔38〕玄同:与自然之道浑然一体。

〔39〕铄:通"烁",炫耀。

〔40〕累:重杂纷乱,嘈杂。

〔41〕僻:邪恶。

〔42〕外立:在外表上树立,外露。爚(yuè)乱:迷乱,惑乱。爚,火光,此指炫耀。

〔43〕法:取法,效法。

译文

溪水干涸则山谷变得空旷,山丘铲平则深潭便会被土填满。圣人死了,那么大盗也就不会再兴起,天下就太平无事了。圣人不死,大盗就不会中止。即使重用圣人来治理天下,那么这也是让盗跖获得丰厚的利益。给天下人制定斗、斛来计量物品的多少，那么他们就连同斗斛一道盗窃走；给天下人制定秤锤、秤杆来称量物品的轻重，那么他们就连同秤锤、秤杆一道盗窃走；给天下人制定符、玺来取信于民，那么他们就连同符、玺一道盗窃走；给天下人制定仁义来矫正人们的道德和行为，那么他们就连同仁义一道盗窃走。怎么知道是这样的呢？那些偷窃衣带钩之类的小盗贼受到刑罚和杀害，而窃夺了整个国家的人却成为诸侯，诸侯之门方才存在仁义。那么这不正是盗窃了仁义圣智吗？所以，那些追随大盗、高居诸侯之位、窃夺了仁义以及斗斛、秤具、符玺之利的人，即使有高官厚禄的赏赐不可能劝勉他们从善，即使有斧钺刑戮的威严也不能禁止他们作恶。这些有厚利于盗跖而不能禁止他们的情况，都是圣人的过错。

　　所以说："鱼儿不能离开深潭，治国的利器不能随便拿给人看。"那些圣人的圣智之法，就是治理天下的利器，是不可以拿来明示天下的。所以弃绝聪明才智，大盗就能中止；弃掷玉器毁掉珠宝，小的盗贼就不会兴起；焚烧符契破毁印玺，百姓就会朴实浑厚；打破斗斛折断秤杆，百姓就不会有争斗；尽毁天下的圣人之法，才可与百姓谈论是非曲直。散弃六律，毁折竽瑟等乐器，堵塞师旷的耳朵，天下人方能含养他们天然灵敏的听觉；消除纹饰，离散五彩，粘住离朱的眼睛，天下人方才能含养他们天然明亮的视觉；毁坏钩弧和墨线，抛弃圆规和矩尺，折断工倕的手指，天下人方才能含养他们原本的智巧。因此说："最大的智巧是好像笨拙一样。"除去曾参、史鱼的忠孝品行，钳住杨朱、墨翟善辩的嘴巴，摒弃仁义，天下人的德行方能与自然之道浑然为一。人人都含养天生明亮的视觉，那么天下就不会有人炫耀视力好;人人都含养天生灵敏的听觉,那么天下就不会嘈杂;人人都含养天生的大智大巧,那么天下就不会出现迷惑;人人都含养自己天然的秉性,那么天下就不会出现邪恶。那曾参、史鱼、杨朱、墨翟、师旷、工倕和离朱,都外露并炫耀自己的德行,而且用来迷乱天下,取法他们来治理国家是没有用的。

子独不知至德之世乎[1]?昔者容成氏、大庭氏、伯皇氏、中央氏、栗陆氏、骊畜氏、轩辕氏、赫胥氏、尊卢氏、祝融氏、伏牺氏、神农氏[2],当是时也,民结绳而用之,甘其食,美其服,乐其俗,安其居,邻国相望,鸡狗之音相闻,民至老死而不相往来[3]。若此之时,则至治已[4]。今遂至使民延颈举踵[5],曰"某所有贤者",赢粮而趣之[6],则内弃其亲而外去其主之事[7];足迹接乎诸侯之境,车轨结乎千里之外[8],则是上好知之过也[9]。

上诚好知而无道,则天下大乱矣。何以知其然邪?夫弓、弩、毕、弋、机变之知多[10],则鸟乱于上矣;钩、饵、罔罟、罾笱之知多[11],则鱼乱于水矣;削格、罗落、罝罘之知多[12],则兽乱于泽矣;知诈渐毒、颉滑坚白、解垢同异之变多[13],则俗惑于辩矣。故天下每每大乱[14],罪在于好知。故天下皆知求其所不知,而莫知求其所已知者[15];皆知非其所不善,而莫知非其所已善者[16],是以大乱。故上悖日月之明[17],下烁山川之精[18],中堕四时之施[19],惴耎之虫[20],肖翘之物[21],莫不失其性。甚矣[22],夫好知之乱天下也!自三代以下者是已[23],舍夫种种之民[24],而悦夫役役之佞[25];释夫恬淡无为[26],而悦夫啍啍之意[27],啍啍已乱天下矣!

注释

〔1〕独:唯独。

〔2〕容成氏、大庭氏、伯皇氏、中央氏、栗陆氏、骊畜氏、轩辕氏、赫胥氏、尊卢氏、祝融氏、伏牺氏、神农氏:均为传说中的古代帝王或部落首领,但多数不见于经传。

〔3〕"民结绳"八句:出自《老子》第八十章,个别字句稍有出入。结绳而用之,把绳子打成结而用来记事。相传远古文字没有产生之前人们用绳子打结的方法记事,大事打大结,小事打小结,不同的事类打不同的结。甘、美、乐、安,均为形容词的意动用法。以……为甜美、漂亮、快乐、安适。

〔4〕至治:极治,最太平的时代。

〔5〕遂:竟。延颈:伸长脖颈。举踵:踮起脚跟。形容急切企盼的神态。

〔6〕赢:背负。趣:通"趋",趋向,奔往。

〔7〕去:离开,抛弃。主:君主,主上。

〔8〕接、结:连接,交错。

〔9〕上:君主,主上,这里泛指统治者。

〔10〕弩(nǔ):带有机关发射连珠箭的弓。毕:一种带柄的网。弋(yì):系丝绳可以回收的箭。机变:即机辟,捕鸟兽的机关。

〔11〕钩:钓钩。饵:钓饵。罔:通"网"。罟(gǔ):渔网。罾(zēng):用竿子支撑形如伞状的渔网。笱(gǒu):捕鱼的竹笼。

〔12〕削格:木制的捕兽工具,走兽踏入机关即被钳住。罗落:用来捕、关禽兽的网状篱笆。罗,捕鸟的网。落,篱笆。罝(jū)罦(fú):捕兽的网。

〔13〕知诈渐毒:四字同义,均为欺诈。知,同"智",智巧。颉滑:奸黠狡猾。颉,通"黠",狡诈。滑,通"猾",狡猾。坚白:战国时期名家学者公孙龙的著名辩题之一,把石头的质地坚硬与颜色的白孤立分析。解垢:言词诡曲。同异:战国名家学者惠施的著名辩题之一,认为事物的同与异是相对的,因而也就没有同异之别。变:巧变。

〔14〕每每:即昧昧,昏昏的样子。

〔15〕求:探求。

〔16〕非:非议,责难。

〔17〕悖(bèi):遮掩。

〔18〕烁:通"铄",销熔。精:精气。

〔19〕堕(huī):通"隳",损毁,破坏。施:推移,运行。

〔20〕惴耎(ruǎn):虫子蠕动的样子。

〔21〕肖翘:飞在空中的小虫。

〔22〕甚矣:太严重了。

〔23〕三代:指夏、商、周三代。

〔24〕种种:淳厚朴实的样子。

〔25〕役役:狡诈钻营的样子。佞:佞人,巧言谄媚的小人。

〔26〕释:废弃。

〔27〕哼哼:通"谆谆",这里是指喋喋不休、不停地说教的样子。

译文

  你唯独不知道那道德最盛的时代吗?从前容成氏、大庭氏、伯皇氏、中央氏、栗陆氏、骊畜氏、轩辕氏、赫胥氏、尊卢氏、祝融氏、伏牺氏、神农氏时,在他们那个时代,民众用结绳的方法记事,认为自己的食物很香甜,认为自己的衣服是美服,认为本地的风俗可亲可乐,认为自己的居所很安适,邻近的国家相互可以看到,鸡鸣狗叫的声音相互可以听到,但百姓直至老死也互不往来。像这样的时代,就可说是太平治世的极致了。可是当今竟然达到使百姓伸长脖颈踮起脚跟说"某个地方出了圣人",于是带上干粮急匆匆投奔而去,家里抛弃了双亲,外边抛弃了主上的事业,足迹遍及诸侯列国国境,车轮印迹往来交错于千里之外,而这就是统治者追求圣智的过错。

  君主要是一味崇尚圣智而不遵从大道,那么天下就会大乱了。怎么知道是这样的呢？弓弩、鸟网、弋箭、机关之类捕鸟的智巧多了，那么鸟儿就只能在空中乱飞；钩饵、渔网、鱼笼之类捕鱼的智巧多了，那么鱼儿就只能在水里乱游；削格、罗落、罝罘之类捕兽的智巧多了，那么野兽就只会在草泽里乱窜；伪诈欺骗、奸黠狡猾、言词诡曲、坚白之辩、同异之谈等巧变多了，那么世俗的人就会被诡辩所迷惑。所以天下昏昏大乱，罪过就在于崇尚智巧。所以天下人都只知道探求自己所不知道的，却不知道探索自己已经知道的；都知道非议自己所认为不好的，却不知道非议自己认为好的，天下因此大乱。所以在上遮掩了日月的光辉，在下销熔了山川的精气，居中破坏了四时的运行；就连附地蠕动的爬虫，飞在空中的小虫，也没有不丧失原有真性的。崇尚智巧造成天下纷乱的情况太严重了！自夏、商、周三代以来的情况就是这样，抛弃那淳朴的百姓，而喜好那狡诈钻营的谄佞小人；废弃那恬淡无为的自然风尚，而喜好那喋喋不休的辩论说教。喋喋不休的辩论说教已经使天下大乱了！

刻　意[1]

刻意尚行[2]，离世异俗[3]，高论怨诽[4]，为亢而已矣[5]：此山谷之士[6]，非世之人[7]，枯槁赴渊者之所好也[8]。语仁义忠信，恭俭推让，为修而已矣[9]：此平世之士[10]，教诲之人，游居学者之所好也[11]。语大功，立大名，礼君臣[12]，正上下[13]，为治而已矣：此朝廷之士，尊主强国之人，致功并兼者之所好也[14]。就薮泽[15]，处闲旷，钓鱼闲处，无为而已矣：此江湖之士[16]，避世之人，闲暇者之所好也。吹呴呼吸，吐故纳新[17]，熊经鸟申[18]，为寿而已矣：此道引之士[19]，养形之人，彭祖寿考者之所好也[20]。

若夫不刻意而高，无仁义而修，无功名而治，无江海而闲，不道引而寿，无不忘也[21]，无不有也，澹然无极[22]，而众美从之。此天地之道，圣人之德也。

注释

〔1〕本篇是《庄子》的第十五篇，属于外篇。篇题取自篇首前两字，"刻意"的意思是磨砺自己的心志。本篇内容是讨论修养的，不同的人有不同的修养要

求,只有"虚无恬淡"才合于"天德",因而也才是修养的最高境域。全文分三部分,第一部分至"圣人之德也",分析了六种不同的修养态度,作者指出,唯有第六种"澹然无极"才是"天地之道"、"圣人之德"。第二部分至"此养神之道也",讨论修养的方法,中心是"无为"。余下为第三部分,提出"贵精"的主张,所谓"贵精"即不丧"纯"、"素",这样的人就可叫作"真人"。

〔2〕刻意:磨炼意志。尚行:在行为上力求高尚。

〔3〕离世异俗:超越世俗。

〔4〕高论:高谈阔论。怨诽:埋怨非议。

〔5〕亢:清高。而已矣:罢了。

〔6〕山谷之士:指隐居山谷的人。

〔7〕非世:不满社会现实。非,非议,否定。

〔8〕枯槁:指身体枯瘦。赴渊:投水自杀。好:喜好,爱好。

〔9〕语:谈论。修:修身。

〔10〕平世:平治天下。

〔11〕游居学者:游说和聚徒讲学的人。

〔12〕礼君臣:讲究君臣之礼。

〔13〕正上下:匡正上下级之间的等级关系。

〔14〕尊主:推尊君主。致功:致力于建功立业。并兼:兼并,指兼并他国、开疆拓土。

〔15〕就:到,出没。薮(sǒu)泽:长着很多草木的湖泽。

〔16〕江湖之士:隐居江湖的人。

〔17〕吹:快快出气。呴(xǔ):慢慢呼气。吐故纳新:吐出体内的浊气,吸入新鲜的空气。

〔18〕熊经鸟申:像熊一样悬吊,像鸟一样展翅。这里指的是古人模仿禽兽动作所创造的锻炼身体的动作。经,悬吊。申,通"伸",伸展。

〔19〕道引:导引。道,通"导"。

〔20〕彭祖寿考者:企望像彭祖一样长寿的人。彭祖,传说以长寿见称,帝尧的时候,他因为进献雉羹,尧便把彭城封给他,所以后世称他为彭祖。寿考,长

寿。考,老。

〔21〕无不忘也:没有什么不忘怀于身外,意思即一切无心。

〔22〕澹然:恬淡的样子。无极:无限。

译文

　　磨砺心志,力求修养高尚,超脱尘世,高谈阔论来抱怨、非议世事,不过是为了显示清高罢了:这是避居山谷之士,不满社会现实的人,宁可以身殉志的人所喜好的。宣扬仁爱、道义、忠贞、信实和恭敬、节俭、辞让、谦逊,不过是为了修身罢了:这是志在治国平天下的人,热衷对人施行教化的人,游说和聚徒讲学的人所喜好的。谈论大功,树立大名,讲究君臣礼仪,并以此匡正上下之间的等级关系,不过是为了治理天下罢了:这是身居朝廷的人,尊崇国君、强大国家的人,醉心于建立功业、开拓疆土的人所喜好的。出没于山林湖泽,栖身旷野,垂钩钓鱼来消遣时光,不过是无为自在罢了:这是隐游江湖之人,逃避现实的人,闲暇无事的人所喜好的。吹嘘呼吸,吐却胸中浊气、吸纳清新空气,像熊攀缘引体、像鸟儿展翅飞翔,不过是为了延年益寿罢了:这是热衷导引术的人,保养形体的人,企求像彭祖那样长寿的人所喜好的。

　　至于无意磨砺心志而修养自然高尚,无意仁义而自然修身,无意追求功名而天下自然得到治理,无意避居江湖而心境自然闲暇,无意行导引之术而自然长寿,没有什么不忘于身外,而又无所不有,心境恬淡,自然无滞,而世上一切美好的东西都随之而来:这才是天地永恒之道,圣人自然无为的无上之德。

故曰：夫恬惔寂漠[1]，虚无无为，此天地之平而道德之质也[2]。

故曰：圣人休[3]，休焉则平易矣，平易则恬惔矣。平易恬惔，则忧患不能入，邪气不能袭，故其德全而神不亏[4]。

故曰：圣人之生也天行[5]，其死也物化[6]；静而与阴同德[7]，动而与阳同波[8]。不为福先，不为祸始，感而后应，迫而后动，不得已而后起。去知与故[9]，循天之理[10]。故无天灾，无物累，无人非，无鬼责。其生若浮[11]，其死若休[12]。不思虑，不豫谋[13]。光矣而不燿[14]，信矣而不期[15]。其寝不梦[16]，其觉无忧[17]，其神纯粹，其魂不罢[18]。虚无恬淡，乃合天德[19]。

故曰：悲乐者，德之邪[20]；喜怒者，道之过；好恶者，德之失。故心不忧乐，德之至也；一而不变，静之至也[21]；无所于忤[22]，虚之至也；不与物交，惔之至也；无所于逆[23]，粹之至也。

故曰：形劳而不休则弊[24]，精用而不已则劳[25]，劳则竭。水之性，不杂则清，莫动则平，郁闭而不流[26]，亦不能清，天德之象也[27]。

故曰：纯粹而不杂，静一而不变，惔而无为，动而以天行，此养神之道也。

注释

〔1〕惔：同"淡"，下文"惔"字与此同。

〔2〕平：准则。质：本质，根本。

〔3〕圣人：这里指道家理想的圣人。休：停留。这里指停留在恬淡寂寞、虚无无为的境域里。

〔4〕全：保全。亏：亏损。

〔5〕生：活着。天行：天道的运行，自然的变化。

〔6〕物化:万物的变化。

〔7〕同德:德行相同。

〔8〕同波:合流。

〔9〕去:抛弃。知:同"智"。故:习惯。

〔10〕循:遵循。天之理:自然规律。

〔11〕浮:漂浮。

〔12〕休:休息。

〔13〕豫谋:即预谋,预先谋划。豫,通"预"。

〔14〕燿:同"耀",炫耀。

〔15〕期:约定。

〔16〕寝:睡觉。

〔17〕觉:醒。

〔18〕罢:通"疲",疲倦。

〔19〕天德:天地的道德。

〔20〕"悲乐者"句:是说悲哀和快乐的感情,是背离自然之德的邪妄。后两句与此类似。德,指的是天德。邪,邪妄。

〔21〕一:指专心持守天道。

〔22〕忤(wǔ):抵触。

〔23〕逆:违背,违逆。粹:指精神纯粹。

〔24〕弊:疲惫。

〔25〕劳:劳损。

〔26〕郁:积滞。闭:闭塞。

〔27〕象:现象,表现。

译文

所以说,心境恬淡寂寞,行动虚空一切、顺遂自然无所作为,这是天地赖以均衡的准则,是道德修养的根本。

所以说,得道的圣人总是停留(在恬淡寂寞、虚无无为的境域里),停留在这一境域就能和外物平易相处了,和外物能平易相处,心境就会恬然淡泊了。心境恬然淡泊,那么忧患就不能侵入内心,邪气不能侵袭机体,因而他们的德行完满而精神没有亏损。

所以说,圣人活着顺应自然运行,他们死了又顺遂万物变化;虚静时与阴气浑然同德,运动时又跟阳气合流波动;不做幸福的先导,也不做祸患的起始;外有所感而后内有所应和,有所逼迫而后有所行动,万不得已而后起身。抛却智巧与习惯,遵循自然规律。因而没有自然灾害,没有外物牵累,没有旁人非议,没有鬼神责难。他们活在世上犹如在水面漂浮,他们死离人世就像疲劳后的休息。他们做事不思考,也不预先谋划。他们虽有光明但不炫耀,守信却不用约定。他们睡觉不做梦,他们醒来无忧患。他们精神纯粹无杂,他们魂魄从不疲惫。他们虚空恬淡,正合乎天地的德性。

所以说,悲哀和欢乐,是背离自然之德的邪妄;喜悦和愤怒,是违反自然大道的罪过;喜好和憎恶,是违背自然德性的过失。因此内心没有忧愁和快乐,是德的极致;专一持守自然之道而没有变化,是寂静的极致;不与任何外物相抵触,是虚豁的极致;不跟外物交往,是恬淡的极致;不与任何事物相违逆,是精神纯粹的极致。

所以说,形体劳累而不休息就会疲惫,精气使用过度而不止歇就会劳损,劳损就会精气枯竭。水的本性,不混杂就会清澈,不搅动就会平静;积滞闭塞就不流动,不流动水也不会纯清。这是自然德性的表现。

所以说,精神纯粹而不混杂,静寂专一持守大道而不改变,心境恬淡而又无为,运动则顺应自然而行,这就是养神之道。

夫有干越之剑者[1],柙而藏之[2],不敢用也[3],宝之至也。精神四达并流[4],无所不极[5],上际于天[6],下蟠于地[7],化育万物,不可为象[8],其名为同帝[9]。纯素之道,惟神是守;守而勿失,与神为一;一之精通,合于天伦[10]。野语有之曰[11]:"众人重利,廉士重名,贤人尚志,圣人贵精。"故素也者,谓其无所与杂也;纯也者,谓其不亏其神也。能体纯素,谓之真人。

注释

〔1〕干越:即吴越,春秋战国时以出产宝剑出名。干,古代小国,后为吴国所灭,这里代指吴。

〔2〕柙:通"匣",这里是用匣子装的意思。

〔3〕不敢:不舍得。

〔4〕四达并流:四通八达。并,皆,都。流,通。

〔5〕极:至,到。

〔6〕际:达。

〔7〕蟠(pán):及,遍及。

〔8〕不可为象:无法捉摸形象。

〔9〕同帝:如同天帝。

〔10〕天伦:天理,自然之理。

〔11〕野语:俗语。

译文

今有吴越之地出产的宝剑,用匣子装着秘藏起来,舍不得拿出来使用,把它看成最珍爱的宝藏。精神可以通达四方,没有什么地方不可到达,上达苍天,下遍及大地,化生哺育万物,却又无法捉摸它的形象,它的名字叫作同帝。纯粹素朴的道,只是持守精神;持守精神而不使其失却,就能与精神浑融一体;浑一能使精神畅通无碍,也就合于自然之理。俗语有这样的说法:"世俗大众看重私利,廉洁的人看重名声,贤能的人崇尚志向,圣哲的人看重素朴的精神。"所以,素就是说没有什么杂质掺杂其中,纯就是说精神没有亏损。能够体现纯素之道的人,就可叫他"真人"。

缮　性[1]

　　缮性于俗学[2],以求复其初[3];滑欲于俗思[4],以求致其明[5]。谓之蔽蒙之民[6]。

　　古之治道者,以恬养知[7];知生而无以知为也,谓之以知养恬[8]。知与恬交相养,而和理出其性[9]。夫德,和也[10];道,理也[11]。德无不容,仁也[12];道无不理[13],义也;义明而物亲[14],忠也;中纯实而反乎情,乐也[15];信行容体而顺乎文[16],礼也。礼乐徧行[17],则天下乱矣。彼正而蒙己德[18],德则不冒[19],冒则物必失其性也。

注释

　　[1]本篇是《庄子》的第十六篇,属于外篇。篇题乃以义名篇,取自首句前两字,"缮性"的意思是修养本性。本篇中心就是讨论如何养性的。全篇大体分为三个部分。第一部分至"冒则物必失其性也",提出"以恬养知"、"知与恬交相养"的主张,认为遵从世俗必定不能"复其初",只有自养而又敛藏,方才不"失其性"。第二部分至"其德隐矣",由缅怀远古混沌鸿蒙、淳风未散的时代说起,然后指出随着时代的推移德行逐渐衰退,以致不能返归本真,这都因为"文灭质"、"博溺心"。余下为第三部分,指出修养本性的要领是"正己"和"得志",既能正己,

189

又能乐全自适,外物就不会使自己丧身失性,因而也就不会倒置本末。

〔2〕缮性:修养心性。缮,修缮,修养。俗学:世俗的学问,指当时流行的道家之外的其他学派的思想学说。

〔3〕复:回到。初:人性的本初状态,即本性。

〔4〕滑:治,修治。欲:性情。俗思:指世俗的思维,如追求功名利禄等欲望。

〔5〕致:得到。明:指人的本性的清明状态。

〔6〕蔽蒙之民:被俗学、俗思蒙蔽的人。蔽,蔽塞。蒙,昏暗。民,人。

〔7〕治:修,学。恬:恬静,恬淡宁静。知:通"智",指道家说的合乎道的真智。

〔8〕"知生"两句:意思是说有真智而不用它去行事,而是自然无为任随万物万事自己发展变化,这就是用真智养护恬静。知生,智慧产生。

〔9〕和理:从下文看,指的就是庄子说的道德。出其性:从本性中表露出来。

〔10〕和:和顺,指与天地万物的和顺状态。

〔11〕理:天理,指天地万物自然变化的规律。

〔12〕仁:仁爱。这里指道家所说的包容万事万物所客观达到的仁爱的效果,道家强调不有意为仁,也不能以仁自炫。

〔13〕道无不理:道是没有不合万事万物自然变化的规律的。

〔14〕物亲:与万物亲和。

〔15〕中:内心。纯实:纯正朴实。反:同"返"。乐:愉悦,快乐。

〔16〕信行:言行讲究信用。容体:心体宽容。顺乎文:因顺天地万物的纹理。

〔17〕礼乐徧行:片面地推行礼乐。庄子认为礼乐是道德之迹,片面推行礼乐,是舍本逐末的错误做法。徧,同"偏"。

〔18〕"彼正"句:意思是说各人的自然本性是纯正的,人人都应该敛藏自己的德性。蒙,敛藏。

〔19〕冒:扰乱。

译文

用世俗的各种思想学说修养心性,来追求回复到人性的本初状态;用世俗追求功名利禄的思维修治性情,来期求获得人原初本性的清明状态。这类人可说是被世俗思想学说蒙蔽的愚昧人。

古代修道的人,总是以恬静来调养合乎道的真智;胸生真智却任随自然,不用它去作为、行事,可称它为以真智调养恬静。真智和恬静交相养护,那么道德就从本性中表露而出。德,就是与自然万物相处和顺;道,就是万事万物自然变化的规律。德无所不容,就叫作仁;道没有不顺应万事万物的自然变化规律的,就叫作义。义理彰明因而万物和顺,就叫作忠;心中纯正朴实而且返归本性,就叫作乐;言行诚信、心体宽容而且合于自然的纹理,就叫作礼。片面地推行礼乐,那么天下就会大乱了。各人的自然德性都是纯正的,而且应当敛藏自己的德性,这样自己的德性就不会扰乱他人的德性,扰乱他人的德性那么万物必将失却自己的本性。

古之人,在混芒之中[1],与一世而得澹漠焉[2]。当是时也,阴阳和静[3],鬼神不扰,四时得节[4],万物不伤,群生不夭[5],人虽有知[6],无所用之,此之谓至一[7]。当是时也,莫之为而常自然[8]。

逮德下衰[9],及燧人、伏羲始为天下[10],是故顺而不一[11]。德又下衰,及神农、黄帝始为天下[12],是故安而不顺[13]。德又下衰,及唐、虞始为天下[14],兴治化之流[15],浇淳

191

散朴[16],离道以善[17],险德以行[18],然后去性而从于心[19]。心与心识知而不足以定天下[20],然后附之以文[21],益之以博[22]。文灭质[23],博溺心[24],然后民始惑乱,无以反其性情而复其初。

由是观之,世丧道矣,道丧世矣[25]。世与道交相丧也,道之人何由兴乎世[26],世亦何由兴乎道哉!道无以兴乎世,世无以兴乎道,虽圣人不在山林之中,其德隐矣。

注释

〔1〕混芒:混沌鸿蒙。

〔2〕与一世:全天下的人。与,通"举"。得:能。澹漠:淡泊无为。

〔3〕和静:和顺宁静。

〔4〕得节:与节令相符合。

〔5〕群生:各种生物。夭:夭折。

〔6〕知:同"智"。

〔7〕至一:最完美浑一的状态。

〔8〕莫之为:没有谁去有所作为,意思即人们都无为而事。

〔9〕逮:等到。衰:衰落,衰退。

〔10〕燧人:即燧人氏,传说中发明钻木取火的古帝王。伏羲:即伏羲氏,传说中教民驯服野兽、发明畜牧业的古帝王。为:治理。

〔11〕顺:指顺遂民心。不一:指百姓的心性不再像鸿蒙时代完美纯一。

〔12〕神农:即炎帝,号神农氏,传说中发明农业生产的古帝王。黄帝:古华夏部落联盟首领,五帝之首。据说他本姓公孙,后改姬姓,故称姬轩辕。因有土德之瑞,故号黄帝。黄帝在位期间,播百谷草木,大力发展生产,始制衣冠、建舟车、制音律、创医学等。

〔13〕安:指社会安定。

〔14〕唐、虞:指唐尧、虞舜,传说中五帝中两个帝王,在黄帝之后。

〔15〕兴:兴起。治化:治理教化。流:风气。

〔16〕浇淳散朴:使淳厚变浇薄,使质朴离散。浇,浇薄。

〔17〕离道以善:背离自然之道来行善。

〔18〕险德:危害德性。险,危害。

〔19〕去性:舍弃淳朴自然的本性。从于心:听从心智的支配。

〔20〕心与心识知:人们各以己心智去窥测对方心思,展开智力争斗。识知,窥测对方心思。定天下:使天下安定。

〔21〕附:附加。文:指礼乐等文饰。

〔22〕益:增加。博:广博的论说。

〔23〕灭质:毁伤淳朴的本质。

〔24〕溺心:淹没心智。

〔25〕"世丧道"两句:意思是世风日下使道德丧失,道德丧失又会使世风愈下。

〔26〕道之人:得道的人,圣人。何由兴乎世:从什么途径使道德在世上兴起。

译文

古时候的人,生活在混沌鸿蒙、淳风未散的状态中,全天下的人都淡泊无为。正是这个时候,阴与阳和顺而又宁静,鬼神也不会干扰,四季的变化与时令完全相符,万物全不会受伤害,各种生物都不会夭折,人们即使心有智慧,也无处可用,这就叫作最为完美的浑一状态。这个时候,人们都无为而事,但所为常与自然相合。

等到后来道德逐渐衰退,到了燧人氏、伏羲氏开始治理天下时,只能顺遂民心却已不能使百姓的心性再像混茫时代那样与天地万物完美地浑然为一。道德再度衰退,到了神农氏和黄帝开始统治天下时,只能使社会安定却已不能顺遂民心与物情。

道德再度衰退，到了唐尧、虞舜开始统治天下时，兴起了治理和教化的风气，使百姓淳厚之风变得浇薄，质朴的本性被离散，背离自然之道来行善，危害自然之德来行事，这之后就舍弃了本性而顺从于各自的心智。人们彼此用自己的心智去窥探别人的心思，如此还不足以使天下得到安定，然后又附加上礼乐等文饰，再加以广博的论说。浮华的文饰毁坏了质朴的本质，广博的论说淹没了纯真的心智，然后人民才开始迷惑和纷乱，没有什么办法返归本真、回复原初。

由此看来，世风日下使道德丧失，道德丧失又会使世风愈下，世风与大道交相丧失，得道之人有什么途径能使道在世上兴起，世上有什么途径能使大道兴起啊！道没有办法在人世间兴起，世间没有办法让道得以振兴，即使圣人不隐居在山林之中，他的德性也必将隐没而不为人知。

隐，故不自隐[1]。古之所谓隐士者，非伏其身而弗见也[2]，非闭其言而不出也，非藏其知而不发也，时命大谬也[3]。当时命而大行乎天下[4]，则反一无迹[5]；不当时命而大穷乎天下[6]，则深根宁极而待[7]。此存身之道也。

古之行身者[8]，不以辩饰知[9]，不以知穷天下[10]，不以知穷德，危然处其所而反其性已[11]，又何为哉！道固不小行[12]，德固不小识[13]。小识伤德，小行伤道。故曰：正己而已矣[14]。乐全之谓得志[15]。

古之所谓得志者，非轩冕之谓也[16]，谓其无以益其乐而已矣[17]。今之所谓得志者，轩冕之谓也。轩冕在身，非性命也，物之傥来[18]，寄者也[19]。寄之，其来不可圉[20]，其去不可止。

故不为轩冕肆志[21],不为穷约趋俗[22],其乐彼与此同[23],故无忧而已矣。今寄去则不乐[24],由是观之,虽乐,未尝不荒也[25]。故曰,丧己于物[26],失性于俗者[27],谓之倒置之民[28]。

注释

〔1〕故不自隐:不是故意将自己隐藏起来。意思是说圣人的道德不为世人所认识和实行。圣人虽处世上,不为人识,与隐无异。

〔2〕伏:隐藏。弗见:不让人看到。

〔3〕时命:时运。大谬:大大背离。指时运与大道大相背离。

〔4〕当:值,遇上。

〔5〕反一:复归于人与自然浑然一体的"至一"境界。无迹:不留形迹。

〔6〕穷:困顿。

〔7〕深根宁极:深深扎根于自然本性以固本,追求宁静淡漠的极致以安心。意思是固守本性,深藏静处。

〔8〕行身:修身。行,修行。

〔9〕辩:巧辩。饰:文饰。知:同"智",智慧。

〔10〕穷天下:使天下人困累。穷,困累。

〔11〕危然:独立不倚的样子。处其所:处在他应处之地位。反其性:返归其自然本性。反,同"返"。

〔12〕固:本来。小行:即小成,指世俗不明大道者所谓的成功。

〔13〕小识:即小知,指世俗浅薄鄙陋的成见、偏见。

〔14〕正己:端正自己。

〔15〕乐全:以保全恬静淡漠的本性与外物和谐一体为乐。

〔16〕轩冕:古时卿大夫所乘之车及所戴之冠,这里是高官厚禄的代称。

〔17〕无以益其乐:无法再增加他的快乐,意思是快乐到无以复加的地步。益,增加。

〔18〕傥(tǎng)来:偶然得来,这里指官位爵禄非关性命,是偶然得来的身外之物。

〔19〕寄:寄托,寄存。

〔20〕圉(yǔ):抵御,阻挡。

〔21〕肆志:放纵心志。

〔22〕穷约:穷困。趋俗:趋附世俗权贵,与其同流合污。

〔23〕其乐彼与此同:意思是对高官厚禄和贫穷困顿二者都同样感到快乐。彼,指代轩冕。此,指代穷约。

〔24〕寄去:寄存之物失去,意思是丧失高官厚禄。

〔25〕未尝:未曾。荒:慌乱。

〔26〕丧己于物:为追求外在之物而丧失自我。

〔27〕失性于俗:为趋就流俗而失去自己的本性。

〔28〕倒置:本末颠倒,指舍弃自己本性而妄求于外。

译文

　　得道圣人的隐没于世,不是故意将自己隐藏起来。古时候所说的隐士,并不是将身形隐藏起来而不让人看到,并不是闭嘴不说话,也不是深藏才智而不愿显露,是因为时运与大道相背离得太远。遇上时运顺遂且大道在天下盛行时,就会返归人与自然浑然一体的"至一"境界而不留行迹;遇上时运乖违而大道在天下不为人知的困顿之时,就固守本性、深藏静处而等待时运的变化。这就是保存自身的方法。

　　古时候善于修身的人,不用巧辩来文饰智慧,不用智巧使天下人困累,也不用心智使德行受到困累,独立自持地生活在自己所处的环境而返归本真的性情,又何须去有意做些什么呢!大道广荡无所不包,本来就不是世俗所谓成功者所能理解的,大德周遍万物,本来不是有世俗成见的人能够鉴识的。世俗成见会伤害德行，世俗所谓的成功会伤害大道。所以说，端正自己也就可以了。以保全本真的性情为快乐就可称作是得志。

古时候所说的得志的人，不是指高官厚禄，说的是出自本性的快乐已经无以复加罢了。现在人们所说的得志，指的是高官厚禄地位显赫。身居高官享受荣华富贵，这并不是性命所固有的东西，这些外物偶然到来，不过是临时寄托的东西。寄托的外物，它们的到来不能阻挡，它们的离去也不能劝止。所以不可因为荣华富贵而得意放纵，不可因为穷困贫乏而趋附流俗，得道者对于身处富贵荣华与穷困贫乏的快乐是一样的，因而没有忧愁。现在的人对于寄托之物的失去感到不快，由此观之，他们即使（得到寄托之物时）感到快乐，（但因为担心失去）也未尝不是慌乱的。所以说，为追求外在之物而丧失自我，为趋就流俗而失去自己的本性，就叫作颠倒了本末的人。

秋　水[1]

　　秋水时至[2],百川灌河[3]。泾流之大[4],两涘渚崖之间[5],不辩牛马[6]。于是焉河伯欣然自喜[7],以天下之美为尽在己[8]。顺流而东行,至于北海,东面而视[9],不见水端[10]。于是焉河伯始旋其面目[11],望洋向若而叹曰[12]:"野语有之曰[13],'闻道百,以为莫己若'者[14],我之谓也[15]。且夫我尝闻少仲尼之闻而轻伯夷之义者[16],始吾弗信,今我睹子之难穷也[17],吾非至于子之门,则殆矣[18],吾长见笑于大方之家[19]。"

　　北海若曰:"井蛙不可以语于海者[20],拘于虚也[21];夏虫不可以语于冰者,笃于时也[22];曲士不可以语于道者[23],束于教也。今尔出于崖涘,观于大海,乃知尔丑[24],尔将可与语大理矣。天下之水莫大于海,万川归之,不知何时止而不盈;尾闾泄之[25],不知何时已而不虚[26];春秋不变,水旱不知[27]。此其过江河之流,不可为量数[28]。而吾未尝以此自多者[29],自以比形于天地[30],而受气于阴阳[31],吾在于天地之间,犹小石小木之在大山也。方存乎见少[32],又奚以自多[33]?计四海之在天地之间也，不似礨空之在大泽乎[34]？计中国之在海内[35]，不似稊米之在大仓乎[36]？号物之数谓之万，人处一焉；人卒九州[37]，谷食之所生，舟车之所通，人处一焉[38]。此其比万物也，不似豪末之在于马体乎[39]？五帝之所连[40]，三王之所争[41]，仁人之所忧，任士之所劳[42]，尽此矣。伯夷辞之以为名[43]，仲尼语之以为博[44]。此其自多也，不似尔向之自多于水乎[45]？"

河伯曰："然则吾大天地而小豪末[46]，可乎？"

北海若曰："否。夫物，量无穷[47]，时无止[48]，分无常[49]，终始无故[50]。是故大知观于远近[51]，故小而不寡，大而不多[52]，知量无穷。证向今故[53]，故遥而不闷[54]，掇而不跂[55]，知时无止。察乎盈虚[56]，故得而不喜，失而不忧，知分之无常也。明乎坦涂[57]，故生而不说[58]，死而不祸[59]，知终始之不可故也。计人之所知，不若其所不知[60]；其生之时，不若未生之时[61]；以其至小求穷其至大之域[62]，是故迷乱而不能自得也。由此观之，又何以知毫末之足以定至细之倪[63]，又何以知天地之足以穷至大之域？"

河伯曰："世之议者皆曰：'至精无形[64]，至大不可围[65]。'是信情乎[66]？"

北海若曰："夫自细视大者不尽[67]，自大视细者不明[68]。夫精，小之微也[69]；垺，大之殷也[70]。故异便，此势之有也[71]。夫精粗者，期于有形者也[72]；无形者，数之所不能分也[73]；不可围者，数之所不能穷也[74]。可以言论者，物之粗也[75]；可以意致者，物之精也[76]；言之所不能论，意之所不能察致者，不期精粗焉[77]。是故大人之行[78]：不出乎害人，不多仁恩[79]；动不为利，不贱门隶[80]；货财弗争，不多辞让[81]；事焉不借人，不多食乎力，不贱贪污[82]；行殊乎俗，不多辟异[83]；为在从众，不贱佞谄[84]；世之爵禄不足以为劝，戮耻不足以为辱[85]；知是非之不可为分，细大之不可为倪[86]。闻曰：'道人不闻，至德不得，大人无己[87]。'约分之至也[88]。"

河伯曰："若物之外[89]，若物之内[90]，恶至而倪贵贱[91]？恶至而倪小大？"

北海若曰："以道观之，物无贵贱[92]。以物观之，自贵而相贱[93]。以俗观之，贵贱不在己[94]。以差观之，因其所大而大之，则万物莫不大；因其所小而小之，则万物莫不小[95]。知天地之为稊米也，知毫末之为丘山也，则差数睹矣[96]。以功观之，因其所有而有之，则万物莫不有；因其所无而无之，则万物莫不无[97]。知东西之相反而不可以相无，则功分定矣[98]。以趣观之，因其所然而然之，则万物莫不然；因其所非而非之，则万物莫不非[99]。知尧、桀之自然而相非，则趣操睹矣[100]。昔者尧、舜让而帝[101]，之、哙让而绝[102]；汤、武争而王[103]，白公争而灭[104]。由此观之，争让之礼，尧、桀之行，贵贱有时，未可以为常也[105]。梁丽可以冲城，而不可以窒穴，言殊器也[106]；骐骥骅骝一日而驰千里，捕鼠不如狸狌，言殊技也[107]；鸱鸺夜撮蚤，察毫末，昼出瞋目而不见丘山，言殊性也[108]。故曰：盖师是而无非，师治而无乱乎[109]？是未明天地之理，万物之情也[110]。是犹师天而无地，师阴而无阳，其不可行明矣[111]！然且语而不舍，非愚则诬也[112]！帝王殊禅，三代殊继[113]。差其时，逆其俗者，谓之篡夫[114]；当其时，顺其俗者，谓之义之徒[115]。默默乎河伯，女恶知贵贱之门，小大之家[116]？"

河伯曰:"然则我何为乎?何不为乎[117]?吾辞受趣舍[118],吾终奈何?"

北海若曰:"以道观之,何贵何贱,是谓反衍[119];无拘而志,与道大蹇[120]。何少何多,是谓谢施[121];无一而行,与道参差[122]。严乎若国之有君,其无私德[123];繇繇乎若祭之有社,其无私福[124];泛泛乎其若四方之无穷,其无所畛域[125]。兼怀万物,其孰承翼?是谓无方[126]。万物一齐,孰短孰长?道无终始,物有死生,不恃其成[127];一虚一满,不位乎其形[128]。年不可举,时不可止[129]。消息盈虚,终则有始[130]。是所以语大义之方,论万物之理也[131]。物之生也,若骤若驰[132],无动而不变[133],无时而不移。何为乎,何不为乎?夫固将自化[134]。"

河伯曰:"然则何贵于道邪[135]?"

北海若曰:"知道者必达于理[136],达于理者必明于权[137],明于权者不以物害己[138]。至德者,火弗能热,水弗能溺,寒暑弗能害,禽兽弗能贼[139]。非谓其薄之也[140],言察乎安危,宁于祸福[141],谨于去就[142],莫之能害也。故曰:'天在内,人在外,德在乎天[143]。'知天人之行,本乎天,位乎得,蹢躅而屈伸,反要而语极[144]。"

曰:"何谓天[145]?何谓人[146]?"

北海若曰:"牛马四足,是谓天;落马首[147],穿牛鼻[148],是谓人。故曰:'无以人灭天,无以故灭命,无以得殉名[149]。'谨守而勿失,是谓反其真[150]。"

注释

〔1〕本篇是《庄子》的第十七篇,属于外篇。篇名取自本篇的前两个字。全

篇由七章七个寓言故事组成,第一章河伯与北海若的对话是全篇主体,全篇主旨尽见于此章,其余六章的六个寓言故事,虽结构上与本章看似没有关系,但主题上都是对本章某一观点的形象阐说。通观全篇,作者认为:道是永恒的、绝对的、没有终始的,而物则是"无动而不变,无时而不移"的,是暂时的、相对的,也是不可确定的、难以认知的。相应的世俗对万物大小、是非的认识是相对的,对贵贱和荣辱的看法也是无常的。因此,人们不应该为了追求名利、富贵而伤害自然本性,而应该从大道的视角观物,将万物齐一,顺应万物的自然变化。可见,本文中心是讨论人应怎样去认识外物,属于庄子学派的认识论,可与《齐物论》并观。

〔2〕时至:按季节到来。

〔3〕百川:指众多水流。灌:灌注,注入。河:指黄河。

〔4〕泾(jīng)流:通行无阻的水流。泾,通。

〔5〕涘(sì):岸。渚(zhǔ):水中的小洲。崖:高的河岸。

〔6〕辩:同"辨",辨别,分辨。

〔7〕河伯:河神,传说叫冯夷,又叫冰夷。

〔8〕以:以为,认为。

〔9〕东面:面朝东。

〔10〕水端:水的尽头。

〔11〕始:方才。旋其面目:改变自己自满的神情。旋,改变。面目,表情,神情。

〔12〕望洋:眺望着大海。若:海神的名字,即北海若。

〔13〕野语:俗语。

〔14〕莫己若:莫若己,没有谁比得上自己。

〔15〕我之谓也:谓我也,说的就是我啊。

〔16〕少仲尼之闻:以为孔子的见闻少,知识贫乏。少(shǎo),以……为少。仲尼,孔子的字。轻:轻视。伯夷:殷商末孤竹君的长子,因辞让君位,与弟弟叔齐逃到周,后武王伐纣,他们兄弟认为这是"不义"之举,于是跑到首阳山隐居,不食周粟而死。

〔17〕难穷:难以穷尽。

〔18〕殆：危险。

〔19〕长：长久，永远。见笑于大方之家：被得道的高人耻笑。大方之家，指明白大道而又有很高道德修养的人。

〔20〕语：谈论。

〔21〕拘：局限。虚：同"墟"，指井蛙所处的狭小区域。

〔22〕笃(dǔ)：固守，引申为拘限。时：时令，季节。

〔23〕曲士：曲见之士，指孤陋寡闻的人。

〔24〕丑：鄙陋。

〔25〕尾闾：海水排泄的地方。

〔26〕虚：空虚，这里指水减少。

〔27〕不知：没有感觉，意思是水旱对它没有影响，感觉不到其增减。

〔28〕量数：计算。

〔29〕自多：自满，自我炫耀。

〔30〕比形：具形，寄形。比，同"庇"，具备，寄托。

〔31〕受：禀受。气：精气。阴阳：古人认为，阴阳是自然界两种对立而互相消长的物质势力，阴阳互相作用，是天地万物发展变化的根源。

〔32〕方：正。存：存心。见少：见识寡少。

〔33〕奚以：何以，凭什么。

〔34〕礨(lěi)空：同"垒孔"，小孔穴。大泽：大的湖泽。

〔35〕中国：指今中原地区。海内：四海之内。

〔36〕稊(tí)米：小米粒。大仓：太仓，储藏粮食的大仓库。

〔37〕人：人类。卒：尽，这里是遍布的意思。一说同"萃"，聚集的意思。九州：与"中国"同义，古代中国分为九州。

〔38〕人：指每一个人。

〔39〕豪：同"毫"，两字古代可以混用，本篇中亦可见。指动物身上的毫毛。

〔40〕五帝：传说中的古帝，即皇帝、颛顼、帝喾、尧、舜。一说指伏羲、神农、黄帝、尧、舜。连：禅连，以禅让方式承续君位。

〔41〕三王：指夏禹、商汤、周文王。争：争夺。

203

〔42〕任士:能人才士。劳:劳碌奔波。

〔43〕辞之:辞让君位。名:名声。

〔44〕博:指博学,知识见闻广博。

〔45〕尔:你。向:从前。

〔46〕大天地:以天地为大。小豪末:以毫末为小。

〔47〕量无穷:意思是,物千差万别,测量者的量度也各不相同,无法都予以称量。量,量度。无穷,没有穷尽,即不可量度。

〔48〕时:指物存在的时间。无止:没有止境。

〔49〕分(fèn):指得失(如贵贱贫富)的分际、界限。无常:没有定准。

〔50〕终始:事物的结束和开始。无故:不是固定和一成不变的。故,同"固"。

〔51〕大知:指具有大智慧的人。知,同"智"。观于远近:观察到事物的远处和近处。

〔52〕"故小"两句:意思是小的事物不认为它小(从近处看),大的事物不认为它大(从远处看)。寡,小。多,大。

〔53〕证向今故:即"证明今古",验证和明察古今事物在时间上变化无穷的情形。向,明。故,古。

〔54〕遥而不闷:对于流逝而去的遥远过去不感到苦闷。

〔55〕掇(duō)而不跂(qǐ):对掇拾可得的现在和未来不汲汲以求。掇,拾取,指容易得到。跂,同"企",企求,追求。

〔56〕盈虚:指天道运行的盈亏变化。盈,满。虚,亏,空。

〔57〕坦涂:平坦的道路,指生死是万物必然经历的平坦道路。涂,同"途"。

〔58〕不说:不认为值得欣喜。说,同"悦"。

〔59〕不祸:不认为是灾祸。

〔60〕"计人"两句:意思是计算人所知道的东西,远没有所不知道的东西多。计,计算。

〔61〕"其生"两句:意思是人活着的时间,远没有不在人世的时间长。

〔62〕至小:指极少的知识和极为有限的生命。求穷:企求穷尽。至大之域:

无限的世界。

〔63〕定:判定。至细:极小,最小之物。倪:端倪,这里指尺度,标准。

〔64〕至精无形:意思是最小的物体是看不见形状的。精,细小。

〔65〕"至大"句:意思是最大的物体是无法测量它的范围的。围,范围。

〔66〕信情:真实情况。

〔67〕"夫自"句:意思是从小的角度看大的物体是看不到它的全部的。

〔68〕"自大"句:意思是从大的角度看细小的东西是看不清楚的。

〔69〕"夫精"两句:意思是精细之物,是小物中的细小物体。

〔70〕"垺"两句:意思是宏大的物体,是大物中的大物。垺(fú),通"郛",外城,这里引申为恢廓宏大。殷,大。

〔71〕"故异便"两句:意思是所以物体有大小的不同,这是物体天然生成的形态造成的。异便,分别,区别。便,通"辨"。势,形,指物体大小不同的形体。

〔72〕"夫精粗"两句:意思是所谓大小,是限于有形体的事物而言的。期,限。

〔73〕"无形"两句:意思是没有行迹可见的事物,是无法用数量来划分的。数,度数,数量。分,划分,剖分。

〔74〕"不可围者"两句:意思是无法衡量的巨大物体,是度数所不能穷尽的。

〔75〕"可以言论者"两句:意思是可以用语言谈论说明的,是事物表面大而明显的方面。

〔76〕"可以意致者"两句:意思是只可意会而无法用语言谈论的,是事物精微的方面。意致,用心思或意念感知到。

〔77〕"言之"三句:意思是语言无法谈论的,心意所不能体察到的,是无法用精细和粗大来限定的事物。不期,不限于。

〔78〕大人:指得道的道家人物。行:行为。指下文所描述的有道之人的行为。

〔79〕"不出"两句:意思是不做对人有害的事,也不赞许施行仁义恩惠。

〔80〕"动不"两句:意思是做事并不是为了私利,也不贱视家奴。动,做事。门隶,家奴。

205

〔81〕"货财"两句:意思是不与人争夺财物,也不赞许辞让财物给别人。

〔82〕"事焉"三句:意思是做事不用别人帮忙,不赞许自食其力,也不以贪婪污秽为卑贱。

〔83〕"行殊"两句:意思是行为与世俗的人不同,也不赞许乖异邪僻的行为。

〔84〕"为在"两句:意思是行为随从众人,但也不鄙视谄媚奉承的人。为,行为。从众,随从众人,即随俗。佞谄,花言巧语、谄媚奉承的人。

〔85〕爵禄:高官厚禄。劝:勉励,奖励。戮耻:刑罚和耻辱。

〔86〕"知是非"两句:意思是知道是非的界限是无法区分的,大小的标准也是无法限定的。

〔87〕"道人"三句:意思是得道的人不追求功名,道德修养极高的人不求有所得,体道的大人能忘己外物而任随自然。道人、至德之人、大人,都是得道、体道的人。

〔88〕约分之至:缩小事物的区别到极点,即"齐物",达到超然物外,无功、无名、无己的逍遥境界。约,简约,缩小。分,分别,区别。

〔89〕若:如此。物之外:物体的外在形状,如大小之类。

〔90〕物之内:物体的内在性质,如贵贱之类。

〔91〕恶(wū)至:何至,从何。倪:区分。

〔92〕"以道"两句:意思是从超越物外的大道来看,万物是平等的,没有贵贱之分。

〔93〕"以物"两句:意思是从万物自身的角度来看,都以为自身贵重而把他物看得很轻贱。

〔94〕"以俗"两句:意思是从世俗者的眼光来看,物的贵贱都是随流俗而定,并非自己决定。

〔95〕"以差"五句:意思是从大小等差的角度来看,顺着万物大的方面而把它看成大的,万物没有一物不是大的;顺着万物小的一面把它看成小的,那么万物没有一物不是小的。

〔96〕"知天地"三句:意思是知道天地虽大而比起更大的事物,它就像一颗小米粒那样小;毫毛虽小而比起更小的东西,它像大山那样大,那么万物之间的

数量差别也就可以看清楚了。差数,数量上差别。睹,看清楚。

〔97〕"以功"五句:意思是从功能的角度来看,顺着万物所具有的功能而认为它有功能,那么万物没有一物不具有功能;顺着万物所没有的功能而认为它没有功能,那么万物没有一物具有功能。

〔98〕"知东西"两句:意思是知道东西两个方向相反而又不可相互缺少,那么事物的功能和分位就可确定了。功分,功能和分位。

〔99〕"以趣"五句:意思是从事物趋向来看,顺着万物肯定的一面而认为它对,万物没有不对的;顺着万物否定的一面而认为它错,万物没有不错的。趣,通"趋",趋向。然,对。非,错。

〔100〕尧、桀:唐尧和夏桀。自然:自以为然,自认为对。相非:互以对方为错。趣操:趋向和操守。

〔101〕让:禅让。帝:称帝。

〔102〕"之、哙(kuài)"句:燕王哙将王位禅让给子之,而燕国几乎灭亡。公元前316年燕王哙听从苏代意见,效法尧舜禅让,将王位让给宰相子之,国人不服,三年大乱,齐国乘机伐燕,几乎灭绝燕国。

〔103〕"汤、武"句:意思是商汤讨伐夏桀和周武王讨伐商纣,都以争斗而称王。

〔104〕"白公"句:意思是白公胜因争斗而灭亡。白公,名胜,楚平王之孙,太子建之子。他因请兵报父仇未允,起兵反楚,杀死令尹子西和司马子期,控制了国都,后来兵败,被叶公子高所杀。

〔105〕"争让"四句:意思是争斗和禅让的礼法,唐尧和夏桀的作为,他们高贵或卑贱的结局是因时而异的,没有一定常规。礼,礼法。有时,意为因时而异。

〔106〕梁丽:梁栋,用大木做成。丽,通"梂",屋栋。冲城:冲撞城墙。室穴:堵塞小孔。殊器:器物的用途不同。

〔107〕骐骥、骅骝:都是骏马。狸:野猫。狌(shēng):同"鼪",黄鼠狼。

〔108〕"鸱鸺"四句:意思是猫头鹰夜间能抓取跳蚤,眼睛能明察秋毫之物,白天它出来睁大眼睛而却看不见大山,是说它们物性不同。鸱鸺(chī xiū),猫头鹰一类的鸟。撮,抓取。蚤,跳蚤。瞋(chēn)目:张大眼睛。

〔109〕"故曰"三句:所以有这样的说法:何不效法正确的而抛弃错误的,效法治理好的而抛弃治理混乱的呢?盖,通"盍",何不。师,效法。

〔110〕"是未"两句:意思是这是没有明白天地万物变化的规律,万物变化的真实情况。

〔111〕"是犹"三句:意思是这就好像只效法天而抛弃地,只效法阴而抛弃阳一样,其做法行不通是很清楚的。

〔112〕"然且"两句:意思是这样还说个不停,那不是愚昧就是在欺骗人。诬,欺骗。

〔113〕"帝王"两句:意思是三王五帝禅让的情况各不相同,夏、商、周三代承继的方式也各自有异。

〔114〕"差其"三句:意思是不合时宜,违背世俗大众心意的执政者,叫他篡权叛逆之徒。差其时,不合时宜。俗,指世俗大众。篡夫,篡权夺位的叛逆之徒。

〔115〕"当其"三句:意思是合乎时宜,顺应世俗大众心意的执政者,称他为高义之人。

〔116〕"默默"三句:意思是河神你闭口静默吧,你哪里知道贵贱和大小的道理?女,通"汝"。恶知,何知,哪里知道。门,家,比喻"分界"或"归趋"。

〔117〕"然则"两句:意思是这样那我对什么可以有所作为呢?对什么可以有所不为呢?

〔118〕辞:拒绝。受:接受。趣:趋就。舍:舍弃。

〔119〕"以道"三句:意思是从道的角度看,什么是贵什么是贱,贵贱是向相反方向转化的。反衍,反复,向相反的方向转化。

〔120〕"无拘"两句:意思是不要使你的心志受到拘束,而与大道相背离。无,同"毋",不要。拘,使……拘束。而,通"尔",你。蹇(jiǎn),违碍。

〔121〕谢施(yí):代谢转化,与"反衍"同义。此句指多少可以互相转化。施,延伸。

〔122〕"无一"两句:意思是不要偏执一己之见行事,而与大道不合。一,指偏执一己之见。参差,不合,背离。

〔123〕"严乎"两句:意思是像国君那样庄重威严,没有私爱之心。严乎,庄

重威严的样子。有,语助词。私德,私爱。

〔124〕"繇繇(yóu)乎"两句:意思是像祭祀的社神那样悠然自得,不偏向任何人去赐福。繇繇乎,悠然自得的样子。社,土地神。

〔125〕"泛泛乎"两句:意思是像延伸向四方的空间那样广阔无穷,没有界限。泛泛乎,广阔没有止境的样子。畛(zhěn)域,界限。

〔126〕"兼怀"三句:意思是兼容万物,谁也没受到特殊庇护,这可称作无所偏向。怀,藏,容。孰,谁。承翼,指受到特殊庇护。无方,无所偏向。

〔127〕"物有死生"两句:意思是万物都有生死的变化,事物的形态和现象是暂时的、相对的,因而万物暂时的形态存在是不足倚仗的。不恃,不可倚仗。成,成形,指事物的形态存在。

〔128〕"一虚"两句:意思是大道盈虚的变化,没有固定的形体。位,守位,拘守。

〔129〕年不可举:过去的岁月无法回转。举,回转。止:留住。

〔130〕"消息"两句:意思是事物的消亡、生息、充盈、亏虚,都在终而复始地变化着。

〔131〕"是所以"两句:意思是如此(指明白了上述道理)才能谈论大道的准则,探讨万物变化的规律。大义,指大道。方,方向,准则。理,规律。

〔132〕骤:马急跑。驰:马车疾行。

〔133〕无动而不变:没有什么举动不在变化。

〔134〕固:本来。自化:自行自然地变化。

〔135〕"然则"句:意思是既然万物本来就在自行变化,为什么又要贵重大道呢?贵,以……为贵。

〔136〕知道:明白大道。达:通达。理:物理,万物变化发展的规律。

〔137〕明于权:懂得随机应变,即通权达变。权,权变。

〔138〕以物害己:因为外物而伤害自己。

〔139〕贼:残害,伤害。

〔140〕"非谓"句:意思是不是说至德之人接近水火、寒暑、禽兽能免于受到伤害。其,指至德之人。薄,迫近,接近。之,代指水火、寒暑、禽兽。

〔141〕宁于祸福：对祸福能泰然处之。宁，安。

〔142〕谨于去就：谨慎地对待进退。去，退舍。就，进取。

〔143〕"天在内"三句：意思是天性蕴藏在人内心，人事显露在身外，道德体现在顺应自然天性。天，天性，自然本性。人，人事。

〔144〕"知天人"五句：意思是明白了自然与人事的发展变化规律，又能以顺应自然为根本，安处于大道的自得境地，自如地屈伸进退，就能返归大道的枢要而谈论大道的至理。行，运行，这里指发展规律。本，以……为根本。位，处，居。得，自得。蹢躅(zhí zhú)，同"踟蹰"，徘徊往来时进时退的样子。反要，返归大道的枢要。语极，谈论大道的至理。

〔145〕天：天然。

〔146〕人：人为。

〔147〕落马首：给马戴上笼头。落，通"络"，笼住，羁勒。

〔148〕穿牛鼻：在牛鼻子穿上绳子。

〔149〕"故曰"四句：意思是古语说："不要用人为毁灭天性，不要用有心的造作毁灭性命，不要为了贪得而牺牲自然之道。"故，第一个"故"指古语，第二个"故"意思是有意造作。命，性命。得，贪。名，指大道。

〔150〕"谨守"两句：意思是谨慎守住古训所说而不使自然本性丧失，这就叫返归纯真的本性。反，同"返"，回归。真，本真之性。按：此则寓言为本篇第一章，写河神与北海海神的七问七答。第一组问答，写河神自以为大，对比海神之大才自觉其小，说明世俗对事物的认知具有相对性。第二组问答，阐述事物"量无穷，时无止，分无常"，难以认知和判断。第三组问答，承前进一步阐说认知事物之不易，常常是"言"不能"论"，"意"不能"察"。第四组问答，从事物的相对性出发，更深一步地指出事物的大小贵贱无常，不能也不应该强为之辨。第五组问答，从"万物一齐"、"道无终始"的观点出发，进一步申明事物"无动而不变，无时而不移"，应当等待它们"自化"。第六组问答，更进一步申明人贵知"道"，人之行应当"本乎天，位乎得"，顺应自然。第七组问答，区分"天"、"人"，提出要返归本真，"无以人灭天"。

译文

　　秋雨按时节降落,众多河流的水流都汇入黄河。汹涌奔流的河水使黄河水面变得非常宽广,两岸和水中沙洲之间连牛马都不能分辨清楚。于是河神欣然自喜,认为天下美好的东西全都聚集在自己这里。河神顺着水流东下,来到北海边,面朝东方望去,看不见大海的尽头。于是河神方才改变先前自得的神情,面对大海对海神若慨叹说:"俗语有这样的说法,'听到上百条道理,便认为天下没有谁比自己懂得多'的,说的就是像我这样的人。我还曾听说过认为孔丘懂得的东西太少、轻视伯夷气节的话,开始我不相信,如今我亲眼看到了你是这样的浩淼博大、无边无际,我要不是来到你的门前,那就危险了,我将永远被得道的高士讥笑。"

　　海神若说:"井里的青蛙无法跟它谈论大海,是因为它的见闻只局限于井中狭小的天地;夏生秋死的虫子无法跟它们谈论冬天的冰,是因为它受到生活时间的限制;鄙陋偏执的人无法跟他们谈论大道,是因为他深受俗学的束缚。如今你从黄河岸边走出来,看到了大海,方才知道自己的鄙陋寡闻,将可以与你谈论大道了。天下的河流,没有什么比海更大的,千万条河流都汇入大海,不知道什么时候才会停歇却也从未见大海满溢;海水从尾闾排泄出来,不知道什么时候才会停止而海水却从不曾减少;无论少雨的春天还是多雨秋天都不见海水有什么变化,无论水涝还是干旱对它都没有什么影响。这说明大海的水量远远超过了江河的水量,是不能够用数量来计算的。可是我从不曾因此而自满,而是自认为从天地那里承受到形体并且从阴和阳那里秉承到精气,我存在于天地之间,就好像一块小石子、一块小木屑存在于泰山之中那样小。我只存有自身见识寡少的看法,又哪里会自满呢?估算一下,四海在天地之间,不就像小小的孔穴存在于大泽之中吗?再估算一下,中原大地在四海之内,不就像一颗小米粒存在于大粮仓里吗?世上号称物类的数字据说数以万计,人类只是其中的一种。人们遍布九州,靠着粮食在这里生长,靠着舟车在这里通行,而每个人只是众多人群中的一员;一个人与万物相比,不就像是毫毛之末在整个马体那么像小吗?五帝以禅让所承续的,三王所争夺的,仁人所忧患的,贤才所操劳的,全都像毫末一样微不足道。伯夷辞让君位,以此来博取好名声,孔丘谈论仁义礼乐,以此显示学识渊博,他们的这些自满,不就像你先前在秋水暴涨时的洋洋自得那样吗?"

河神问:"这样,那我把天地看作是最大,把毫毛之末看作是最小,可以吗?"

海神若回答:"不可以。万物,它们的量度是千差万别、不可穷尽的,他们在时间的推移变化是没有止境的,对它们的得与失是没有定准的,它们的终结和起始也不是固定和一成不变的。所以具有大智的人能全面观察事物的远近方面,因而不因为某物体积小就认为它小,不因为某物体积大就认为它大,这是因为他知道事物的量度是不可穷尽的;能证验并明察古往今来的事物变化发展的各种情形,所以对已流逝的遥远过去并不感到苦闷,对掇拾可得的现在和未来也不汲汲以求,这是因为他知道时间的推移是没有止境的。能洞悉自然事物都有盈有亏的变化规律,所以有所得而不欢欣喜悦,有所失也不忧愁悲伤,这是因为他知道得与失是没有定准的。明了生与死之间犹如一条没有阻隔的平坦大道,所以他对于活着不会倍加欢喜,对于死也不会觉得是祸患加身,这是因为知道终了和起始是不会一成不变的。算算人所知道的知识,远远不如他所不知道的东西多;人活着的时间,也远远不如不在人世的时间长;用自己极少的知识和极为有限的生命去探究无限发展变化的世界,由此只会使自己内心迷乱而必然不能有所得。由此看来,又怎么知道毫毛的末端是可以判定最为细小之物的尺度呢?又怎么知道天与地可以被看作是最大的境域呢?"

河神问:"世间议论的人们都说:'最细小的东西是看不见形体的,最巨大的东西是无法度量它的范围的。'这话是真实可信的吗?"

海神若回答:"从细小的角度看庞大的东西是看不全面的,从大的角度看细小的东西是看不清楚的。精细之物,是小物中的小物;宏大的物体,是大物中的大物。事物所以有大小的不同,这是它们天然的形体造成的。所谓精细与粗大,都只限于有形可见的事物;无形体可见的事物,是无法用度数来划分的;无法测度其范围大小的事物,是不能用度数计算穷尽的。可以用言语来谈论的事物,是事物中粗浅明显的部分;可以用心意体会到而不可言传的事物,是事物中精细的部分;用言语不能谈论的,用心意不能体察到的,是不能用精细和粗疏所限定的事物。所以得道的人的行为是:不会做对人有伤害的事,也不会赞赏对人施行仁义和恩惠;做事不是为了私利,也不会鄙视家奴;不去与人争夺财物,也不赞扬辞让财物给别人;做事不用他人帮忙,但也不称许自食其力的人,不鄙夷贪婪与污秽的人;行为与世俗不同,但不称赞邪僻乖异的行为;行为随从众人,但也不鄙薄奉承谄媚的人;人世间的高官厚禄不足以使他受到劝勉,刑戮和侮辱不足以让他感到羞耻;他知道是与非的界线无法清楚地划分,大和小的标准也无法确定。听人说过这样的话:'得道的人不求闻达于世,德行修养极高的人不追求有所获得,体道的大人忘却自己而任随自然。'这就是缩小万物的区别至于极点所达到的齐物逍遥境界。"

河神问:"如此对于事物的外部形态,如此对于事物的内在性质,从何处来区分它们的贵贱?又怎么来区别它们的大小?"

海神若回答说:"用超然物外的大道来看,万物是没有贵贱的区别的。从万物自身角度来看,万物都认为自己贵重而认为他物轻贱。拿世俗的眼光来看,贵贱不是由事物自身决定的。从万物大小等差的角度来看,顺着万物大的方面而把它看成大的,万物没有一物不是大的;顺着万物小的一面把它看成小的,那么万物没有一物不是小的。知晓天地虽大而比起更大的东西来也如小小的米粒,知晓毫毛虽小而比起更小的东西来也如高大的山丘,而万物的差别和数量也就看清楚了。从功能的角度来看,顺着万物所具有的功能而认为它有功能,那么万物没有一物不具有功能;顺着万物所没有的功能而认为它没有功能,那么万物没有一物具有功能。知晓东西两个方向相反而又不可相互缺少,那么事物的功能和分位就可确定了。从事物趋向来看,顺着万物肯定的一面而认为它对,万物没有不对的;顺着万物否定的一面而认为它错,万物没有不错的。知晓唐尧和夏桀都自以为正确又相互否定对方,而人们的趋向与操守也就看清楚了。当年唐尧、虞舜禅让而称帝,燕王哙禅让君位给宰相子之却使燕国几乎灭亡;商汤、周武王都争夺天下而称王,白公胜却因争夺而被杀。由此看来,争斗与禅让的礼法,唐尧与夏桀的作为,他们高贵或卑贱的结局是因时而异的,没有一定常规。栋梁之材可以用来冲撞城墙,却不可以用来堵塞小孔,说的是器物的用途不一样;骏马一天奔驰上千里,捕捉老鼠却不如野猫与黄鼠狼,说的是技能不一样;猫头鹰夜里能抓取小小的跳蚤,明察毫毛之末,可是白天睁大眼睛也看不见高大的山丘,说的是各物的禀性不一样。所以有这样的说法:何不效法正确的而抛弃错误的,效法治理好的而抛弃治理混乱的呢?这是没有明白天地万物变化的规律,万物变化的真实情况。这就好像只效法天而抛弃地,只效法阴而抛弃阳一样,其做法行不通是很清楚的。这样还是要谈论不休,那不是愚昧便是欺骗世人!三王五帝禅让的情况各不相同,夏、商、周三代承继的方式也各自有异。不合时宜,违背世俗大众心意的执政者,叫他篡权叛逆之徒;合乎时宜,顺应世俗大众心意的执政者,称他为高义之人。闭口静默吧,河神!你哪里知道贵贱和大小的道理?"

河神问:"既然这样,那么我对什么可以有所作为呢?对什么可以有所不为呢?我将如何拒绝、接纳、趋就、舍弃呢?我终究该怎么办呢?"

海神若回答道:"从道的角度看,什么是贵什么是贱,贵贱是向相反方向转化而循环往复的;不要使你的心志受到拘束,而与大道相背离。什么是少什么是多,多少也是相互转化而更替反复的;不要偏执一己之见行事,而与大道不合。像国君那样庄重威严,没有私爱之心;像祭祀的社神那样悠然自得,不偏向任何人去赐福;像延伸向四方的空间那样广阔无穷,没有界限。兼容万物,谁也没受到特殊庇护,这可称作无所偏向。宇宙万物都是齐一的,谁长谁短?大道没有终结和起始,万物却都有死有生,万物暂时的形态存在是不足倚仗的。大道盈虚的变化,没有固定的形体。过去的岁月无法回转,时间不会停息。天地万物消亡、生息、充实、亏虚,都在终而复始地变化着。明了上述这些道理,才能谈论大道的准则,探讨万物变化的规律。万物的生长,像马儿急奔,像马车疾行。万物没有什么举动不在变化,没有什么时候不在变化。该做些什么呢?该不做什么呢?万物本来都在自行自然地变化着。"

河神说:"既然如此,那么为什么还要那么看重大道呢?"

海神回答:"懂得大道的人必定通达事理,通达事理的人必定明白应变,明白应变的人定然不会因为外物而损伤自己。道德修养高尚的人烈焰不能烧灼他们,洪水不能沉溺他们,严寒酷暑不能侵扰他们,飞禽走兽不能伤害他们。不是说他们逼近水火、寒暑的侵扰和禽兽的伤害而能幸免,而是说他们明察安危,安于祸福,慎处离弃与追求,因而没有什么东西能够伤害他们。所以说:'天然蕴含于内里,人为显露于外在,高尚的修养则顺应自然。'懂得人的行止,立足于自然的规律,居处于自得的环境,徘徊不定,屈伸无常,也就返归大道的要冲而可谈论至极的道理。"

河神问:"什么叫天然?什么叫人为?"

海神回答说:"牛马天生就有四只脚,这就叫天然;给马戴上笼头,给牛鼻子穿上绳子,这就叫人为。古语说:'不要用人为去毁灭天性,不要用有心的造作毁灭性命,不要为了贪得而牺牲自然之道。'谨慎持守古训所说而不使自然本性丧失,这就叫返归纯真的本性。"

夔怜蚿[1]，蚿怜蛇，蛇怜风，风怜目，目怜心。夔谓蚿曰："吾以一足趻踔而行[2]，予无如矣[3]！今子之使万足，独奈何[4]？"蚿曰："不然[5]。子不见夫唾者乎[6]？喷则大者如珠，小者如雾，杂而下者不可胜数也[7]。今予动吾天机，而不知其所以然[8]。"蚿谓蛇曰："吾以众足行，而不及子之无足，何也？"蛇曰："夫天机之所动，何可易邪[9]？吾安用足哉[10]！"蛇谓风曰："予动吾脊胁而行，则有似也[11]。今子蓬蓬然起于北海，蓬蓬然入于南海，而似无有[12]，何也？"风曰："然，予蓬蓬然起于北海而入于南海也，然而指我则胜我，鳅我亦胜我[13]。虽然，夫折大木，蜚大屋者[14]，唯我能也。"故以众小不胜为大胜也[15]。为大胜者，唯圣人能之[16]。

注释

〔1〕夔(kuí)怜蚿(xián)：独脚的夔羡慕百足虫。夔，传说中似牛而只有一条腿的怪物。怜，羡慕。蚿，百足虫。

〔2〕以一足：用一只脚。趻踔(chěn chuō)：跳跃的样子。行：走。

〔3〕予无如矣：我没有办法。无如，即无可奈何，没有办法。

〔4〕"今子"两句：意思是现在你有众足可以用来行走，究竟是怎么行走的呢？万足，形容百足虫有许多足。独奈何，究竟如何行走。独，特。

〔5〕不然：不是这样。指不是有意使用万足行走的。

〔6〕"子不"句：意思是你没有看见吐唾沫的情形吗？

〔7〕"喷则"三句：意思是唾沫喷出时，大的像珍珠，小的像雾雨，散杂而下，不计其数。言外之意是吐唾沫时，并无意使之有大小之分，其大小是自然形成的。

〔8〕"今予"两句：意思是现在我启动我天生的本能行走，却不知道为什么会这样。天机，天生的机能，本能。言外之意是我顺应自然本能行走。

217

〔9〕易:改变。

〔10〕安用足:哪里用得着足。

〔11〕"予动"两句:意思是我启动我的脊椎和腰部行走,则还是像行走的样子。有似,像行走似的。

〔12〕蓬蓬:象声词,风声。而似无有:却好像没有行迹。

〔13〕"然而"两句:意思是但是有手有脚的用手脚指我、踏我,都能胜过我。指,用手指指。鰌(qiū),踩,踏。

〔14〕蜚大屋:吹飞高大的房屋。蜚,同"飞",吹飞,掀飞。

〔15〕"故以"句:众小不胜,即不胜众小,不与万物争胜。众小,指万物,相对于道,万物都是小的。大胜,无所不胜。指顺应自然大道,任随万物的天机而动,则无物不胜,无时不胜。

〔16〕唯圣人能之:只有得道的圣人才能做到这样。按:此则寓言为本篇第二章,借以说明万物各有天机,只有顺应各自的天机而动,不与他物争胜,才能达到"大胜",所阐发的乃是"无以人灭天"的主旨。

译文

独脚的夔羡慕百足虫,百足虫羡慕(无脚的)蛇,(无脚的)蛇羡慕(无形的)风,(无形的)风羡慕(明察外物的)眼睛,(明察外物的)眼睛羡慕(内在的)心灵。夔对百足虫说:"我依靠一只脚跳跃而行,我没有办法呀!现在你用众多只脚行走,究竟是怎么行走的呢?"百足虫说:"不是这样的。你没有看见那吐唾沫的情形吗?唾沫喷出时大的像珠子,小的像雾雨,散杂落下,不计其数。如今我启动我天生的机能而行走,不过我也不知道为什么会这样。"百足虫对蛇说:"我用众多的脚行走反倒不如你没有脚,这是为什么呢?"蛇说:"我启动天生的机能行走,怎么可以改变呢?我哪里用得着脚呢!"蛇对风说:"我启动我的脊椎和腰部行走,还是像有足而行的样子。现在你呼呼地从北海出发,又呼呼地驾临南海,却好像没有留下任何形迹,这是为什么呢?"风说:"是这样的。我呼呼地从北海来到南海,可是人们用手来阻挡我而我胜不了他们的手指,人们用脚来踩踏我而我胜不了他们的腿脚。即使这样,折断大树、掀翻高大的房屋,却又只有我能够做到。"所以顺应天机自然的大道,不与万物争胜,才是无所不胜的大胜。能够无所不胜的,只有得道的圣人才能做到。"

孔子游于匡[1],宋人围之数匝[2],而弦歌不惙[3]。子路入见,曰:"何夫子之娱也[4]?"孔子曰:"来,吾语女[5]。我讳穷久矣,而不免,命也[6];求通久矣,而不得,时也[7]。当尧、舜而天下无穷人[8],非知得也[9];当桀、纣而天下无通人,非知失也[10];时势适然[11]。夫水行不避蛟龙者,渔父之勇也[12];陆行不避兕虎者[13],猎夫之勇也;白刃交于前[14],视死若生者,烈士之勇也;知穷之有命,知通之有时,临大难而不惧者,圣人之勇也。由,处矣[15]!吾命有所制矣[16]!"无几何[17],将甲者进[18],辞曰:"以为阳虎也,故围之[19];今非也,请辞而退[20]。"

注释

〔1〕游于匡:游宦到匡地。匡,卫国的城邑名,在今河南长垣县西南。

〔2〕宋人:当作"卫人"。孔子从鲁国逃往卫国,路经匡地,鲁国的阳虎曾暴虐过匡人,孔子与阳虎长得像,匡人误认为是阳虎,包围了他。

〔3〕弦歌不惙:不停地弹琴唱歌。惙(chuò),通"辍",停止。

〔4〕"何夫子"句:意思是先生为什么这么快乐。娱,快乐,高兴。

〔5〕语:告诉。女:通"汝",你。

〔6〕"我讳"三句:意思是我避讳穷困已经很久了,但无法摆脱,这是我天生

的命运如此。讳,避讳。穷,穷困。免,摆脱。

〔7〕"求通"三句:意思是我追求通达得意已经很久了,可一直没能遇到,这是我的时运如此。通,通达得意。时,时运。

〔8〕穷人:困窘不得志的人。

〔9〕非知得也:并不是靠智慧有意作为获得的。

〔10〕非知失也:并不是才智不够而失去的。

〔11〕时势适然:意思是这是时运造成的。适,遇。

〔12〕渔父:即渔夫。

〔13〕陆行:在陆地上行走。兕(sì):一般认为是犀牛。

〔14〕白刃:刀剑一类的兵器。交于前:交错横在眼前。

〔15〕由:即仲由,孔子弟子子路之名。处矣:安然处之吧。

〔16〕"吾命"句:意思是我的命运对我有所制约。制,限制,制约。

〔17〕无几何:没有多久。

〔18〕将甲者:率兵的将官。将,率领。甲,指士兵。

〔19〕阳虎:鲁国季孙氏家臣,以家臣执掌鲁国政治数年,曾带兵侵掠匡地,匡人恨之。此次孔子一行路过匡地,因为长得像阳虎,而被匡人围困。

〔20〕"今非"两句:意思是现在知道了您不是阳虎,请让我表示道歉并退兵。按:此则寓言为本篇第三章,以孔子匡地被围的故事,说明穷通有命,不可人为强求,旨在阐发"无以故灭命"之意。

译文

孔子游宦到匡地,卫国人一层又一层地包围了他,可孔子仍在不停地弹琴歌唱。子路入内拜见孔子说:"先生为什么如此快乐呢?"孔子说:"来,我告诉你!我避讳困穷已经很久了,却始终不能摆脱,这是我的命运该当如此。我寻求通达也已经很久了,却始终未能遇到,这是我的时运如此。在尧、舜时代,天下没有困顿潦倒的人,并不是他们靠智慧有意作为获得的;在夏桀、商纣时代,天下没有通达得意的人,并不是他们才智不够而失去时机;这都是时运所造成的。在水里活动而不躲避蛟龙,是渔夫的勇敢;在陆上活动而不躲避犀牛老虎,是猎人的勇敢;刀剑交错地横于眼前,看待死亡犹如生还,是壮烈之士的勇敢;懂得困顿不得志是命中注定,明白通达得志是时运造成,遇到大难而不畏惧的,是得道圣人的勇敢。仲由啊,你还是安然处之吧!我的天命对我有所制约啊!"没过多久,统带士卒的将官走进来,致歉说:"我们开始以为您是阳虎,所以包围了你;现在知道了您不是阳虎,请让我向您表示歉意并退兵。"

公孙龙问于魏牟曰[1]:"龙少学先王之道[2],长而明仁义之行[3];合同异,离坚白[4];然不然,可不可[5];困百家之知,穷众口之辩[6];吾自以为至达已[7]。今吾闻庄子之言,汒然异之[8]。不知论之不及与[9]?知之弗若与[10]?今吾无所开吾喙[11],敢问其方[12]。"

公子牟隐机大息[13],仰天而笑曰:"子独不闻夫埳井之蛙乎[14]?谓东海之鳖曰:'吾乐与!出跳梁乎井干之上[15],入休乎缺甃之崖[16]。赴水则接腋持颐[17],蹶泥则没足灭跗[18]。还视虷蟹与科斗,莫吾能若也[19]。且夫擅一壑之水,而跨跱埳井之乐,此亦至矣[20]。夫子奚不时来入观乎[21]?'东海之鳖左足未入,而右膝已絷矣[22]。于是逡巡而却[23],告之海曰:'夫千里之远,不足以举其大[24];千仞之高,不足以极其深[25]。禹之时,十年九潦[26],而水弗为加益[27];汤之时,八年七旱,而崖不为加损[28]。夫不为顷久推移[29],不以多少进退者[30],此亦东海之大乐也。'于是埳井之蛙闻之,适适然惊[31],规规然自失也[32]。且夫知不知是非之竟[33],而犹欲观于庄子之言,是犹使蚊负山、商蚷驰河也[34],必不胜任矣。且夫知不知论极妙之言,而自适一时之利者[35],是非埳井之蛙与?且彼方跐黄泉而登大皇[36],无南无北,奭然四解,沦于不测[37];无东无西,始于玄冥,反于大通[38]。子乃规规然而求之以察,索之以辩[39],是直用管窥天,用锥指地也,不亦小乎[40]?子往矣!且子独不闻夫寿陵馀子之学行于邯郸与[41]?未得国能,又失其故行矣[42],直匍匐而归耳[43]。今子不去,将忘子之故,失子之业[44]。"

公孙龙口呿而不合,舌举而不下,乃逸而走[45]。

注释

〔1〕公孙龙:战国时期赵国人,名家的代表人物,著有《公孙龙子》十六篇,今存六篇。魏牟:魏国公子,名牟,此则寓言中作者把他视为得道之人。

〔2〕先王之道:指尧、舜、禹、汤等先王的主张。

〔3〕仁义之行:指仁义道德。

〔4〕"合同异"两句:意思持合同异于同、坚白相离的论点。合同异,是战国时惠施学派的基本观点。认为一切事物的差别、对立是相对的,强调差异之中有同一,着重指出差异中的同一,合异于同。离坚白,是名家代表公孙龙的著名论点之一,他认为,一块坚硬的白石,用眼看不会看出它是否坚硬,只能看到它是白色的,用手摸不能感觉其白色,只能感觉到其坚硬,所以世界上只有白石和坚石,没有坚白石。这里都归为公孙龙名下,是作者虚构。

〔5〕"然不然"两句:意思是把不对的说成对,不可的说成可。

〔6〕"困百家"两句:意思是使百家才智之士陷于困窘,使众多善辩之士理屈辞穷。困,使……困窘。穷,使……理屈辞穷。

〔7〕至达:最通达。至,最。

〔8〕汒然:自失的样子。汒,通"茫"。异之:对庄子的学说感到惊异。

〔9〕不知:不知道。论:论辩才能。不及:比不上,不如。与,通"欤"。

〔10〕知:通"智",智慧。弗若:不及。

〔11〕开吾喙(huì):张开我的嘴。喙,嘴。

〔12〕敢问其方:请问这是什么缘故。方,术,这里引申为道理、缘故。

〔13〕隐机:靠着小茶几。机,同"几",几案。大息:即太息,叹息。

〔14〕独:难道。夫:那。埳井:即浅井。埳(kǎn),同"坎"。

〔15〕跳梁:犹跳跃。井干:井栏。

〔16〕休:止。缺甃(zhòu)之崖:即井壁中破烂的砖头。缺甃,烂砖头。甃,以砖修井。崖,本意是高的岸边,这里指井壁。

〔17〕接:这里指浮起来。腋(yè):胳肢窝。持:支撑着。颐(yí):两腮。

〔18〕蹶(jué):践踏。灭:即没。跗(fū):同"趺",脚背。

〔19〕还(xuán)视:旋视,转头看。虷(hán):井中赤虫,一说虷蟹即孑孓。科斗:即蝌蚪。莫吾能若也:即"莫能若吾也",宾语提前。

〔20〕擅:独占。跨跱(zhì):据有保持,即盘踞。至矣:即乐之至,快乐的极致。

〔21〕夫:语气词。子:指东海之鳖。时:时时,常常。

〔22〕絷(zhí):绊。

〔23〕于是:这时。逡巡(qūn xún):从容;不慌忙。

〔24〕告之海:即告之以海,把大海的情况告诉蛙。举:称、形容。

〔25〕极:穷尽,度量。

〔26〕潦(lǎo):雨水盛大的样子,这里指洪水。

〔27〕为(wèi):为之,即因此,下句同。加:更加、愈加。益:增加,指水位上涨。

〔28〕崖:通"涯",即海岸。损:减少,指水位下降。

〔29〕顷:少时。久:多时。推移:改变。

〔30〕多少:指雨水的多少。进退:指海水水位的升降。

〔31〕适适然:惊恐的样子。

〔32〕规规然:浅陋拘泥的样子,一说为自失之貌。

〔33〕知不知:第一个"知"通"智",才智、智力。第二个"知"指知道,通晓。竟:假借为"境",界限。

〔34〕商蚷(jù):马蚿虫,又称马陆,生活于陆地。驰河:渡河。

〔35〕自适:悠然闲适而自得其乐。

〔36〕彼:他,指庄子。跐(cǐ):踏。大(tài)皇:即太皇,指天。

〔37〕奭(shì)然:即释然,形容丝毫不受拘束。四解:四通八达。沦:入。不测:不可测度。

〔38〕无东无西:王念孙认为当作"无西无东"。玄冥:幽深玄远的尽头。反:通"返",归。大通:无所不至的大道。

〔39〕子:指公孙龙。索:求。辩:论辩。

〔40〕小:渺小。

〔41〕寿陵:燕国地名。馀子:少年人。邯郸:赵国地名。

〔42〕国能:赵国国都人走路的步法。故行:原来行路的方法。

〔43〕直:只能。匍匐:以腹贴地前进,即爬着。

〔44〕"将忘子"两句:"忘子之故"与"失子之业"互文,都是指忘却自己原有的技能、学业。

〔45〕呿(qū):(口)张开。逸:逃。按:此则寓言为本篇第四章,阐发的是"无以得殉名"之意。同时,借公子牟之口,对庄子学说给予了高度评价。

译文

公孙龙向魏牟问道:"我年轻的时候学习尧、舜、禹、汤等先王的主张,长大以后明白了仁义道德;持合异于同、坚白相离的论点;把不对的说成对,不可的说成可;使百家才智之士陷于困窘,使众多善辩之士理屈辞穷:我自以为是最为通达的了。如今我听了庄子的言谈,感到茫然自失。不知是我的论辩才能比不上他呢,还是我的智慧不如他呢?现在我已经没有办法再开口了,冒昧地向你请教这是什么缘故。"

224

魏牟靠着几案长叹了口气,然后又仰头朝天笑着说:"你难道没有听说过那浅井里的青蛙(的故事)吗?(井蛙)对东海里的鳖说:'我实在快乐啊!我跳跃玩耍于井口栏杆之上,进到井里便在井壁破砖块上休息。游到水中井水就浮起了我的两腋托起我两腮,踏入泥里泥水就没住了我的脚背,回过头来看看水中的那些赤虫、小蟹和蝌蚪,没有谁能比我快乐!况且我独占一坑之水、盘踞一口浅井,也是快乐到了极致。先生何不常常来井里看看呢?'东海之鳖左脚还未能跨入浅井,右膝就已经被绊住。这时他从容地把脚退了出来,把大海的情况告诉了蛙,他说:'千里路程的遥远,不足以形容它的广大;千仞的高度,不足以度量它的深邃。夏禹时代十年有九年洪水,而海水并不因此上涨增加;商汤的时代八年里有七年大旱,而岸边的水位不会因此下降。不因为时间的短暂与长久而有所改变,不因为雨水的多少而有所增减,这就是东海的最大快乐。'浅井之蛙听了这一席话,惊慌失措,茫然自失。再说(你公孙龙的)才智还不足以知晓是非的界限,却还想去察悉庄子的理论,这就像驱使蚊虫去背负大山、让马蚿虫渡河一样,必定是不能胜任的。而你的才智不足以通晓(庄子的)极其玄妙的言论,竟因一时的口舌胜利而自得其乐,不就像是浅井里的青蛙吗?况且庄子的思想已经下达黄泉上临苍天,不分南北,丝毫不受拘束,四通八达,进入到深不可测的境地;不论东西,起于幽深玄远之尽头,返归无所不至的大道。你竟拘泥于浅陋的理论来探察它的奥妙,用论辩的言辞去探求它的真谛,这简直是用竹管去窥天,用锥子去量地,不是太渺小了吗!你还是走吧!而且你就不曾听说过那燕国寿陵的少年到赵国的邯郸去学习走路的故事吗?他不仅没有学会赵国国都人走路的步法,还忘却了自己原来行路的方法,最后只得爬着回去了。现在你不尽快离开的话,必将忘却你原有的技能、失去你原有的学业。"

公孙龙听了这一番话张大着口而不能合拢,舌头高高抬起而不能放下,于是逃走了。

庄子钓于濮水[1]。楚王使大夫二人往先焉[2],曰:"愿以境内累矣[3]!"庄子持竿不顾[4],曰:"吾闻楚有神龟[5],死已三千岁矣。王巾笥而藏之庙堂之上[6]。此龟者,宁其死为留骨而贵乎[7]?宁其生而曳尾于涂中乎[8]?"二大夫曰:"宁生而曳尾涂中。"庄子曰:"往矣!吾将曳尾于涂中[9]。"

注释

〔1〕濮(pú)水:水名,在山东濮县南。

〔2〕楚王:指楚威王。使:派遣。往先焉:先前往庄子那里传达楚王的意思。

〔3〕"愿以"句:意思是愿意把楚国的政务委托给你。据《史记·老庄申韩列传》,楚威王是想请庄子为楚相。境内,国内,指国家政务。累,拖累,麻烦。

〔4〕竿:钓竿。不顾:不回头,不理睬。

〔5〕神龟:灵验的龟。古人用龟甲占卜吉凶,认为非常灵验,故称神龟。

〔6〕巾笥(sì):巾,缠束或覆盖用的织物,这里是用布巾包裹的意思。笥,竹箱,这里是用竹箱装的意思。藏:珍藏。

〔7〕宁:宁可。留骨而贵:留下骨壳而被人珍重。

〔8〕曳:拖。涂:泥。

〔9〕"往矣"两句:意思是你们回去吧!我宁愿拖着尾巴在泥泞中活命。按:此则寓言为本篇第五章,以庄子不愿拥有高官厚禄而损伤生命和自然真性,

申发"无以得殉名"的主旨。

译文

庄子在濮水边垂钓,楚王派遣两位大臣先行前往,说:"大王愿将国内政务委托给您!"庄子手把钓竿,头也不回,说:"我听说楚国有一只神龟,已经死了三千年了,楚王把它用布巾包裹装在竹箱子里,并珍藏在宗庙的庙堂上。这只神龟,宁可死了留下骨壳让人尊重呢?还是宁愿拖着尾巴活在泥泞中呢?"两位大臣说:"宁愿拖着尾巴活在泥泞中。"庄子说:"你们回去吧!我宁愿拖着尾巴在泥泞中活命。"

惠子相梁[1],庄子往见之。或谓惠子曰[2]:"庄子来,欲代子相[3]。"于是惠子恐,搜于国中三日三夜[4]。庄子往见之,曰:"南方有鸟,其名为鹓鶵[5],子知之乎?夫鹓鶵发于南海而飞于北海[6],非梧桐不止[7],非练实不食[8],非醴泉不饮[9]。于是鸱得腐鼠[10],鹓鶵过之,仰而视之曰:'吓[11]!'今子欲以子之梁国而吓我邪[12]?"

注释

〔1〕惠子:即惠施,名家代表,曾为魏惠王时国相。相梁:做魏国的国相。相,这里用作动词,做国相。梁,魏国都城大梁,故址在今河南开封。这里代指魏国。

〔2〕或:有人。谓:告诉,对……说。

〔3〕欲代子相:想要取代你做国相。

〔4〕恐:害怕。搜于国中:在国都中搜捕。国,都城。

〔5〕鹓鶵(yuān chú):凤凰一类的鸟。文中庄子以此自比。

〔6〕发于南海:从南海起飞。飞于:飞往。

〔7〕止:栖息。

〔8〕练实:当作"竹实",竹子的果实,即竹米。

〔9〕醴泉:甘美如甜酒的天然泉水。醴,甜酒。

〔10〕鸱(chī):鹞鹰。这里比喻惠子。腐鼠:腐烂的老鼠。这里比喻相位。

〔11〕吓:象声词,怒斥声。

〔12〕以:因为,为了。子之梁国:你的梁国相位。吓我:怒斥我。指怕我抢夺梁国相位。按:此则寓言为本篇第六章,申发的亦是"无以得殉名"的主旨。

译文

　　惠子做魏国的国相,庄子前往看望他。有人对惠子说:"庄子来大梁,是想取代你做国相。"于是惠子非常害怕,在都城内搜捕了三天三夜。庄子前去见他,说:"南方有一种鸟,它的名字叫鹓鶵,你知道吗?鹓鶵从南海出发飞往北海,不是梧桐树它不会栖息,不是竹子的果实它不会吃,不是甘美如甜酒的泉水它不会喝。正在这时一只鹞鹰寻捡到一只腐烂的老鼠,鹓鶵刚巧从空中飞过,鹞鹰抬头看着鹓鶵,发出怒斥之声:'吓!'如今你也想为了你魏国国相的位子来怒斥我吗?"

　　庄子与惠子游于濠梁之上〔1〕。庄子曰:"儵鱼出游从容〔2〕,是鱼之乐也。"惠子曰:"子非鱼,安知鱼之乐〔3〕?"庄子曰:"子非我,安知我不知鱼之乐?"惠子曰:"我非子,固不知子矣〔4〕;子固非鱼也,子之不知鱼之乐,全矣〔5〕!"庄子曰:"请循其本〔6〕。子曰'汝安知鱼乐'云者,既已知吾知之而问我〔7〕。我知之濠上也〔8〕。"

注释

〔1〕濠(háo):即濠水,在今安徽凤阳县境内,北流至临淮关入淮。梁:拦河堰。

〔2〕鲦(tiáo)鱼:白鲦鱼,身体窄小而有条纹。鲦,通"儵"(即"鲦")。出游:在水面游动。

〔3〕"安知"句:意思是你怎么知道鱼的快乐呢?这是以反诘表达肯定的意思,意思是庄子不会知道鱼的快乐。安,怎么。

〔4〕固不知子:固然不知道你的心理。固,本来,固然。

〔5〕"子固"三句:意思是你本来不是鱼,你不知道鱼的快乐,是肯定的。全,完全,肯定。

〔6〕循其本:返回你开头的问话。循,追溯。本,指开头惠子的问话。

〔7〕"子曰"两句:意思是你说的"你从哪里知道鱼的快乐"的话,说明你已经知道我知道鱼的快乐而问我。这里庄子把惠子问话中"安"的原意"怎么"偷换成了"从哪里"之意,从而使惠子问话的意思由否定庄子知道鱼的快乐,变成了在肯定庄子知道鱼的快乐基础上问他是从哪里知道的,疑问语气也由反诘变成了一般疑问句。

〔8〕我知之濠上:我在濠水拦河堰上知道鱼的快乐的。按:此则寓言为本篇第七章,通过道家的庄子与名家惠施的论辩,表现了庄子以人合天、天人浑一而返本归真的思想,与名家惠施重分别物类的思想截然不同。

译文

庄子和惠子一道在濠水的拦河堰上漫游。庄子说:"白鲦鱼在水面游得多么悠闲自在,这就是鱼儿的快乐。"惠子说:"你不是鱼,怎么知道鱼的快乐?"庄子说:"你不是我,怎么知道我不知道鱼儿的快乐?"惠子说:"我不是你,固然不知道你的心理;你也不是鱼,你不知道鱼的快乐,是肯定的。"庄子说:"请让我们返回你开头的问话。你开头说的'你从哪里知道鱼的快乐'的话,说明你已经知道了我知道鱼儿的快乐而问我,(我现在告诉你,)我是在濠水的拦河堰上知道鱼的快乐的。"

至 乐[1]

天下有至乐无有哉？有可以活身者无有哉？今奚为奚据[2]？奚避奚处[3]？奚就奚去？奚乐奚恶[4]？

夫天下之所尊者，富贵寿善也[5]；所乐者，身安厚味美服好色音声也[6]；所下者，贫贱夭恶也[7]；所苦者，身不得安逸，口不得厚味，形不得美服，目不得好色，耳不得音声。若不得者，则大忧以惧[8]。其为形也亦愚哉[9]。

夫富者，苦身疾作[10]，多积财而不得尽用，其为形也亦外矣[11]。夫贵者，夜以继日，思虑善否[12]，其为形也亦疏矣。人之生也，与忧俱生，寿者惛惛[13]，久忧不死，何苦也！其为形也亦远矣！烈士为天下见善矣[14]，未足以活身[15]。吾未知善之诚善邪，诚不善邪？若以为善矣，不足活身；以为不善矣，足以活人[16]。故曰："忠谏不听，蹲循勿争[17]。"故夫子胥争之，以残其形[18]；不争，名亦不成。诚有善无有哉？

今俗之所为与其所乐，吾又未知乐之果乐邪？果不乐邪？吾观夫俗之所乐，举群趣者[19]，誙誙然如将不得已[20]，而皆曰乐者，吾未之乐也，亦未之不乐也[21]。果有乐无有哉？吾以无为诚乐矣[22]，又俗之所大苦也。故曰："至乐无乐，至誉无誉。"

　　天下是非果未可定也。虽然，无为可以定是非。至乐活身，唯无为几存[23]。请尝试言之。天无为以之清，地无为以之宁[24]，故两无为相合，万物皆化[25]。芒乎芴乎[26]，而无从出乎[27]！芴乎芒乎，而无有象乎[28]！万物职职[29]，皆从无为殖[30]。故曰："天地无为也而无不为也。"人也孰能得无为哉！

注释

〔1〕本篇是《庄子》的第十八篇，属于外篇。篇题取自首章首句中的两个字，"至乐"意思是最大的快乐。全篇讨论的就是人生的最大快乐和生死观问题。文章通过两则论述和五则寓言，一方面对世俗之乐提出批评，另一方面阐说其道家立场的看法，指出生死都是自然的变化，不必为生而乐、为死而忧，只有自然无为，效法天地，随顺自然变化，超脱于世俗常情之外，才可获得"无乐"之"至乐"。

〔2〕奚为：为何，做什么。奚，何。奚据：依据什么。据，根据，依据。

〔3〕避：躲避，回避。处：安处，安心。

〔4〕恶（wù）：厌恶。

〔5〕善：善名。

〔6〕厚味：丰盛的美味佳肴。

〔7〕夭：夭折，即短命。恶：恶名。

〔8〕大忧：非常忧愁。以：而，而且。

〔9〕其：指上述种种情况。为（wèi）形：保养身体。

〔10〕苦身：使身体劳苦。疾作：勤勉劳作。

〔11〕外矣：是"内矣"的相对面，指养身方法没有抓住根本，是外在的，表面化的，远离了正确的方法。下文中的"疏矣"、"远矣"是"密矣"、"近矣"的相对面。

〔12〕善否（pǐ）：好坏，这里指官运的亨通与阻塞。

〔13〕惛惛（hūn）：糊涂。

232

〔14〕烈士:为功名殉死的人。见善:表现出美好的行为。见,表现,呈现。善,善行。

〔15〕活身:使自身存活。

〔16〕活人:使他人存活。

〔17〕忠谏不听:忠诚的劝谏不被接受。蹲循:逡巡。这里是退却的意思。勿争:不争,不再争谏。

〔18〕子胥:即伍子胥。争:争谏。以:招致。残其形:身体遭到残害,即伍子胥因直谏触怒了吴王夫差,被赐死。

〔19〕举:全,都。群:成群结伴。趣:通"趋",趋向。

〔20〕诓诓(kēng)然:竞相奔逐的样子。不得已:不能停止。

〔21〕"吾未"两句:即吾未乐之,吾未不乐之。

〔22〕以:认为。无为:无所作为,顺其自然。诚:真正的。

〔23〕几:接近。存:指存身的大道。

〔24〕"天无为"两句:即《老子》第三十九章所说"天得一以清,地得一以宁"。

〔25〕两无为相合:指天和地的两种无为相结合。万物皆化:意思是万物都因此而变化生成。化,江南古藏本其下有"生"字。

〔26〕芒乎芴(hū)乎:即"芒芴",通"恍惚",渺茫暗昧的样子。这里是用来形容无为的景象,《老子》第十四章有:"无为之象,是谓惚恍。"

〔27〕无从出:不知道从哪里产生。

〔28〕象:迹象,形象。

〔29〕职职:繁多的样子。

〔30〕殖:繁殖,孳生。按:此章为本篇第一章,全以议论分析写成,通过对世俗官能之乐以及贪求富贵权利之乐的分析,否定了世俗的苦乐观,指出"至乐无乐",只有合于自然天道的无为才能无忧无惧,才是"至乐"。

译文

　　天下有没有最大的欢乐呢?有没有可以活命保身的方法

呢？现在应该做些什么又依据什么？回避什么又安心于什么？追求什么又舍弃什么？喜欢什么又厌恶什么？

天下人所尊崇的是富有、高贵、长寿和美名；所喜好的是身体的安适、丰盛的饮食、漂亮的服饰、绚丽的色彩和悦耳的声音；所厌弃的是贫穷、卑贱、短命和恶名；所苦恼的是身体不能舒适安逸、口腹不能获得丰盛的美味佳肴、身上穿不上漂亮的服饰、眼睛不能看到绚丽的色彩、耳朵不能听到悦耳的声音。假如得不到这些东西，就非常忧愁和担心。这样的养身方法也太愚蠢了啊！

富有的人，劳苦自己的身体，勤勉劳作，积攒了许多财富却不能全部享用，这样养身岂不是离养生的根本太远了！地位高贵的人，夜以继日地忧心于官运的亨通与阻塞，这样养身岂不是太疏离养生的本质了！人一生下来，忧愁也就跟着一道产生，长寿的人稀里糊涂，长久地处于忧患之中而不死去，多么痛苦啊！这样养身于养生的大道也相去太远了！追求功名而死的烈士为天下人表现其为国为民的美好行为，却不足以保住自己的生命。我不知道这样的善是真正的善呢，还是不善呢？如果认为它是善的，它却不足以保持自身的生命；如果认为它是不善的，它却又足以让别人存活下来。所以说："忠诚的劝谏如果不被接纳，那就退却在一旁不要再去争谏。"所以伍子胥忠心劝谏，以致身受残戮；如果他不尽力去争谏，就无法成就忠臣的美名。那么到底有没有所谓的善呢？

当今世俗之人所做的与他们所快乐的，我不知道那快乐果真是快乐呢，还是不快乐呢？我观察世俗人所追求的欢乐的东西，全都一窝蜂地不停追逐。人人都说这就是快乐，我不认为这就是快乐,也不认为不是快乐。那么,世上果真有快乐还是没有呢?我认为清静无为就是真正的快乐,但这又是世俗的人认为最苦恼的。所以说:"最极致的快乐就是没有快乐,最高的荣誉就是没有荣誉。"

天下的是非果真是不可确定的。尽管如此,无为却可以用来判定是非。最大的快乐是让自己活着,而只有无为算是最接近于保养性命大道的了。请让我谈谈这一点。天无为因而清虚明澈,地无为因而自然宁静,天与地两个无为相互结合,万物就变化生长出来。恍恍惚惚,不知道从什么地方产生出来!惚惚恍恍,没有迹象可见!万物繁多,全都是从无为中繁衍生殖。所以说:"天和地无心作为却又无所不生无所不为。"谁又能够懂得并做到无为呢!

庄子妻死,惠子吊之,庄子则方箕踞鼓盆而歌[1]。惠子曰:"与人居[2],长子、老、身死[3],不哭亦足矣[4],又鼓盆而歌,不亦甚乎!"

庄子曰:"不然。是其始死也[5],我独何能无概然[6]!察其始而本无生[7],非徒无生也而本无形[8],非徒无形也而本无气[9]。杂乎芒芴之间[10],变而有气,气变而有形,形变而有生,今又变而之死,是相与为春秋冬夏四时行也[11]。人且偃然寝于巨室[12],而我嗷嗷然随而哭之[13],自以为不通乎命[14],故止也。"

注释

〔1〕方:正。箕踞(jī jù):两脚张开,两膝微曲地坐着,形状像簸箕。这是一

种不拘礼节的坐姿。鼓:敲击。盆:瓦盆。

〔2〕人:指庄子妻。居:指共同生活。

〔3〕长子:生养子女。长,使……长大。老:身体衰老。

〔4〕亦足矣:也就够不合情理了。

〔5〕是:此,指庄子妻。始死:刚死的时候。

〔6〕概:通"慨",感慨,悲伤。

〔7〕察:考察,思考。始:起初,最先,即妻子未诞生之前。无生:没有生命。

〔8〕非徒:不只。无形:没有形体。

〔9〕气:气息,元气。

〔10〕杂:混杂。芒芴:通"恍惚"。道家认为,"道"处于恍惚的状态中,即《老子》所说"道之为物,惟恍惟惚",而恍惚的"道"是万物和人的本源。

〔11〕是:此,指庄子妻子从生到死的变化。相与:相似,相类。

〔12〕人:指庄子妻子。且:将要。偃然:即晏然,安然。寝:卧。巨室:指天地。

〔13〕噭噭(jiào)然:哀哭声。

〔14〕通:通达。命:天命,自然赋予的寿命。按:此章为本篇第二章,以庄子妻死时他鼓盆而歌的故事,说明人的生死乃是气的聚合与流散,犹如四季的更替,是正常的自然变化,为死哀伤是未通达生命变化之情的表现。

译文

庄子的妻子死了,惠子来吊唁,庄子却正两腿张开两膝微曲地像簸箕一样坐着,一边敲打着瓦盆一边唱歌。惠子说:"你跟死去的妻子生活在一起,她为你生养子女,直至身体衰老而死,你不哭也就够不合情理了,却又敲着瓦盆唱歌,不是太过分了嘛!"

庄子说:"不是这样。她刚刚去世的时候,我怎能不感伤呢!然而想到她起初未诞生时本来就没有生命,不只是没有生命而且也不曾具有形体,不只是不曾具有形体而且也不曾形成元气。混杂在恍恍惚惚的大道境域中,经过变化有了元气,元气变化而有了形体,形体变化而有了生命,如今又变化回到死亡,这与春夏秋冬四季运行一样自然而然。死去的那个人正要安然地寝卧在天地之间,而我却呜呜地围着她哭,自认为这是不通达天命的,所以也就停止了哭泣。"

支离叔与滑介叔观于冥伯之丘、昆仑之虚[1],黄帝之所休[2]。俄而,柳生其左肘[3],其意蹶蹶然恶之[4]。支离叔曰:"子恶之乎?"滑介叔曰:"亡[5],予何恶!生者,假借也[6];假之而生生者,尘垢也[7]。死生为昼夜。且吾与子观化而化及我[8],我又何恶焉!"

注释

〔1〕支离叔、滑介叔:二人名,都是寓言中作者假托的人名。观:游观,游览。冥伯之丘:假托的地名,意为玄冥之道所在之地。道家以玄冥喻道。虚:通"墟"。《山海经·海外南经》:"昆仑墟,在其东,墟四方。"清毕沅注:"此东海方丈山也。"

〔2〕休:休息,停留。

〔3〕俄而:一会儿。柳:借为"瘤",肉瘤。其:指滑介叔。

〔4〕蹶蹶(guì)然:被惊动的样子。恶(wù):憎恶,厌恶。

〔5〕亡:通"无",不。

〔6〕假借:寄托,指生命不过是道借助形体而存在的一种形式。

〔7〕"假之"两句:意思是寄托在形体上又生出的肉瘤,不过是像尘垢一样渺小的东西。生生者,指肉瘤。尘垢,喻指肉瘤是渺小无足轻重的东西。

〔8〕观化:观察万物的变化。化及我:变化降临到我身上。按:此章为本篇

237

第三章,通过滑介叔与支离叔的对话,意在说明"死生如昼夜",人不必为生死忧乐,只有顺应其自然变化,才能达到无乐的"至乐"。

译文

　　支离叔和滑介叔在冥伯之丘、昆仑之墟游观,那里曾经是黄帝停留过的地方。不一会儿,滑介叔的左肘上长出了一个肉瘤,他显得有点儿惊恐,对它流露出厌恶之情。支离叔说:"你厌恶它吗?"滑介叔说:"不,我怎么会厌恶它!生命,不过是道借助形体而存在的一种形式;寄托在形体上又生出的肉瘤,不过是像尘垢一样渺小的东西。死与生就犹如白天与黑夜交替运行一样。况且我跟你一道观察变化,如今这变化降临到我身上,我又怎么会厌恶它呢!"

　　庄子之楚,见空髑髅[1],髐然有形[2],撽以马捶[3],因而问之,曰:"夫子贪生失理[4],而为此乎[5]?将子有亡国之事、斧钺之诛[6],而为此乎?将子有不善之行,愧遗父母妻子之丑[7],而为此乎?将子有冻馁之患[8],而为此乎?将子之春秋故及此乎[9]?"于是语卒,援髑髅[10],枕而卧。

　　夜半,髑髅见梦曰[11]:"子之谈者似辩士[12]。视子所言,皆生人之累也,死则无此矣。子欲闻死之说乎[13]?"庄子曰:"然。"髑髅曰:"死,无君于上,无臣于下,亦无四时之事,从然以天地为春秋[14],虽南面王乐[15],不能过也。"庄子不信,曰:"吾使司命复生子形[16],为子骨肉肌肤[17],反子父母妻子闾里知识[18],子欲之乎?"髑髅深矉蹙頞曰[19]:"吾安能弃南面王乐而复为人间之劳乎!"

注释

〔1〕髑髅(dú lóu):死人的头骨。

〔2〕髐(xiāo)然:骨骼枯空而破损的样子。

〔3〕撽(qiào):敲击。马捶(chuí):马鞭。捶,通"箠"。

〔4〕失理:违反天理。

〔5〕为此:成为这样。

〔6〕将:又,还是。斧钺(yuè):亦作"斧戉",古代用于砍杀的两种兵器或刑具。

〔7〕愧:羞愧。遗(wèi):给予。丑:耻辱。

〔8〕冻馁(něi)之患:饥寒而死。馁,饥饿。

〔9〕春秋:这里意思是年寿已尽而自然死亡。故:缘故。

〔10〕援:引,拉。

〔11〕见梦:托梦。

〔12〕辩士:善于辩论的人。

〔13〕说(yuè):通"悦",快乐。

〔14〕从然:放纵无拘束的样子。从,通"纵"。

〔15〕南面王乐:指当君王的快乐。因君王临朝理政坐北朝南,故古时常以南面指称君王。

〔16〕司命:掌管人间生死的神。复生子形:恢复您的形体。

〔17〕为:还原。

〔18〕反:通"返",返归。闾(lú)里:邻里。知识:彼此了解、交好的人,即朋友。

〔19〕深矉(pín):深深地皱着眉。此为愁苦之状。矉,即"颦"。蹙頞(cù è):皱缩鼻翼。这也是愁苦之状。蹙,紧迫。頞,鼻根、鼻翼。按:此章为本篇第四章,借庄子与髑髅的对话,揭示了人生在世时的种种拘累和劳苦之患,而死则可以使人从这些苦累忧患中解脱出来,故而生并不值得留恋,死不必哀伤。当然,文中也有作者的愤世之情和厌世思想。

239

译文

庄子到楚国去,途中见到一个空骷髅头骨,枯空而尚有人的头形。庄子用马鞭敲了敲它,问道:"先生是因为贪生违反天理,才成为这样的呢?还是因为您的国家败亡、遭受到刀斧的砍杀,才成为这样的呢?还是因为做了坏事,羞愧自己给父母、妻儿带来耻辱,才成为这样的呢?还是因为遭受饥寒之祸而死,才成为这样的呢?还是因为天年寿尽而死,才成为这样的呢?"庄子说罢,拉过骷髅,枕着睡了。

到了半夜,骷髅托梦给庄子说:"你先前谈话的样子真像一个善于辩论的人。看你所说的那些话,全属于活者的拘累,人死了就没有这些忧患了。你愿意听听人死后的快乐吗?"庄子说:"愿意。"骷髅说:"人一旦死了,上没有君王,下没有臣子;也没有四季的辛苦操劳,自由自在与天地自然共度春秋,即使南面做君王的快乐,也不能胜过它。"庄子不相信,说:"我让掌管生命的神来恢复您的形体,还原您的骨肉肌肤,把您送回到您的父母、妻儿、邻居和朋友中去,您愿意吗?"骷髅一脸忧愁的样子说:"我怎么能抛弃南面称王的快乐而再次经历人世的劳苦呢?"

颜渊东之齐,孔子有忧色。子贡下席而问曰[1]:"小子敢问:回东之齐[2],夫子有忧色,何邪[3]?"

孔子曰:"善哉汝问[4]!昔者管子有言[5],丘甚善之[6],曰:'褚小者不可以怀大[7],绠短者不可以汲深[8]。'夫若是者,以为命有所成而形有所适也[9],夫不可损益。吾恐回与齐侯言尧、舜、黄帝之道[10]，而重以燧人、神农之言[11]。彼将内求于己而不得[12]，不得则惑人，惑则死[13]。且女独不闻邪[14]？昔者海鸟止于鲁郊，鲁侯御而觞之于庙[15]，奏《九韶》以为乐[16]，具太牢以为膳[17]。鸟乃眩视忧悲[18]，不敢食一脔[19]，不敢饮一杯，三日而死。此以己养养鸟也[20]，非以鸟养养鸟也。夫以鸟养养鸟者，宜栖之深林，游之坛陆[21]，浮之江湖，食之鳅鲦[22]，随行列而止，委蛇而处[23]。彼唯人言之恶闻[24]，奚以夫诡诡为乎[25]！《咸池》《九韶》之乐[26]，张之洞庭之野[27]，鸟闻之而飞，兽闻之而走，鱼闻之而下入[28]，人卒闻之[29]，相与还而观之[30]。鱼处水而生，人处水而死，彼必相与异[31]，其好恶故异也。故先圣不一其能[32]，不同其事。名止于实[33]，义设于适[34]，是之谓条达而福持[35]。"

注释

〔1〕子贡：名端木赐，字子贡，以字行，春秋末年卫国人，孔子的得意门生之一。下席：离开席位。表示恭敬。

〔2〕回：即颜渊，名回，字子渊，春秋末年鲁国人，孔子最得意的弟子。

〔3〕何邪：为什么呢？

〔4〕善哉汝问：倒装句，即"汝问善哉"。

〔5〕管子：即管仲，春秋前期齐国政治家，辅助齐桓公称霸诸侯。

〔6〕丘：孔子自称其名。善：赞赏。

〔7〕褚(zhǔ)：袋子。怀：装。

〔8〕绠(gěng)：汲水用的绳索。汲深：从深井汲水。

〔9〕命有所成：性命各有所定。成，定。形有所适：形体各有适宜之所。适，适宜。

〔10〕齐侯：指齐国的国君。

〔11〕重:推崇。燧人:即燧人氏。神农:即神农氏。

〔12〕彼:指齐侯。内求于己:意思是以燧人氏、神农氏、尧、舜、黄帝之道要求自己。

〔13〕人:指齐侯。死:指颜回被加害。

〔14〕女:通"汝",你。

〔15〕鲁侯:鲁国的国君。御:迎。觞(shāng):古代盛酒器,这里是饮酒的意思。庙:指太庙。

〔16〕《九韶》:传说舜时的音乐。乐:取乐,取悦。

〔17〕具:备。太牢:牛、羊、豕三牲皆备的祭祀。膳:膳食。

〔18〕眩视:目眩,看得眼花。

〔19〕脔(luán):切成块的肉。

〔20〕己养:即"养己",养自己,这里指养人的方法。下句"鸟养"结构与此同。

〔21〕坛陆:水中陆地。

〔22〕鳅(qiū):泥鳅。鲦(tiáo):小白条鱼。

〔23〕委蛇(wēi yí):宽舒自得的样子,意同"逶迤"。

〔24〕彼:它,指鸟。人言之恶(wù)闻:即恶闻人言,讨厌听到人声。

〔25〕譊譊(náo):喧闹的声音。

〔26〕《咸池》:传说尧时音乐,一说黄帝时音乐。

〔27〕张:演奏。

〔28〕下入:潜入水中。

〔29〕人卒:众人。

〔30〕相与:结伴。还:通"环",环绕,围绕。

〔31〕彼:指人与鱼。相与异:相互间有不同。

〔32〕一:统一。能:性能,才性和能力。

〔33〕止:停止,这里有符合的意思。

〔34〕义:义理。设:设立。适:恰当。

〔35〕是之谓:这就是所谓的。条达:条理通达。福持:即持福,福分常在。

按：此章为本篇第五章，借颜渊与孔子的问答，尤其是孔子之口讲述鲁侯养海鸟的寓言故事，指出人为的强求只能造下灾祸，一切都应顺应事物的自然本性，生死也是如此。

译文

  颜渊向东到齐国去，孔子面呈忧色。子贡离开座席恭敬地询问道："小子冒昧地请问：颜渊往东去齐国，先生面呈忧色，为什么呢？"

  孔子说："你问得好！从前管子有句话，我很赞成，他说：'小袋子不可以用来装大东西，绳索短了不能汲取深井里的水。'所以如此说，是因为性命各有所定而形体也各有其适宜之所，不可减少或增加。我担心颜渊跟齐侯谈论尧、舜、黄帝治天下之道，推崇燧人氏、神农氏的言论。齐侯必将以这些来要求自己，却不得了解，不得了解必定就会产生疑惑，疑惑不解就会忧思苦闷而致人死地。你没有听说过吗？从前，一只海鸟飞到鲁国都城郊外休息，鲁侯把它迎到太庙里，给它喝酒，奏《九韶》乐曲来取悦它，为它准备牛、羊、猪肉作为膳食。海鸟竟眼花缭乱，内心忧愁悲伤，不敢吃一块肉，不敢饮一杯酒，三天就死了。这是按养人的方法来养鸟，不是按养鸟的方法来养鸟。按养鸟的方法来养鸟，就应当让鸟栖息于深林，漫步于水中陆地，浮游于江河湖海，啄食泥鳅和小白鱼，跟着鸟群的队列而止息，宽舒自得地生活。鸟讨厌听到人声，为何还要它在如此喧闹的地方呢？在广漠的原野演奏《咸池》《九韶》之乐，鸟听了会高飞，野兽听了会逃开，鱼听了会潜入水底，而人们听了，则会结伴围观。鱼在水里能生存，人在水里就会淹死，人和鱼禀性不同，他们的好

243

恶因而也就不同了。所以以前的圣人不强使人万物具有统一的才性和能力,不强使人们做同等的事情。名义要符合实际,义理的设立要恰当,这就是所谓的条理通达、福分常有。"

列子行,食于道从[1],见百岁髑髅,攓蓬而指之曰[2]:"唯予与汝知而未尝死未尝生也[3]。若果养乎[4]?予果欢乎?"

注释

〔1〕列子:名列御寇,战国时期思想家。道从:道旁。

〔2〕攓(jiǎn):拔取,这里是拨开的意思。蓬:即蓬蒿。

〔3〕而:你。

〔4〕若:你。养:通"痒",忧愁,以死为忧。按:此章为本篇第六章,通过列子对百岁骷髅所言,指出生死无别,不必为之忧愁或欢乐。

译文

列子旅行,在道旁吃东西,看见一个百年骷髅,拨开周围的蓬草指着骷髅说:"只有我和你知道你是不曾死也不曾生。你果真忧愁吗?我果真快乐吗?"

种有几[1],得水则为㡭[2],得水土之际则为蛙蠙之衣[3],生于陵屯则为陵舄[4],陵舄得郁栖则为乌足[5]。乌足之根为蛴螬[6],其叶为胡蝶。胡蝶胥也化而为虫[7],生于灶下,其状若脱[8],其名为鸲掇[9]。鸲掇千日为鸟,其名为乾余骨[10]。乾余骨之沫为斯弥[11],斯弥为食醯[12]。颐辂生乎食醯[13],黄軦生乎九猷[14],瞀芮生乎腐蠸[15]。羊奚比乎不笋[16],久竹生青宁[17],青宁生程[18],程生马,马生人,人又反入于机[19]。万物皆出于机,皆入于机。

注释

〔1〕几:微小,这里指物质最初的一种微小形态。

〔2〕虉(jì):一本作"继",一种断续如丝的草。

〔3〕蛙蠙(pín)之衣:蛙蚌的外衣,指青苔。蠙,蚌的别名。

〔4〕陵屯:土堆,高地。陵舄(xì):车前草。

〔5〕郁栖:粪壤。乌足:草名,车前草的变种。

〔6〕蛴螬(qí cáo):即金龟子的幼虫,又叫土蚕、粪虫。

〔7〕胥也:须臾,不久。

〔8〕脱:通"蜕",蜕变,蜕皮。

〔9〕鸲掇(qú duō):虫名,乾馀骨的幼虫。

〔10〕乾馀骨:鸟名。

〔11〕沫:唾沫。斯弥:虫名。

〔12〕食醯(xī):虫名,酒缸里的蠛蠓。

〔13〕颐辂(lù):虫名。

〔14〕黄軦(kuàng):虫名。九猷(yóu):虫名。一说九通"久",猷通"酉",即放久了的酒。

〔15〕瞀芮(mào ruì):虫名,蚊类。形似蝇而小,吸人畜血液。芮,同"蜹"、"蚋"。腐蠸(quán):虫名,即黄守瓜,黄甲小虫,喜食瓜叶,亦称"瓜萤",俗称"萤火虫"。

〔16〕羊奚:草名,疑即竹荪,寄生在枯竹根部的一种隐花菌类。比:连。不笋:不长笋的竹子。

〔17〕久竹:老竹。一说草名。青宁:竹根虫、竹虱或竹蛆。

〔18〕程:赤虫,一说即豹,一些方言中呼豹为程。

〔19〕反:通"返"。机:通"几"。按:此章为本篇第七章,通过对道家理解的物种演变的叙述,意在说明万物都是从"几"产生,最终又回到"几",人也不例外,人的生与死也只是一种由"几"而生,终返于"几"的自然变化。

245

译文

　　物种的初始形态是微小的"几",它得到水的滋养便会形成断续如丝的䉛草,处于水与土交接处就形成青苔,生在高地就变成车前草,车前草获得粪壤的滋养变成乌足草,乌足草的根变化成土蚕,它的叶子变成蝴蝶。蝴蝶不久就变成虫,生活在炉灶底下,形状像刚蜕了皮似的,它的名字叫作鸲掇。鸲掇虫千日后变成鸟,它的名字叫作乾馀骨。乾馀骨的唾沫长出斯弥虫,斯弥虫又变成蠛蠓。颐辂虫生于蠛蠓,黄軦从九猷中长出,蝤虫生于萤火虫。羊奚草连着不长笋的竹子,老竹又生出竹根虫,竹根虫生出赤虫,赤虫生出马,马生出人,而人又返归造化之初的"几"。万物都产生于造化之初的"几",又全都返归于造化之初的"几"。

达　生[1]

　　达生之情者[2],不务生之所无以为[3];达命之情者,不务知之所无奈何[4]。养形必先之以物[5],物有余而形不养者有之矣[6];有生必先无离形[7],形不离而生亡者有之矣[8]。生之来不能却[9],其去不能止。悲夫!世之人以为养形足以存生;而养形果不足以存生,则世奚足为哉[10]!虽不足为而不可不为者,其为不免矣[11]!

　　夫欲免为形者,莫如弃世[12]。弃世则无累[13],无累则正平[14],正平则与彼更生[15],更生则几矣[16]!事奚足弃而生奚足遗[17]?弃世则形不劳,遗生则精不亏[18]。夫形全精复[19],与天为一[20]。天地者,万物之父母也;合则成体[21],散则成始[22]。形精不亏,是谓能移[23]。精而又精[24],反以相天[25]。

注释

　　[1] 本篇是《庄子》第十九篇,属于外篇。篇名取自首章首句前二字。"达"是通晓、通达的意思,"生"指生命,"达生"即通达生命的意思。全篇共十三章,除第一章是议论外,其余十二章皆为寓言故事。通观各章,或明或暗地论述

和说明的都是养生在于"全神"的道理。

〔2〕情:实情。

〔3〕务:从事,做。生之所无以为:意思是对生命来说不可以做的事。无以为,无可为,不可为。以,可以。

〔4〕知之所无奈何:意思是对寿命无能为力的事。知,据马叙伦《庄子义证》,认为结合上文句法结构看,当为"命"字之误,指寿命。无奈何,无能为力。

〔5〕养形:保养形体。物:指物质条件,如衣服饮食等。

〔6〕有之矣:意思是有这样的人。

〔7〕有生:保养生命。无离形:不要让形体离开。无,通"毋",不要。

〔8〕生亡者:生命死亡的人。

〔9〕却:拒绝。

〔10〕世:世事,指世间养生备形的事务。奚足为:有什么值得做的。

〔11〕其为不免:意思是做事是不可避免的。

〔12〕为形:意思是保养形体的劳苦。弃世:抛弃世间的事务。

〔13〕无累:没有牵累。

〔14〕正平:心正气平。

〔15〕与彼更生:与自然一道推移变化。彼,此指自然。更生,推移变化。

〔16〕几:近,指接近大道。

〔17〕事:世事。奚足:为何值得。遗:遗忘。

〔18〕精不亏:精神不会亏损。

〔19〕形全:形体得到保全。精复:精神得到恢复。

〔20〕与天为一:和自然浑融一体。

〔21〕合则成体:意思是天地阴阳二气结合,就形成万物的形体。

〔22〕散则成始:意思是天地阴阳二气离散,便又回归到恍惚无物的初始状态。散,离散,分开。始,指无物的初始状态。

〔23〕能移:能与自然推移变化。

〔24〕精而又精:意思是保养精神到极点。

〔25〕反以相天:反过来能辅助大自然化育万物。相,辅助。按:此为本篇第

一章,是从理论上阐述养生问题的,乃全篇主旨所在。先批评世俗以养形为养生的错误,而后论述养生应以"全神"为本。

译文

通达生命实情的人,不做对生命来说不可以做的事;通达寿命实情的人,不做对寿命来说无能为力的事。保养形体必须先有足够的物质条件,但物质条件充裕而形体没有保养好的人还是常有的;保全生命必须先使形体不要离去,可是形体没有离去而生命已经死亡的人也是常有的。生命的到来不能拒绝,生命的离去也是无法阻止的。可悲啊!世人认为保养形体便足以保全生命,然而保养形体果真不足以保住生命,那么世事还有什么值得去做呢!虽然不值得去做却又不得不去做,那世人做事就是不可避免的了!

要想免于保养形体的劳苦,没有比抛弃世间事务更好的办法了。抛弃世间事务就不会再为世间事务所牵累,不再为世间事务所牵累就能够心正气平,心正气平就能与自然一道推移变化,与自然一道推移变化就接近大道了!世间事务为何值得抛弃?生命又为何值得遗忘?抛弃了世间事务形体就不会劳累,遗忘了生命精神就不会亏损。形体保全而精神恢复如初,就能与自然浑融为一体。天和地,是万物的父母;天地的阴阳二气结合便形成万物的形体,天地阴阳二气离散则万物就又回复到恍惚无物的初始状态。形体保全而精神不亏损,这就叫能随自然推移变化。精神的保养达到极点,反过来又能辅助自然化育万物。

子列子问关尹曰[1]:"至人潜行不窒[2],蹈火不热,行乎万物之上而不慄[3]。请问何以至于此?"

关尹曰:"是纯气之守也[4],非知巧果敢之列[5]。居[6],予语女。凡有貌象声色者[7],皆物也。物与物何以相远?夫奚足以至乎先[8]?是色而已[9]。则物之造乎不形而止乎无所化[10],夫得是而穷之者[11],物焉得而止焉[12]!彼将处乎不淫之度[13],而藏乎无端之纪[14],游乎万物之所终始[15],一其性[16],养其气,合其德,以通乎物之所造[17]。夫若是者,其天守全[18],其神无郤[19],物奚自入焉!夫醉者之坠车,虽疾不死[20]。骨节与人同而犯害与人异[21],其神全也[22]。乘亦不知也,坠亦不知也,死生惊惧不入乎其胸中[23],是故遻物而不慴[24]。彼得全于酒而犹若是[25],而况得全于天乎?圣人藏于天[26],故莫之能伤也[27]。复仇者不折镆干[28],虽有忮心者不怨飘瓦[29],是以天下平均[30]。故无攻战之乱,无杀戮之刑者,由此道也[31]。不开人之天[32],而开天之天[33]。开天者德生[34],开人者贼生[35]。不厌其天[36],不忽于人[37],民几乎以其真[38]!"

注释

〔1〕子列子:对列御寇的尊称。关尹:严氏,名喜,字公度,为函谷关尹,故称关令尹,或关尹。传说与老子同时,老子西行时,留《道德经》与之。

〔2〕至人:指道德修养最高尚的人。潜行:潜行于水中。窒:窒息。

〔3〕行乎万物之上:意思是行走在高而危险的地方。慄(lì):战栗,恐惧。

〔4〕是:这。纯气之守:指保守纯和的之气。纯气,纯和的元气。

〔5〕知:智慧。巧:灵巧。果:果决。敢:勇敢。列:类。

〔6〕居:坐下。

〔7〕貌象:相貌,迹象。声色:声音和色彩。

〔8〕奚:什么,谁。足以至乎先:能使物体最先显现出来。

〔9〕"是色"句:意思是这都是物体的形貌和色彩所致。江南古藏本"色"字前有"形"字,当据补。

〔10〕造乎:产生于,形成于。不形:无形,指无形的大道。止乎:静止在。无所化:指没有运动变化的状态。

〔11〕是:此,指万物生成和变化的道理。穷:穷尽。

〔12〕物:外物。焉得而止焉:意思是怎么能够阻止他进入大道的境域。焉,前一个"焉",意为"怎么",后一个"焉"相当于"于是"。

〔13〕彼:指至人。不淫之度:不过分的尺度。这里指大道的范围。淫,过分。

〔14〕无端之纪:指循环往复没有终始头绪的大道。端、纪,都是头绪的意思。

〔15〕万物之所终始:万物之根源,即道。道家认为万物始生于道,最终也归于道。

〔16〕一其性:意思是使其心性纯粹不杂。一,使……纯一。

〔17〕物之所造:万物的创造者,即道。

〔18〕天:天性。守全:保有完全。

〔19〕神:精神。无郤(xì):意思是没有亏损。郤,通"隙",缝隙,间隙。

〔20〕疾:摔伤。不死:不会死。

〔21〕犯害:受害,受伤害。

〔22〕神全:精神没有亏损。

〔23〕不入乎其胸中:不放在他心上。

〔24〕遻:遇,撞。慴(shè):同"慑",恐惧,害怕。

〔25〕彼:指醉酒的人。得全于酒:意思是靠酒得以保全精神。犹若是:尚且这样。

〔26〕藏:藏身。天:自然。

〔27〕莫之能伤:倒装句,即"莫能伤之",没有什么能伤害他。

251

〔28〕"复仇"两句:意思是复仇者不会折断曾伤害过他的宝剑。镆(mò)干,良剑镆铘(即莫邪)、干将的并称。

〔29〕"虽有"两句:意思是即使是忌恨之心极重的人,也不会怨恨被风吹落而打伤他的瓦片。忮(zhì),忌恨。飘瓦,被风吹落的瓦片。

〔30〕是以:因此。天下平均:天下太平安宁。平均,太平安宁。

〔31〕此道:指无心的自然之道。

〔32〕人之天:指人为的智虑情欲。

〔33〕天之天:指天道的自然无为。

〔34〕德生:有益于生命。德,有德,有益。

〔35〕贼生:有害于生命。贼,害。

〔36〕不厌其天:不满足于天道的涵养。厌,满足。

〔37〕不忽于人:不忽视于人为的祸患。

〔38〕民:人。几乎:接近于。真:指大道的本真境界。按:此则寓言为本篇第二章,借助关尹对列子的谈话,说明因顺自然之德、纯一心性、保养纯和元气是全神养生的关键。

译文

　　子列子问关尹说:"道德修养最高尚的至人潜行于水中不会窒息,跳入火中不会感到灼热,行走于高而危险的地方不会战栗。请问怎么样才能达到这样的境界?"

　　关尹回答说:"这是保守了纯和元气的缘故,不是靠智慧、灵巧、果决、勇敢之类的东西。坐下来,我告诉给你。大凡具有形貌、迹象、声音、颜色的,都是物类。那么,物与物之间为什么差别那么大?是什么使得物体最先显现出来呢?这都是形体和颜色所导致的。物体都产生于无形的大道,在没有变化的状态下才会静止。明白此道而又穷尽此理的人,外物又怎么能阻止他进入大道的境界呢!他将处于大道的限度内,藏身于大道没有头绪的循环变化中,而神游于产生万物的大道中心,纯一自己的天性,涵养自己的元气,与自然天德相融合,与万物的创造者大道相通。像这样的人,他的天性能保持完全,他的精神纯粹没有亏损,外物又怎么能够侵入呢!醉酒的人坠落车下,虽然受伤却不会死去。骨骼关节跟旁人一样而受到的伤害却跟别人不同,这是他的精神没有亏损(的缘故)。坐在车上他不知道,坠落地上他也不知道,死、生、惊、惧全都不能进入他心中,所以撞到外物受到伤害他并不恐惧害怕。醉酒的人靠酒获得神全尚且这样,何况靠自然大道获得神全的至人呢?圣人藏身在自然中,所以没有什么能够伤害他。复仇者不会折断曾经伤害过他的宝剑(因为宝剑并无心伤他);即使是忌恨之心极重的人,也不会怨恨被风吹落而打伤他的瓦片(因为瓦片是无心的),这样大家都以无心相待,天下就太平安宁了。所以没有攻城野战的祸乱,没有残害杀戮的刑罚,全是由于这无心的自然之道。不要开启人为的智虑、情欲之洞口,要开启自然无为的大门。开启自然无为的大门对生命有益,开启人为的智虑情欲之洞则对生命有害。对于天道的涵养要永不满足,而对于人为的祸患不可疏忽,这样,人就接近于大道本真的境界了。"

仲尼适楚,出于林中[1],见痀偻者承蜩[2],犹掇之也[3]。

仲尼曰:"子巧乎!有道邪[4]?"曰:"我有道也。五六月累丸二而不坠[5],则失者锱铢[6];累三而不坠[7],则失者十一[8];累五而不坠,犹掇之也。吾处身也[9],若厥株拘[10];吾执臂也[11],若槁木之枝[12];虽天地之大,万物之多,而唯蜩翼之知[13]。吾不反不侧[14],不以万物易蜩之翼[15],何为而不得[16]！"

孔子顾谓弟子曰："用志不分,乃凝于神[17],其痀偻丈人之谓乎[18]！"

注释

〔1〕仲尼：即孔子。适：往,到……去。出于：经过。

〔2〕痀偻(jū lóu)者：即痀偻丈人,驼背的老人。承：粘。蜩(tiáo)：蝉,知了。

〔3〕掇(duō)：拾取,捡。

〔4〕道：方法,窍门。

〔5〕五六月：意思是五六个月的练习。累：叠加。丸二：二丸。坠：掉下来。

〔6〕失者：失败的时候,指承蜩时失败的情况。锱铢(zī zhū)：均为古代相对很小的重量单位,六铢等于一锱,四锱等于一两。故"锱铢"用来比喻极微小的数量。这里指失败的时候很少。

〔7〕累三：即累三丸。下句"累五",亦即"累五丸"。

〔8〕十一：十分之一。

〔9〕处身：处置身躯。

〔10〕若厥株拘：意思是像竖起的树根静止不动。厥,竖。或作"橛",断木株,树根土上的部分。拘,一作"枸",当是"构"字之误,指树根盘错处。《列子·黄帝》中作"橛株驹"。

〔11〕执臂：用臂持竿。

〔12〕槁木：枯木。

〔13〕唯蜩翼之知：意思是只知道有蝉翼的存在。

〔14〕不反：身体手臂不转动。不侧：身体手臂不倾斜。

〔15〕"不以"句：意思是不因为纷杂的万物而改变对蝉翼的专注。易,改变。

〔16〕何为：为何。何,怎么。

〔17〕用志不分：用心专一而不分散。志,心志。凝于神：精神凝聚专一。

〔18〕其……之谓乎：不就是说的……吗？丈人：古代对老年人的尊称。按：

此则寓言为本篇第三章,借痀偻丈人承蜩的故事,说明养神的方法,在于精神凝聚专一,不受外界事物的干扰。

译文

　　孔子到楚国去,经过树林,看见一个驼背的老人正用竿子粘蝉,就好像拾取东西一样容易。

　　孔子问:"您真灵巧啊,有什么方法吗?"驼背老人说:"我有方法。经过五、六个月的练习,在竿头叠加起两个粘丸而不会坠落,这时用竿子粘蝉失败的情况就很少了;叠加起三个粘丸而不坠落,那么失败的情况不会超过十分之一;叠加起五个粘丸而不坠落,再用竿子粘蝉就会像拾取东西一样容易了。我粘蝉时身子像竖起的树根一样静止不动,我用臂举竿就像枯木的树枝。虽然天地广阔,万物繁多,而我只知道有蝉翼的存在。我身体和手臂不转动也不倾斜,绝不因为纷繁的万物而改变对蝉翼的专注,怎么会得不到呢!"

　　孔子回头对弟子们说:"用心专一而不分散,聚精会神。这说的就是这位驼背老人吧!"

　　颜渊问仲尼曰:"吾尝济乎觞深之渊[1],津人操舟若神[2]。吾问焉,曰:'操舟可学邪?'曰:'可。善游者数能[3]。若乃没人[4],则未尝见舟而便操之也[5]。'吾问焉而不吾告[6],敢问何谓也?"

　　仲尼曰:"善游者数能,忘水也[7]。若乃夫没人之未尝见舟而便操之也,彼视渊若陵[8],视舟之覆犹其车却也[9]。覆却万方陈乎前而不得入其舍[10],恶往而不暇[11]!以瓦注者巧[12],

以钩注者惮[13]，以黄金注者殙[14]。其巧一也[15]，而有所矜[16]，则重外也[17]。凡外重者内拙[18]。"

注释

〔1〕济：渡。觞深：渊名。

〔2〕津人：摆渡的人。操舟：撑船，驾船。若神：意思是像神人一样灵巧。

〔3〕数能：意思是练习几次就学会撑船。数，数次，多次。

〔4〕若乃夫：至于那。没(mò)人：善于潜水的人。

〔5〕便：轻便，熟练。操：操作，这里指驾船。

〔6〕吾问焉：意思是我再追问缘由。不吾告：即不告吾。

〔7〕忘水：忘掉水的存在。

〔8〕彼：他，指善于潜水的没人。视渊若陵：把深渊当作小山丘。

〔9〕舟之覆：船翻。车却：车子倒退。却，退却。

〔10〕覆却万方：千万种翻船、倒车的情景。陈乎前：呈现在眼前。不得入其舍：不会扰乱他的心灵。舍，心灵。古人认为心为精神的居所。

〔11〕恶(wū)：同"乌"，何，哪儿。暇：从容自得。

〔12〕瓦注：用瓦片作赌注，注，下赌注。巧：轻巧，这里指心计灵巧。

〔13〕钩：衣带钩，多为有价值的青铜制成。惮(dàn)：畏惧，担心。

〔14〕殙(hūn)：同"惛"，混乱。这里指心志昏乱。

〔15〕巧：技巧，指赌博的技巧。一：同一，一样。

〔16〕矜(jīn)：顾念，顾惜。

〔17〕则：就。重外：注重外物。意思是受外物的影响。

〔18〕外重者：注重外物的人。内拙：内心不灵巧。按：此则寓言为本篇第四章，借善游者"忘水"、赌注者有所顾惜来说明，养生不能受外物干扰，只有忘却外物、内心无扰，才能真正凝神。

译文

　　颜渊问孔子说："我曾经渡过一个叫觞深的深渊，摆渡的人撑船的技巧如神人一般灵巧。我问他：'撑船可以学习吗？'摆渡人说：'可以。善于游泳的人练习几次就能学会。至于那善于潜水的人，即使没有见过船，撑起船来也很熟练。'我再追问缘由而他却不告诉我了。请问他说的是什么意思呢？"

孔子回答说："善于游泳的人很快就能学会撑船，这是因为他（熟悉水性而）忘掉了水的危害。善于潜水的人即使没有见过船撑起船来也很熟练，是因为他把深渊当作小山丘，看待船翻犹如车子倒退一样。翻船、倒车的万般景象呈现在眼前都不会扰乱他的心灵，到哪里会不从容自得呢？用瓦片作赌注的人（心里轻松而）技巧往往高，用金属带钩作为赌注的人就心存畏惧，用黄金作为赌注的人则更心志昏乱。三者赌博的智巧是一样的，而后二者对赌注有所顾惜，心思就过多地转移到外物去了。大凡看重外物的人，心思就不灵巧。"

田开之见周威公[1]。威公曰："吾闻祝肾学生[2]，吾子与祝肾游，亦何闻焉？"田开之曰："开之操拔篲以侍门庭[3]，亦何闻于夫子！"

威公曰："田子无让[4]，寡人愿闻之。"开之曰："闻之夫子曰：'善养生者，若牧羊然，视其后者而鞭之。'"威公曰："何谓也？"

田开之曰："鲁有单豹者[5]，岩居而水饮[6]，不与民共利[7]，行年七十而犹有婴儿之色，不幸遇饿虎，饿虎杀而食之。有张毅者[8]，高门县薄[9]，无不走也[10]，行年四十而有内热之病以死[11]。豹养其内而虎食其外[12]，毅养其外而病攻其内[13]，此二子者，皆不鞭其后者也。"

仲尼曰："无入而藏[14]，无出而阳[15]，柴立其中央[16]。三者若得[17]，其名必极[18]。夫畏涂者[19]，十杀一人[20]，则父子兄弟相戒也[21]，必盛卒徒而后敢出焉[22]，不亦知乎[23]！人之所取畏者[24]，衽席之上[25]，饮食之间；而不知为之戒者[26]，过也。"

注释

〔1〕田开之：田氏，名开之，学道之人。周威公：周孝王之孙，周桓公之子，名不传，战国时东周公国的君主，都城在巩（今河南巩义），又称东周君。

〔2〕祝肾：祝氏，名肾，学道之人。学生：学习养生之道。

〔3〕操：拿。拔篲（bá huì）：扫帚。侍门庭：侍候门户，洒扫庭院。古代从师学习，都持扫帚洒扫门庭以充役使，故以"侍门庭"、"操篲"喻指从学。

〔4〕田子：对田开之的尊称。无：通"毋"，不要。让：谦虚、谦让。

〔5〕单豹：鲁国人，单氏，名豹，隐士。

〔6〕岩居：居住在岩洞里。水饮：饮山泉之水。

〔7〕民：人。共利：争利。

〔8〕张毅：张氏，名毅，鲁国人，以谦恭著称。《吕氏春秋·必己》："张毅好恭，门闾帷薄聚居众无不趋。"

〔9〕高门：富贵人家。县（xuán）薄：通"悬薄"，悬挂帷帘以代门户的穷人家。

〔10〕走：这里是看望的意思。

〔11〕内热之病：因求名到处奔走劳累及焦虑等引起的心火之病。以：而。

〔12〕豹：即单豹。养其内：修养内在的心性。虎食其外：老虎吞噬了他外在的躯体。

〔13〕毅：张毅。养其外：指养护身外的名声。攻：侵蚀。其内：指内在的身心。

〔14〕无：通"毋"，不要，下句同。入而藏：深深地隐藏。此指像单豹之流岩

居穴处地隐居。

〔15〕出而阳:意思是出处于世俗而显露自己。阳,借为"扬",张扬,显露。

〔16〕柴立:像枯柴一样立着。其中央:指出入之间。比喻不偏不倚,内外兼养。

〔17〕三者:上述三点。得:做得到。

〔18〕其名必极:意思是养生之名必能达到至极的至人层次。

〔19〕畏涂(tú):艰险可怕的道路。涂,通"途",道路。

〔20〕十杀一人:意思是路过的十个人中有一人被杀。

〔21〕戒:警戒。

〔22〕盛卒徒:聚集众多的人,即成群结队。

〔23〕知:通"智",聪明。

〔24〕取畏者:最可怕的。取,江南古藏本作"最",可从。

〔25〕衽(rèn)席之上:指卧席上纵情色欲。衽席,卧席,此借指男女色欲之事。

〔26〕为之戒:意思是对衽席之上纵情色欲、饮食失度有所警戒。按:此则寓言为本篇第五章,旨在说明养生不能只"养其内"或只"养其外",应当"柴立中央"而全神守气,才能内外兼养,免去外物与内热之患。

译文

田开之见到周威公。周威公说:"我听说祝肾在学习养生,您在祝肾那里游学,从他那儿听到过什么呢?"田开之说:"我只不过拿着扫帚在他门口侍立、洒扫庭院而已,哪里听得到先生说什么!"

周威公说:"田先生不要谦虚,我想听听。"田开之说:"听先生说:'善于养生的人,就像牧羊一样,见到落后的羊便用鞭子赶一赶。'"周威公问:"这是什么意思呢?"

田开之说:"鲁国有个叫单豹的,居住在山洞里,饮山泉之水,不跟任何人争利,活了七十岁还有婴儿一样的面容,不幸遇上了饿虎,饿虎杀死并吃掉了他。鲁国还有个叫张毅的,无论高门大户,还是贫寒之家,没有他不去看望的,只活到四十岁便患内热病死了。单豹从内修养心性,却被老虎吞噬了他外在的身体;张毅为求名而使身体在外奔竞,可是疾病侵蚀了他身体的内部。这两个人,都是不知道鞭策自己不足的人。"

孔子说:"不要进入山岩而隐藏起来(只顾自己内在的心性修养),也不要出处世俗只顾外在的显露自己,要像枯柴一样立守在内外、出入之间。上述三点做得到,养生之名必能达到至极的至人层次。艰险可怕的道路,经过的十个人中如果有一位被杀,那么父子兄弟会相互警戒,一定要成群结队才敢通过,这不是很聪明的吗?人们最应该畏惧的,是卧席之上的纵情色欲,饮食上的过度,而却不知道对它们有所警戒,这实在是很大的过错啊!"

祝宗人元端以临牢策[1],说彘曰[2]:"汝奚恶死[3]?吾将三月豢汝[4],十日戒,三日齐[5],藉白茅[6],加汝肩尻乎雕俎之上[7],则汝为之乎[8]?"为彘谋[9],曰不如食以糠糟而错之牢策之中[10]。自为谋[11],则苟生有轩冕之尊,死得于腞楯之上、聚偻之中则为之[12]。为彘谋则去之[13],自为谋则取之,所异彘者何也[14]!

注释

〔1〕祝宗人:即祝人、宗人,都是主持祭祀的官。元端:即玄端,黑色的礼服。先秦时通用的祭祀斋服,为上衣下裳制。玄端服无章彩纹饰,也暗合了正直

端方的内涵,故称为"玄端"。玄,黑色。端,指用布为整幅,每幅布都是正方形,端直方正,故称端。牢策:这里指圈养祭祀用猪的猪圈。

〔2〕说(shuì):劝说。彘(zhì):猪。

〔3〕奚:何必。恶(wù)死:怕死。

〔4〕豢(huàn):通"豢",喂养。

〔5〕齐(zhāi):通"斋",斋戒,指祭祀前戒绝嗜欲、洁净身心,以示虔诚。

〔6〕藉(jiè):铺垫。白茅:又名茅针、茅根、茅草,多年生草本,体态洁白,柔顺,古人用作祭祀用品。

〔7〕加:放。肩尻(kāo):肩和臀部。乎:于,在。雕俎(diāo zǔ):雕有花纹的祭器。

〔8〕为之乎:意思是愿意这样做吗?

〔9〕为:替。谋:打算,想。

〔10〕食(sì):喂。糠糟(kāng zāo):指粗劣的食物。错:通"措",放置。

〔11〕自为谋:为自己打算。

〔12〕"则苟"两句:意思是假使活着能享有乘车戴冕的尊位,死后能装在绘有文采的柩车和棺椁里,死也愿意。苟,假使。生,活着。轩冕,古时大夫以上官员的车乘和冕服。滕楯(zhuàn chūn),有纹饰的柩车。滕,画饰。楯,通"辁",柩车。聚偻,棺椁。

〔13〕去:抛弃。

〔14〕所异彘者何也:他与猪不同的地方究竟是什么呢?按:此则寓言为本篇第六章,借祭祀人对猪的说话,说明贪图富贵名利之徒,不能通达养生之道。

译文

掌管祭祀的祝宗人穿戴着祭祀的礼服、礼帽来到猪圈,劝说里面的猪:"你何必怕死呢?我将喂养你三个月,还要戒欲十天,斋戒三天,为你垫上洁净的白茅,然后把你的肩膀和臀部放在雕有花纹的祭器上,那么你愿意这样做吗?"替猪着想,认为不如喂食糟糠,而关在猪圈里。为自己打算,就假使活着能享有

261

乘车戴冕的尊位,死后能装在绘有文采的柩车和棺椁里,死也愿意。替猪打算时就抛弃那些,为自己打算时便想获得那些,他与猪不同的地方究竟是什么呢?

桓公田于泽[1],管仲御[2],见鬼焉。公抚管仲之手曰:"仲父何见[3]?"对曰:"臣无所见。"公反[4],诶诒为病[5],数日不出。

齐士有皇子告敖者曰[6]:"公则自伤,鬼恶能伤公[7]!夫忿滀之气[8],散而不反[9],则为不足[10];上而不下,则使人善怒[11];下而不上,则使人善忘[12];不上不下,中身当心[13],则为病。"桓公曰:"然则有鬼乎?"曰:"有。沉有履[14],灶有髻[15]。户内之烦壤[16],雷霆处之[17];东北方之下者,倍阿鲑蛮跃之[18];西北方之下者,则泆阳处之[19]。水有罔象[20],丘有莘[21],山有夔[22],野有彷徨[23],泽有委蛇[24]。"公曰:"请问委蛇之状何如?"皇子曰:"委蛇,其大如毂[25],其长如辕[26],紫衣而朱冠。其为物也,恶闻雷车之声[27],则捧其首而立[28]。见之者殆乎霸[29]。"

桓公辴然而笑曰[30]:"此寡人之所见者也。"于是正衣冠与之坐[31],不终日而不知病之去也[32]。

注释

〔1〕桓公:指齐桓公,姓姜,名小白,春秋五霸之一。田:畋(tián)猎。泽:草木丛深的湖沼。

〔2〕管仲:管氏,名夷吾,字仲,齐桓公时为齐相,尊为仲父。御:驾车。

〔3〕何见:即"见何",看到什么了。

262

〔4〕公:指齐桓公。反:通"返",返回。

〔5〕誒诒(xī yí):疲惫困怠的样子。

〔6〕齐士:齐国贤士。皇子告敖:齐国人,皇子为姓氏,名告敖。

〔7〕恶(wū):何,怎么。

〔8〕忿滀(fèn chù):郁结,郁滞。

〔9〕反:通"返",还。

〔10〕不足:精力不足,精神萎靡不振。

〔11〕上而不下:郁结之气上升而不下通。善怒:好怒,易怒。

〔12〕下而不上:郁结之气向下淤积而不上通。善忘:易忘。

〔13〕不上不下:郁结之气在体内不上不下。中身当心:集中于身体中间心的部位。

〔14〕沉有履:水下污泥中有鬼叫履。

〔15〕髻(jié):灶神名。

〔16〕烦壤:粪壤。

〔17〕雷霆:鬼名。

〔18〕倍阿、鲑蠪(wā lóng):都是东北角墙下的鬼名。跃:跳跃。

〔19〕泆(yì)阳:西北角墙下的鬼名。

〔20〕罔象(wǎng xiàng):水中鬼怪名。

〔21〕峷(shēn):山丘之鬼名。

〔22〕夔(kuí):传说中似牛无角的独脚兽,山鬼名。

〔23〕彷徨:野外的鬼名。成玄英疏:"其状如蛇,两头,五采。"

〔24〕委蛇(wēi yí):草泽中的鬼名。

〔25〕毂(gǔ):即车毂,车轮中心套轴的部分。

〔26〕辕(yuán):车辕子,车前驾牲口的直木。

〔27〕恶(wù):畏惧。雷车之声:如雷一样响的车声。

〔28〕捧:两手托着。其:它的。首:头。

〔29〕殆乎霸:恐怕要称为霸主。

〔30〕辴(zhěn)然:喜悦的样子。

263

〔31〕正：整理。与之坐：意思是与皇子告敖坐在一起谈话。

〔32〕不终日：不到一天。不知：不知不觉。去：离开，没有了。按：此则寓言为本篇第七章，以桓公见鬼致病为喻，说明心神宁静释然才是养神的关键。

译文

齐桓公在草泽中打猎，管仲为他驾车，突然他看到了鬼。桓公拉着管仲的手说："仲父看到什么了吗？"管仲回答："我没有看见什么。"桓公回到宫中，疲惫困怠而生了病，好几天不出门。

齐国有个士人叫皇子告敖的(对齐桓公)说："您是自己吓伤了自己，鬼如何能伤害您呢！身体郁结的气，离散而不返还，就会精力不足而精神萎靡；郁结之气上升而不下通，就会使人易怒；向下淤积而不上通，就会使人健忘；不上升又不下达，集中于身体中间心的部位，那就会生病。"桓公说："这样，那么有鬼吗？"告敖回答："有。水下污泥中有鬼叫履，灶中有髻鬼。门户内的粪壤里，有雷霆鬼居住；东北方墙角下，有倍阿、鲑蠪鬼在跳跃；西北方墙角下，有泆阳鬼居住。水中有水鬼罔象，丘陵里有峷鬼，大山里有夔鬼，野外有彷徨鬼，草泽里有委蛇鬼。"桓公问："请问，委蛇鬼是什么样子？"告敖回答："委蛇鬼，像车毂那么大，像车辕那么长，穿紫衣，戴红帽。这种鬼，害怕听到如雷般响亮的车声，一听见就会两手托着脑袋站着。遇见它的人恐怕将要成为霸主。"

桓公听了后喜悦地大笑着说："这就是我所看到的鬼。"于是，齐桓公重新整理衣冠和告敖坐着谈话，不到一天他的病不知不觉就好了。

纪渻子为王养斗鸡[1]。十日而问:"鸡已乎[2]?"曰:"未也,方虚憍而恃气[3]。"十日又问,曰:"未也,犹应向景[4]。"十日又问,曰:"未也,犹疾视而盛气[5]。"十日又问,曰:"几矣[6]。鸡虽有鸣者,已无变矣[7],望之似木鸡矣,其德全矣[8],异鸡无敢应者[9],反走矣[10]。"

注释

〔1〕纪渻(shěng)子:纪氏,名渻子。王:指齐王。《列子·黄帝》作"周宣王"。养:驯养。斗鸡:专门用于打斗比赛的鸡。

〔2〕已乎:可以斗赛了吗?

〔3〕方:正。虚憍(jiāo):即虚骄,浮华骄傲。恃气:自恃意气。

〔4〕犹:还。应:反应。向:通"响",指鸡的鸣叫声。景:通"影",指鸡的身影。

〔5〕疾视:四周环顾反应迅疾。盛气:斗志旺盛。

〔6〕几:差不多。

〔7〕无变:没有变动,即没有反应。

〔8〕其:斗鸡。德全:德行完全。

〔9〕异鸡:别的鸡。应:应斗。

〔10〕反走:转身逃走。反,通"返",转身。按:此则寓言为本篇第八章,以纪渻子养斗鸡的故事,说明养生以养神全性为尚,凝神养气在于无争。

译文

纪渻子为齐王驯养斗鸡。过了十天,齐王问:"鸡可以斗赛了吧?"纪渻子回答说:"不行,它正虚浮骄傲而自恃意气哩。"十天后,齐王又问,纪渻子回答说:"不行,听见别的鸡叫声,看见别的鸡的身影,还有想斗的反应。"十天后,齐王又问,纪渻子回答说:"不行,它还处于四处环顾反应迅疾而斗志旺盛的状态。"

265

又过了十天,齐王问,纪渻子回答说:"差不多了,即使有别的鸡叫,它也没有什么反应,看上去像木鸡一样,它的德性已经完备了。别的鸡没有敢与它应斗的,都会吓得转身逃走的。"

孔子观于吕梁[1],县水三十仞[2],流沫四十里[3],鼋鼍鱼鳖之所不能游也[4]。见一丈夫游之[5],以为有苦而欲死也[6],使弟子并流而拯之[7]。数百步而出,被发行歌而游于塘下[8]。孔子从而问焉,曰:"吾以子为鬼,察子则人也[9]。请问蹈水有道乎[10]?"曰:"亡[11],吾无道。吾始乎故[12],长乎性[13],成乎命[14]。与齐俱入[15],与汩偕出[16],从水之道而不为私焉[17]。此吾所以蹈之也。"孔子曰:"何谓始乎故,长乎性,成乎命?"曰:"吾生于陵而安于陵[18],故也;长于水而安于水[19],性也;不知吾所以然而然[20],命也。"

注释

〔1〕观:游观。吕梁:地名,在今江苏铜山东南。

〔2〕县水:瀑布。县,通"悬"。仞:八尺为一仞。或称七尺为一仞。

〔3〕流沫:激流激起的浪花。

〔4〕鼋(yuán):鳖的一种,形体较大。鼍(tuó):鳄鱼的一种,俗称"猪婆龙"。

〔5〕丈夫:古代对男子的称呼。

〔6〕苦:痛苦,困苦。欲死:这里指想投水自尽。

〔7〕使:派。并流:傍流,顺流。拯:救。

〔8〕被发:即披发,发不束而披散。行歌:边游边唱。塘:堤岸。

〔9〕察:观察。

〔10〕蹈水:游泳。道:技巧,方法。

〔11〕亡:通"无",没有。

〔12〕故:故常,本然。

〔13〕性:习性。

〔14〕成:完成。命:自然规律。

〔15〕齐:通"脐",漩涡,因其回旋似肚脐,故称。俱入:一起游入水中。

〔16〕汩(gǔ):上涌的激流。偕出:一起浮出水面。

〔17〕从:顺从。水之道:水流动的规律,即水势。不为私:不随自己的私意逆水而动。

〔18〕生于陵而安于陵:生长在山陵,就安心于山陵。陵,大土山。

〔19〕长于水而安于水:在水上成长,也安于水上生活。

〔20〕不知吾所以然而然:意思是我不知道为何这么做而这样做了。按:此则寓言为本篇第九章,以游水者顺应水性游水而不随个人心意妄动之理,说明养生妙道在于无我而顺随外物之性。

译文

孔子在吕梁游观,瀑布从三十仞高的地方落下来,激流激起的浪花飞溅远达四十里,鼋、鼍、鱼、鳖都不敢在这一带游水。(突然)看见一个男子在激流中游泳,以为他是遭遇困苦想投水自尽的,孔子派弟子顺着水流去救他。那男子潜游出数百步远,而后露出水面,披散着头发边游边唱,游到堤岸下。孔子跟过去,问:"我还以为你是鬼,仔细观察却是人。请问,游泳有技巧吗?"那人回答:"没有,我没有什么技巧。我起初是本于故常,长大后习而成性,完成于顺应自然。和漩涡一起没入水中,又跟上涌激流一道浮出水面,顺着水势自然而游而不按自己的私意妄动游水。这就是我用来游泳的方法。"孔子问:"什么叫作'我起初是本于故常,长大后习而成性,完成于顺应自然'呢?"那人又回答:"我生于山陵,就安心于山陵,这就叫安于故常;我在水上成长,就安于水上生活,这就叫习而成性;我不知道为何这么做而这样做了,这就叫顺应自然。"

梓庆削木为镰[1],镰成,见者惊犹鬼神[2]。鲁侯见而问焉,曰:"子何术以为焉[3]?"对曰:"臣工人[4],何术之有[5]!虽然[6],有一焉。臣将为镰,未尝敢以耗气也[7],必齐以静心[8]。齐三日,而不敢怀庆赏爵禄[9];齐五日,不敢怀非誉巧拙[10];齐七日,辄然忘吾有四枝形体也[11]。当是时,无公朝[12],其巧专而外骨消[13]。然后入山林,观天性[14],形躯至矣[15],然后成见镰[16],然后加手焉[17];不然则已[18]。则以天合天[19],器之所以疑神者[20],其是与[21]!"

注释

〔1〕梓(zǐ)庆:鲁国木工,名庆。梓,古代工匠的一种,木工。镰(jù):一种形似钟的古代乐器,最初是木制的。

〔2〕惊犹鬼神:惊叹其精巧得好像鬼斧神工一般。

〔3〕何术以为焉:即"以何术为焉",用什么技术制成的呢?

〔4〕工人:工匠。

〔5〕何术之有:有什么道术呢?

〔6〕虽然:即使这样。

〔7〕未尝敢以耗气:从不曾敢耗损神气。

〔8〕齐:通"斋",斋戒。下三句"齐"字意同。

〔9〕怀:心怀。庆:赐。赏:恩惠,赏赐。爵禄:官爵和俸禄。

〔10〕非誉:非议与称赞。巧拙:精巧与笨拙。

〔11〕辄然:不动的样子。枝:即"肢"。

〔12〕无公朝:心中没有了公室和朝廷的存在。公朝,公室和朝廷。

〔13〕巧专:专心于工艺的精巧。外骨消:意思是扰乱心神的外物完全消失。外,外物。骨,通"滑",乱。消,消失。

〔14〕观:观察。天性:树木的自然性质。

〔15〕形躯:树木的形体。至:找到合适的材料。

〔16〕成见镰:意思是要做的镰的形象呈现在脑海里。见,通"现"。

〔17〕加手:动手做。

〔18〕不然则已:不是这样的话就停止。已,停止。

〔19〕以天合天:用我的自然本性顺合树木的自然本性。

〔20〕器:做成的镰。疑神者:被人疑为鬼斧神工。

〔21〕其是与:大概就是这个原因吧! 按:此则寓言为本篇第十章,以梓庆削木为镰的故事,借以说明忘记自我、"以天合天"是养生全神应遵循的重要原则。

译文

木工庆削木做镰,镰做成以后,看见的人无不惊叹其精巧得好像鬼斧神工一般。鲁侯见到便问梓庆,说:"你用什么技术做成的呢?"梓庆回答道:"我只是个工匠,有什么技术呢! 虽是这样,还是有一点可以说说。我准备做镰时,从不敢耗损神气。一定要斋戒使心虚静下来。斋戒三天,不敢再心想着赏赐、官爵和俸禄;斋戒五天,不敢再思虑是否被非议与称赞、作品精巧与笨拙的问题;斋戒七天,就忘记了自己的四肢和形体。这个时候,我心里已经不知道有公室和朝廷的存在,专心于工艺的精巧,扰乱心神的外物完全都消失了。然后,我进入山林,观察树木的自然性质,寻找到形体合适的树木,随后要做的镰的形象呈现在脑海里,接着动手做;如果不是这样,我就会停止不做。用我的自然本性顺合树木的自然本性,镰做成后之所以被人疑为鬼斧神工,大概就是这个原因吧!"

东野稷以御见庄公[1],进退中绳[2],左右旋中规[3]。庄公以为文弗过也[4],使之钩百而反[5]。颜阖遇之[6],入见曰:"稷之马将败。"公密而不应[7]。少焉[8],果败而反。公曰:"子何以知之?"曰:"其马力竭矣,而犹求焉[9],故曰败。"

注释

〔1〕东野稷:东野氏,名稷,善于驾车。以:因。御:驾车。庄公:即鲁庄公。

〔2〕"进退"句:意思是东野稷驾车前后进退路线像绳墨画的线那样直。中绳,合于木工绳墨画的直线的要求。

〔3〕"左右"句:意思是东野稷驾车左右旋转的路线像圆规画的线那样圆。旋,旋转。中规,符合圆规画的圆的要求。

〔4〕文:吴汝纶《庄子点勘》以为是"造父"之误。《荀子·哀公》《吕氏春秋·适威》《新序·杂事》《孔子家语·颜回》等均作"造父"。造父,周穆王时人,以善御闻名。弗过:不能超过。

〔5〕钩:这里是让马车打转的意思。百:一百次。反:通"返",返回。

〔6〕颜阖:鲁国有道者,颜氏,名阖。《荀子·哀公》作颜渊。

〔7〕密:默默地。

〔8〕少焉:过一会儿。

〔9〕求:强求,强迫。按:此则寓言为本篇第十一章,以东野稷马车表演为喻,说明养生不能自恃轻用、耗神竭劳,而应当以"全神"为尚。

译文

东野稷因为善于驾车而得见鲁庄公,他驾车时前后进退的路线像绳墨画的线那样直,左右旋转的路线像圆规画的线那样圆。庄公认为就是古代善于驾车的造父也不能超过他,要他驾车转上一百圈后再返回。颜阖看到这个场景,进去拜见庄公,说:"东野稷的马车表演将要失败。"庄公默默地不回应。不一会儿,东野稷的表演果然失败而返。庄公问颜阖:"您怎么知道他会失败呢?"颜阖回答说:"他的马力气已经用尽,可他还强迫它奔走转圈,所以我说他会失败。"

工倕旋而盖规矩[1],指与物化而不以心稽[2],故其灵台一而不桎[3]。忘足,屦之适也[4];忘要,带之适也[5];知忘是非,心之适也[6];不内变,不外从,事会之适也[7]。始乎适而未尝不适者,忘适之适也[8]。

注释

〔1〕工倕(chuí):相传为尧时的一名巧匠,或说是黄帝时代的巧匠,主理百工。旋:画圈。盖:胜过,超出。规矩:这里偏义指"规"。

〔2〕指:工倕的手指。与物化:随着物体的变化而变化。以心稽:用心查核。稽,查核。

〔3〕灵台:心。一:专一。不桎:不受桎梏。

〔4〕"忘足"两句:意思是忘掉脚,穿鞋子就会感到舒适。屦(jù),鞋子。适,舒适、安适。

〔5〕"忘要"两句:意思是忘掉腰,束腰带就会感到舒适。要,通"腰",腰带。

〔6〕"知忘"两句:意思是忘掉是非,内心就会感到舒适。知,张君房本、文如海本无此字,从上文几句句法看,此字当为衍字。

〔7〕"不内变"三句:意思是内心持守大道不改变,不受任何外物的影响,遇事就会安顺自适。事会,遇事。

〔8〕"始乎"两句:意思是顺应初始本性的安适而不曾有任何不安适,就是忘掉了安适的安适。始乎适,初始本性在于安适。始,指初始的本性。按:此则寓言为本篇第十二章,以工倕用手指画图之事,阐述养神须得"不内变"、"不外从",忘却自我,忘却外物,心神凝一,方能达到无所不适的境界。

译文

工倕随手画圈就能胜过用圆规画出的圆圈,他的手指随着物体的变化而自然变化,而不用心来查核,所以他的心灵专一而不受束缚。忘掉了脚,穿鞋子就会感到舒适;忘掉了腰,束腰带就会感到舒适;忘掉了是非,内心就会感到舒适;内心持守大道不改变,不受任何外物的影响,遇事就会安顺自适。顺应初始本性的安适而不曾有任何不安适,就是忘掉了安适的安适。

有孙休者[1],踵门而诧子扁庆子曰[2]:"休居乡不见谓不修,临难不见谓不勇[3]。然而田原不遇岁[4],事君不遇世[5],宾于乡里[6],逐于州部[7],则胡罪乎天哉[8]?休恶遇此命也[9]?"

扁子曰:"子独不闻夫至人之自行邪[10]?忘其肝胆,遗其耳目[11],芒然彷徨乎尘垢之外[12],逍遥乎无事之业[13],是谓'为而不恃,长而不宰[14]'。今汝饰知以惊愚[15],修身以明汙[16],昭昭乎若揭日月而行也[17],汝得全而形躯[18],具而九窍[19],无中道夭于聋盲跛蹇而比于人数[20],亦幸矣[21],又何暇乎天之怨哉[22]?子往矣!"

孙子出,扁子入,坐有间[23],仰天而叹。弟子问曰:"先生何为叹乎[24]?"扁子曰:"向者休来[25],吾告之以至人之德,吾恐其惊而遂至于惑也[26]。"弟子曰:"不然。孙子之所言是邪?先生之所言非邪[27]?非固不能惑是[28]。孙子所言非邪?先生所言是邪?彼固惑而来矣[29],又奚罪焉[30]?"

扁子曰:"不然。昔者有鸟止于鲁郊[31],鲁君说之,为具太牢以飨之,奏《九韶》以乐之,鸟乃始忧悲眩视,不敢饮食。此之谓以己养养鸟也。若夫以鸟养养鸟者,宜栖之深林,浮之江湖,食之以委蛇[32],则安平陆而已矣[33]。今休,款启寡闻之民也[34]。吾告以至人之德,譬之若载鼷以车马[35],乐鴳以钟鼓也[36]。彼又恶能无惊乎哉[37]!"

注释

〔1〕孙休:孙氏,名休,鲁国人。

〔2〕踵(zhǒng)门:登门。古人见面需通传,亲自上门者,称为踵门。诧:告诉。子:是对人的尊称,先生的意思。扁庆子:扁氏,名庆子,鲁国贤士。

〔3〕"休居"两句:意思是孙休我居住在乡里没有人说我没有修养,遇到危难也没有人说我不勇敢。休,孙休自称。居乡,居住在乡里。不见谓,没有被人说。见,被。谓,称,说。不修,没有修养。临,面临,遇到。

〔4〕田原:在田原耕作。田,耕作。原,田地,原野。不遇岁:没有遇到丰收年成。岁,收成好的年份,即丰年。

〔5〕事君:侍奉君主。不遇世:遇不到圣明时代。世,此指君圣主明的好时代。

〔6〕宾于乡里:被乡里人排斥。宾,通"摈",排斥,摈弃。

〔7〕逐于州部:被州邑官吏驱逐。逐,驱逐。州部,即州邑,这里指州邑的官吏。

〔8〕胡:何,什么地方。罪:得罪。乎:于。

〔9〕恶(wù):何,为何。也:通"邪"。

〔10〕独:特。至人:指庄子理想中道德修养最高尚的人。自行:自我修养。

〔11〕肝胆:肝和胆,这里代指身体。耳目:耳朵和眼睛,这里代指聪明智慧。此句以下四句又见于《大宗师》。

〔12〕芒然:即茫然,无知无欲的样子。彷徨:安然自得的样子。尘垢:尘世。

〔13〕无事之业:即无为之业,无所作为的境界。

273

〔14〕"为而不恃"两句:出自《老子》第十章,意思是率性自然而为而不自恃其功,长育万物而不以主宰自居。

〔15〕饰知:修饰自己的智慧。知,通"智"。惊愚:使愚顽的俗人受到惊吓。此句以下三句又见于《山木》。

〔16〕明汙(wū):显明别人的污秽。明,使……显明。汙,同"污",污秽。

〔17〕昭昭乎:明亮的样子。揭日月而行:高举着太阳和月亮而行走在世上。揭,举。

〔18〕得:得以,能够。全:保全。而:通"尔",你的。形躯:身体。

〔19〕具:具备。九窍:指人体的两眼、两耳、两鼻孔、口、两阴。

〔20〕无:没有。夭:夭伤,伤残。跛蹇(jiǎn):跛脚。比于人数:列在常人的行列。比,列。人,指正常人。数,辈,行列。

〔21〕幸:侥幸,幸运。

〔22〕何暇乎:怎么有空闲。天之怨:即"怨天"。

〔23〕有间:过一会儿。

〔24〕何为:即为何。

〔25〕向者:刚才,先前。

〔26〕惊:惊惧,震惊。遂:于是,因此。

〔27〕是:对,正确。非:错,不正确。

〔28〕"非固"句:意思是错本来就不能使对迷惑。

〔29〕彼:他,指孙休。惑而来:因为迷惑不解才来。

〔30〕奚罪:何罪。

〔31〕"昔者"句:此句至"食之以委蛇"一段,又见《至乐》篇,文字略有不同。可参见所注。

〔32〕"食之"句:本句"食之"后的"委蛇"当从《至乐》篇作"鳅鲦"。"委蛇"在《至乐》中为下句"委蛇处之"中语。疑本文"食之"句后当有此四字。今暂且不补入正文。

〔33〕安平陆:意思是就像生活在陆地上一样安适。安,郭本无此字,据陈碧虚《庄子阙误》引刘得一本补。

〔34〕"款启"句:意思是开窍很小而孤陋寡闻的人。款启,开窍小。款,小孔,窍。启,开。民,人。

〔35〕譬之若:譬如,好像。鼷(xī):一种小家鼠。以:用。

〔36〕乐:动词,使……快乐。鸴(yàn):鸴雀,鹑的一种。

〔37〕彼:他,指孙休。恶:怎么。按:此则寓言为本篇第十三章,通过孙休与扁子对话,旨在说明忘身无为,随顺自然本性,便能无为而自适,而无为自适才是养神的真谛。

译文

有个名叫孙休的人,登门告诉扁庆子先生,说:"我居住在乡里不曾被人说过没有修养,危难当前也不曾被人说过不勇敢。虽然这样,但我耕作田原没有遇上过好年成,侍奉君主却没有遇上君圣主明的好时代,被乡里所排斥,被州邑官吏放逐,我怎么得罪了上天?让我孙休遭遇到这样的命运呀!"

扁庆子说:"你难道没有听过那道德修养最高尚的至人的自我修养吗?忘掉自己的肝胆等肢体,也忘掉了耳目等聪明才智,无知无欲悠然自得于尘世之外,逍遥自在地生活于自然无为的境界。这就是所说的'率性而为而不自恃其功,长育万物而不以为自己是其主宰'。现在你修饰自己的智慧来惊吓愚顽的世俗之人,修养自己的德行以显明别人的污秽,明亮的样子像举着日月行走于世。你能保全你的身体,具备九窍,没有在生命中途伤残而变聋、变瞎、跛脚,还列于常人的行列,也已经算是幸运了,又怎么有空闲怨恨上天呢?你走吧!"

孙休走出屋去,扁庆子回到房里。坐了一会儿,他仰天长叹。弟子问道:"先生为什么长叹呢?"扁庆子说:"刚才孙休来时,我把道德修养极高的至人的德行告诉给他,我害怕他感到震

275

惊而更加迷惑。"弟子说:"不能这样说。孙休所说的话是正确的吗?先生您所说的话是错误的吗?错误的本来就不可能迷惑正确的。孙休所说的话是错误的吗?先生您所说的话是正确的吗?他本来就是因为困惑而来请教的,您又有什么过错呢?"

扁庆子说:"不能这样说。从前,一只海鸟飞到鲁国都城郊外休息,鲁侯很喜欢它,为它备下牛、羊、豕三牲的太牢膳食,奏《九韶》之类的乐曲取悦它。海鸟竟只忧患悲伤,眼花缭乱,不敢吃喝。这叫作按养人的方法来养鸟。如果按养鸟的方法来养鸟,就应当让它栖息于深林,浮游于江河湖海,啄食泥鳅和小白鱼,安适自得地生活,就像生活在陆地一样。现在这个孙休,是个开窍很小而孤陋寡闻的人。我告诉他至人的德行,就好像用马车载着小家鼠,用钟鼓之音取悦小鹌雀一样,他又怎么能不震惊于此呢!"

杂 篇

#　外　物[1]

外物不可必[2],故龙逢诛[3],比干戮[4],箕子狂[5],恶来死[6],桀纣亡;人主莫不欲其臣之忠[7],而忠未必信[8],故伍员流于江[9],苌弘死于蜀,藏其血,三年而化为碧[10];人亲莫不欲其子之孝[11],而孝未必爱,故孝己忧而曾参悲[12]。木与木相摩则然[13],金与火相守则流[14]。阴阳错行[15],则天地大绞[16],于是乎有雷有霆,水中有火[17],乃焚大槐。有甚忧两陷而无所逃[18],螴蜳不得成[19],心若县于天地之间[20],慰暋沉屯[21],利害相摩,生火甚多[22];众人焚和[23],月固不胜火[24],于是乎有僓然而道尽[25]。

注释

〔1〕本篇是《庄子》第二十六篇,属于杂篇。篇名取自首章首句的前两个字。外物,意思是外在的事物。全文由七则寓言组成,主要讨论的是养生处世之道,中心意旨在于倡导顺应事物自然本性,虚己而忘言,自然无为,反对人为的强求、矫饰。

〔2〕必:依仗,依赖。一说作"强求"解,亦通。此句至"曾参悲"一段,又见

于《吕氏春秋·必己》,稍有不同。

〔3〕龙逄:又作"龙逢(páng)",即关龙逄,夏桀时代的贤臣,因直言劝谏而被夏桀斩首。

〔4〕比干:商纣王的叔父,因力谏而被纣王剖心。

〔5〕箕子:商纣王的庶出叔伯,封于箕,故称"箕子",因忠谏不从而佯狂为奴,被纣王囚禁。

〔6〕恶来:商纣之臣,善毁谗,诸侯以此益疏商纣,武王伐商时被杀死。

〔7〕欲:想要。其臣之忠:即"其臣忠"。之,结构助词,取消句子的独立性。下文"其子之孝"与此结构同。

〔8〕信:见信,被信任。下面"孝未必爱"中"爱"同此,当理解为"见爱"。

〔9〕伍员流于江:意思是伍子胥死后尸体漂流在江中。伍子胥因直谏触怒了吴王夫差,被赐死后,尸体被抛入江中。

〔10〕"苌弘"三句:意思是苌弘死在蜀地,他的血藏了三年后化为碧玉。苌弘,或称苌叔,周灵王、景王、敬王时官员,受谮放归蜀,自恨忠而遭谮,自刳腹肠而死。传说死后三年,其血化为碧玉。

〔11〕人亲:即双亲,父亲和母亲。

〔12〕孝己:殷高宗之子,被后母虐待,忧惧而死。曾参:孔子弟子,以孝著称,然被父母憎恨,往往被毒打,所以经常独自悲泣。

〔13〕摩:摩擦。然:同"燃",燃烧。

〔14〕守:靠近、依傍,这里指金属置于火中熔炼。流:金属熔化为液体而流动。

〔15〕阴阳错行:即阴阳运行错乱。

〔16〕绞(hài):古通"骇",惊骇,震动。

〔17〕水中有火:指雨中的闪电。

〔18〕"有甚忧"句:意思是忧患过分导致内心阴阳错乱而无法解脱。两陷,指内心阴阳错乱。无所逃,无法解脱。

〔19〕螴蜳(chén dūn):心神惊惧不安的样子。不得成:一无所成。

〔20〕县(xuán):同"悬",悬挂。

〔21〕慰暋(hūn)沉屯：沉郁苦闷。慰暋，一作"慰瞀"，郁闷的样子。慰，怨。暋，闷。沉屯，艰难困顿的样子。屯，艰难。

〔22〕生火：心火。

〔23〕焚和：焚烧掉了平和。此句谓世俗众人为争利害心火旺盛而失去了平和之气。

〔24〕月：比喻人清静平明的本心。固：本来。胜：克制。火：比喻人内心为利害之争而煎熬的焚烧之气。

〔25〕债(tuǐ)然：崩坏的样子。债，通"隤"，崩坏。道尽：天性丧失，不能尽天年。按：此章为本篇第一章，列举大量史例，说明外在事物没有定准，不能依恃，人不应该违背自然，去强行追求自己想要的东西，否则到头来只会身丧神溃，天然本性尽失。

译文

外在事物不可依恃，所以龙逢被斩首，比干遭剖心，箕子佯狂装疯，而恶来丧命，夏桀、商纣灭亡。做君主的没有不希望得到臣子忠心的，可是忠心未必被信任，所以伍子胥尸体被抛入江中漂流在江面上，苌弘自剖腹肠而冤死在蜀地，他的血液三年后化作碧玉。做父母的无不希望子女孝顺，可是孝顺的未必就会被父母喜爱，所以孝己忧愁而死，而曾参常常悲泣。木与木相互摩擦就会燃烧，金属置于火中熔炼就会熔化。阴阳运行错乱，天地就会大震荡，于是就会雷声隆隆，下雨夹杂着闪电，甚至于焚毁高大的槐树。人忧患过度导致自身阴阳错乱而无法解脱，心神惊惧不安而一无所成，心就像悬吊在天地之间，沉郁苦闷，利害相互摩擦，于是心火猛升；世俗众人为争夺利害心火旺盛而失去了内心平和之气，清静平明的本心本来就克制不住内心为利害之争而煎熬的火热之气，于是便精神崩坏，天性丧失，不能尽

281

得天年。

庄周家贫,故往贷粟于监河侯[1]。监河侯曰:"诺。我将得邑金[2],将贷子三百金[3],可乎?"庄周忿然作色曰[4]:"周昨来,有中道而呼者[5]。周顾视车辙中[6],有鲋鱼焉[7]。周问之曰:'鲋鱼来[8]!子何为者邪[9]?'对曰:'我,东海之波臣也[10]。君岂有斗升之水而活我哉[11]?'周曰:'诺。我且南游吴越之王[12],激西江之水而迎子[13],可乎?'鲋鱼忿然作色曰:'吾失我常与[14],我无所处[15]。吾得斗升之水然活耳[16],君乃言此,曾不如早索我枯鱼之肆[17]!'"

注释

〔1〕贷:借。粟:籼粟,现代北方一般指小米,古代泛称谷类。这里泛指粮食。监河侯:监管河道的官员。《说苑》说是魏文侯。

〔2〕邑金:封邑的租赋收入。

〔3〕三百金:金,古代铜铁等金属皆可名为金,并不专指黄金。

〔4〕忿(fèn)然作色:生气地变了脸色。忿然,生气的样子。

〔5〕中道:中途。

〔6〕顾视:回头看。

〔7〕鲋(fù)鱼:鲫鱼。焉:在那里。

〔8〕来:语气助词。

〔9〕何为者:即"为何者",做什么的。

〔10〕波臣:水界的臣子,即水官。

〔11〕君:对庄子的尊称。岂有:难道没有。斗升之水:喻很少量的水。活我:使我活。

〔12〕且:将。游:游说。

〔13〕激:水势受阻而腾涌或飞溅,这里是引的意思。西江:蜀江,为长江上

游,从西而来,故称西江。

〔14〕常与:时时在一起的,即水。

〔15〕无所处:无处栖身。

〔16〕然:则,就。活:活命。

〔17〕曾不如:还不如。索:找寻。枯鱼之肆:干鱼市场。枯鱼,制成鱼干的鱼。肆,市场。按:此则寓言为本篇第二章,借庄周借贷的故事,意在说明:顺应万物的自然本性方可以养生,违背自然之道而不切合实际的空想必然遭人厌弃。客观上也揭露了贵族阶层的虚伪。

译文

庄周家贫穷,因而向监河侯去借粮食。监河侯说:"好的。我即将收到封邑的租赋,到时候就借给你三百金,可以吗?"庄周气得变了脸色,说:"我昨天来的时候,中途听到有声音呼唤我,回头一看,车辙的坑洼处有条鲫鱼。我问它:'鲫鱼!你是做什么的呢?'鲫鱼回答:'我是东海的水官,你能给我斗升之水使我活下来吗?'我对它说:'好的。我将到南方去游说吴王、越王,到时我引西江之水来迎候你,可以吗?'鲫鱼气得变了脸色,说:'我失去了我赖以生存的水,没有了栖身安命之所。我只要能得到斗升多点的水就可以活命,而你竟说出这样的空话,还不如早点到干鱼市场上找寻我!'"

任公子为大钩巨缁[1],五十犗以为饵[2],蹲乎会稽[3],投竿东海,旦旦而钓[4],期年不得鱼[5]。已而大鱼食之,牵巨钩,䧟没而下[6],骛扬而奋鬐[7],白波如山,海水震荡,声侔鬼神[8],惮赫千里[9]。任公子得若鱼[10],离而腊之[11],自制河以东[12],苍梧已北[13],莫不厌若鱼者[14]。已而后世辁才讽说之徒[15],皆惊而相告也。夫揭竿累[16],趣灌渎[17],守鲵鲋[18],其于得大鱼难矣[19]。饰小说以干县令[20],其于大达亦远矣[21],是以未尝闻任氏之风俗[22],其不可与经于世亦远矣[23]。

注释

〔1〕任公子:任国的公子,作者虚构的人物。任,任国,在今山东济宁附近。为:制作。缁(zī):黑色的钓鱼绳。

〔2〕五十犗(jiè):五十头健壮的牛。犗,阉割过的牛,犍牛。这里泛指健壮的牛。

〔3〕蹲:高踞而坐。乎:于。会稽(kuài jī):山名,在今浙江绍兴北。

〔4〕旦旦:天天。

〔5〕期(jī)年:一年。

〔6〕铭没:即陷没。铭,通"陷"。

〔7〕骛(wù)扬:像野鸭受惊一样向上冲扬。奋鬐(qí):摆动鱼鳍。鬐,通"鳍"。

〔8〕侔(móu):类似,如同。

〔9〕惮(dá)赫:震惊。惮,通"怛",震赫。

〔10〕若:这。

〔11〕离:剖开。腊(xī):干肉。这里用作动词,制作成肉干。

〔12〕制河:即浙江。制,通"浙"(zhè),同"浙"字。

〔13〕苍梧:古地名。先秦时楚国就有洞庭、苍梧二郡,大致在长沙郡南、桂林郡北的地区。一说为九嶷山,一说广西苍梧。已:以。

〔14〕莫不厌:没有谁不饱食了一顿,意思是所有的人都饱食了一顿。厌,即"餍",饱食。若鱼:这条鱼。这里指用任公子所钓大鱼制成的鱼干。

〔15〕已而:此后。辁(quán)才:即小才,见识浅薄的人。辁,指没有辐的木制车轮。讽说:犹传说;道听途说。

〔16〕揭:举。累:细绳。

〔17〕趣:同"趋",趋赴,奔走。灌渎(dú):供灌溉用的小河、小水沟。灌,灌溉。渎,川渎。

〔18〕守:等候。鲵鲋(ní fù):泛指小鱼。鲵,鲵鳅,即泥鳅。鲋,鲫鱼。

〔19〕其:那些人,指俗人。大鱼:喻指大道。

〔20〕饰:巧饰。小说:小言,琐屑的言论。干:求。县令:高名,显赫的名声。县,通"悬",高悬。令,令名,美名。

〔21〕大达:至达,指极为通达的大道。

〔22〕是以:因此。未尝闻:不懂得。任氏之风俗:任公子钓鱼的风尚。意思是任公子坚守大道、持之以恒、顺其自然的行事风尚。

〔23〕经于世:经理世事,意思即治理天下。按:此则寓言为本篇第三章,借任公子顺其自然、期年方钓到大鱼的故事,意在说明持之以恒地顺应自然之道方可实现大志,而从名利出发、有意强求是不可能有大的成就的。

译文

任公子制作了巨大的钓鱼钩和粗大的黑色钓鱼绳,用五十头犍牛作为钓饵,蹲坐在会稽山上,把钓竿投向东海,天天在那里钓,过了一年都没钓到鱼。而后,忽然一条大鱼来吞食鱼饵,牵引着巨大的钓钩,沉入海中,忽而又像野鸭受惊一样向上冲扬,摆动鱼鳍,激起白浪如山,海水震荡,那声响如同鬼哭神号一般,震惊千里。任公子钓到这条大鱼后,把它剖开制成鱼干,从浙江以东,到苍梧以北,所有的人都能饱餐一顿这条鱼所制成的鱼干。此后,后世那些见识浅薄、道听途说之徒,都惊奇地奔走相告。像举着钓竿细绳,奔向小河、小水沟旁,守候着泥鳅、鲫鱼之类的小鱼上钩这样的办法,想钓到大鱼太难了。用琐屑的言论巧饰自己以求得显赫的美名,距离达到通达大道的境界也太远了。因此不懂得任公子坚守大道、持之以恒、顺其自然的行事风尚的人,也不懂得治理天下的道理,是不可以让他们治理天下的,二者之间的差距也太远了。

儒以《诗》礼发冢[1],大儒胪传曰[2]:"东方作矣[3],事之何若[4]?"小儒曰:"未解裙襦[5],口中有珠。""《诗》固有之曰[6]:'青青之麦,生于陵陂。生不布施,死何含珠为[7]!'接其鬓[8],压其顪[9],儒以金椎控其颐[10],徐别其颊[11],无伤口中珠!"

注释

〔1〕儒:指儒生。《诗》礼:引《诗经》的礼仪。先秦时《诗经》称《诗》,外交辞令中常引用《诗》来说明或暗示意思。本文也是此意。发冢(zhǒng):盗墓。发,挖掘。冢,坟墓。

〔2〕大儒:即硕儒、鸿儒,指学问渊博、品德高尚、有名气和地位的儒生。下文的"小儒"与此对应,指的是学识浅陋、道德修养不高、无名气和地位的儒生。胪(lú)传:从上向下传话。

〔3〕东方作矣:太阳快从东方出来了。作,日出。这里盖仿《诗经·齐风·东方未明》"东方未明"句所写。

〔4〕何若:若何,怎么样了?

〔5〕未解裙襦(qún rú):还没有解开裙子与短袄。裙,下身穿的裙服。襦,短上衣,短袄。

〔6〕固:本来。有之:意思是有这样的诗句。

〔7〕"青青"四句:未见于现存《诗经》中,或为寓言杜撰。麦,指麦苗。陵陂(bēi):山坡。布施:将财务施舍给别人,即周济别人。何……为:为什么还要……呢?

〔8〕接:撮,揪。其:指死尸。鬓:两颊旁近耳的头发,这里泛指头发。

〔9〕顪(huì):下巴上的胡须,这里代指下巴。

286

〔10〕儒:《艺文类聚》宝玉部引作"而",你。控:敲击。颐(yí):面颊。

〔11〕徐别:慢慢地分开。颊:腮。按:此则寓言为本篇第四章,借二儒生以《诗》礼盗墓的故事,意在揭露讽刺儒者的虚伪,他们为利益所驱使,打着《诗》的招牌,暗里却干尽了肮脏的勾当。同时也说明不顺应自然本性,而为世俗利益所驱使的危害。

译文

儒生以引《诗》的礼仪盗墓。大儒从上向下传话:"太阳快从东方出来了,事情进行得怎么样了?"小儒回答:"还没有解开裙子与短袄,死者嘴里还含着宝珠。"(大儒说:)"《诗》里有这样的诗句:'青青的麦苗,长在高坡上。活着不把财物施舍给别人,死了为什么还要含着宝珠呢?'你揪着他的头发,压住他的下巴,再用铁椎敲击死尸的面颊,慢慢地分开死尸的两腮,不要伤到死尸口中的宝珠!"

老莱子之弟子出薪[1],遇仲尼,反以告[2],曰:"有人于彼,修上而趋下[3],末偻而后耳[4],视若营四海[5],不知其谁氏之子?"老莱子曰:"是丘也[6]。召而来。"仲尼至。曰:"丘!去汝躬矜与汝容知[7],斯为君子矣。"仲尼揖而退[8],蹙然改容而问曰[9]:"业可得进乎[10]?"老莱子曰:"夫不忍一世之伤而骜万世之患[11],抑固窭邪[12],亡其略弗及邪[13]?惠以欢为骜[14],终身之丑,中民之行进焉耳[15],相引以名[16],相结以隐[17]。与其誉尧而非桀[18],不如两忘而闭其所誉[19]。反无非伤也[20],动无非邪也[21]。圣人踌躇以兴事[22],以每成功[23],奈何哉其载焉终矜尔[24]!"

注释

〔1〕老莱子:楚国隐士,一说即老子。出薪:出去打柴草。

〔2〕反:通"返",返回。

〔3〕修上而趋下:上身长下身短。修,长。趋,短促。

〔4〕末偻:驼背。末,通"俛",俯首。偻,曲背。后耳:耳朵后贴。

〔5〕视若:看起来像。营四海:治理天下。营,经营,引申为治理。

〔6〕是:这人。丘:孔子的名。

〔7〕去:除去。躬矜:行为矜持。容知:容貌机智。知,通"智"。

〔8〕揖而退:先上前行揖礼,然后再退行而止。一种表示恭敬的礼仪。

〔9〕蹙(cù)然:局促不安的样子。改容:动容,改变脸色。

〔10〕业:德业。进:提高。

〔11〕不忍:不忍心。一世:一代人。伤:受到损伤。骛:通"傲",轻视。患:祸患。

〔12〕抑:句首发语词。娄(jǔ):贫穷,这里是鄙陋无知的意思。

〔13〕亡其:无其,还是的意思。亡,通"无"。略:智略。

〔14〕惠:施恩惠。欢:取悦,这里是取悦于人的意思。骜:骄傲。

〔15〕中民:中等之人。进:达到。

〔16〕相引:互相举荐。名:名声。

〔17〕相结:互相结交。隐:私,指私利。

〔18〕誉尧:赞美尧帝。非桀:非议夏桀。

〔19〕两忘:指誉尧、非桀的言论都忘记,意思是是非双遣而无别。闭:关闭,停止。所誉:所有毁誉。誉,为"非誉"之省言。马叙伦认为"所"字为"非"之讹,亦可备一说。

〔20〕"反无"句:意思是违背自然之理必定会受到损伤。反,违背。无非,无不,必定。伤,损伤。

〔21〕动:扰动,扰乱,这里指扰乱自然心性。邪:邪念,这里是产生邪念的意思。

〔22〕圣人:智慧修养臻于完美的人。踌躇:从容。兴事:做事。

〔23〕以：因而。每：每每，常常。

〔24〕"奈何"句：意思是该怎么办啊，你总是背负着矜持自傲的包袱！奈何哉，如何哉，怎么办啊。载，背负着。终，始终，总是。矜，矜持。按：此则寓言为本篇第五章，通过老莱子对孔丘的训示，说明标榜贤能、非议不肖是违反自然的做法，只能给自己带来危害而不会成功，指出忘记世俗的是非、顺应自然方能成事。

译文

老莱子的弟子出去打柴草，遇见了孔丘，返回来告诉给老莱子，说："有个人在那里，上身长下身短，低头驼背，耳朵后贴，看起来像是热心治理天下的样子，不知道他是哪个家族的人？"老莱子说："这个人一定是孔丘。召他来见我。"孔丘来到老莱子跟前。老莱子说："孔丘！除去你的矜持的行为和机智的容貌，这样你就可以成为君子了。"孔丘听了后谦恭地先上前行揖礼，然后再退行而止，局促不安地变了脸色，问道："我的德业可以改进吗？"老莱子说："不忍心一代人受到伤害，却轻视万代的祸患，你是本来就孤陋无知呢，还是智略赶不上呢？以施惠于人博取别人喜悦为骄傲，会成为终身的羞耻，这是中等之人都能达到的行为罢了，他们用名声来互相举荐，用私利来互相结交。与其赞美尧帝而非议夏桀，不如将赞美和非议二者都忘记而停止一切毁誉。违背自然之理没有不受到损伤的，扰乱自然心性没有不妄生邪念的。圣人无心而从容地顺应万物做事，因而常常成功。怎么办啊，你却总是背负着矜持自傲的包袱！"

宋元君夜半而梦人被发窥阿门[1]，曰："予自宰路之渊[2]，予为清江使河伯之所[3],渔者余且得予[4]。"元君觉,使人占之[5],曰:"此神龟也。"君曰:"渔者有余且乎?"左右曰:"有。"君曰:"令余且会朝[6]。"明日,余且朝。君曰:"渔何得?"对曰:"且之网得白龟焉,其圆五尺。"君曰:"献若之龟[7]。"龟至,君再欲杀之,再欲活之,心疑,卜之[8],曰:"杀龟以卜吉。"乃刳龟[9],七十二钻而无遗策[10]。

仲尼曰:"神龟能见梦于元君[11],而不能避余且之网;知能七十二钻而无遗策[12],不能避刳肠之患[13]。如是,则知有所困,神有所不及也。虽有至知,万人谋之[14]。鱼不畏网而畏鹈鹕[15]。去小知而大知明[16],去善而自善矣[17]。婴儿生无石师而能言[18],与能言者处也[19]。"

注释

〔1〕宋元君:宋国国君,谥号为"元",即宋元公。被发:即披发,披头散发。被,通"披"。阿门:旁门,侧门。

〔2〕自:从。宰路:渊名。

〔3〕为:替。清江:指长江之神。使:出使。河伯:黄河神。

〔4〕余且:渔夫之名。得予:捕获了我。

〔5〕占:占卜。之:代指梦中的人。

〔6〕会朝:朝见。

〔7〕若:你。

〔8〕再:又。活:使……活着。卜:占卜。

〔9〕刳(kū):剖开。

〔10〕七十二钻:意思是占卜了七十二次。无遗策:没有失策,意思是十分灵验。

〔11〕见(xiàn)梦:即托梦。见,托。

〔12〕知:通"智",智慧。

〔13〕避:躲避。刳肠之患:剖腹摘肠的灾祸。

〔14〕虽:虽然。至知:极高的智慧。万人谋之:众人一起谋划。

〔15〕不畏:不知道畏惧。鹈鹕(tí hú):水鸟名,喙长,喉囊发达,适于捕鱼。

〔16〕去:摒弃。小知:小智,小聪明。大知:大智慧。明:显明,彰显。

〔17〕善:人为的小善。自善:天道的大善自然显现。

〔18〕石师:唐写本作"硕师",大师。此说应是。

〔19〕能言者:会说话的人。处:相处。按:此则寓言为本篇第六章,借宋元君杀神龟的故事,说明"知有所困,神有所不及"的道理,指出只有顺应自然,抛却智慧才是大智,才能免于灾祸。

译文

宋元君半夜里梦见有一个人披散着头发从侧门窥视,说:"我来自宰路渊,替长江神出使到黄河神河伯那里去,渔夫余且捕获了我。"宋元君醒来,命人占卜梦中人是谁,卜者说:"这是一只神龟。"宋元君问:"渔夫有名叫余且的吗?"左右人回答:"有。"宋元君说:"命令余且来朝见我。"第二天,余且来朝见。宋元君问:"你捕获了什么?"余且回答:"我的网捕获到一只白龟,周长五尺。"宋元君说:"献出你的龟。"龟送到了,宋元君又想杀它,又想让它活着,心中犹豫不决,于是让人占卜决定,卜者说:"杀掉白龟来占卜就能卜得大吉。"于是把白龟剖开,用龟板钻洞,占卜了七十二次都十分灵验。

孔子说:"神龟能托梦给宋元君,却不能避开余且的鱼网;智慧能占卜七十二次没有失策,却不能躲避剖腹摘肠的灾祸。如此看来,智慧有所困窘,神灵也有思虑不到的时候。即使有极高的智慧,也需要万众人一起谋划。鱼儿不知道畏惧鱼网却畏

291

惧鹈鹕。人能够摒弃小聪明，大智慧才会彰显；除去人为的小善，才能使天道的大善自显。婴儿生下来没有大师教他就会说话，只是因为与会说话的人相处的缘故。"

惠子谓庄子曰："子言无用。"庄子曰："知无用而始可与言用矣。天地非不广且大也[1]，人之所用容足耳[2]。然则厕足而垫之致黄泉[3]，人尚有用乎[4]？"惠子曰："无用。"庄子曰："然则无用之为用也亦明矣[5]。"

注释

〔1〕非不广且大：不是不广大。
〔2〕容足：仅能立足，形容所用之地极狭小。
〔3〕"然则"句：意思是那么从立足之地侧旁的其他土地挖掘下去直至黄泉。厕足，足侧，脚旁。厕，通"侧"，旁。垫，一本作"堑"，挖掘。
〔4〕"人尚"句：意思是人所踏的那块土地还有用吗。
〔5〕然则：如此，那么。

译文

惠子对庄子说："你的言论没有用处。"庄子说："懂得没有用处了才可以跟他谈论有用。天地并非不广大，而人所用来立足的地方只不过一小块土地罢了。既然如此，那么将立足之地侧旁的其他土地挖掘下去直至黄泉，(只留下人所踏的那块土地)那人所踏的那块土地还有用吗？"惠子说："没有用了。"庄子说："如此，那么无用的作用也就很明显了。"

庄子曰："人有能游，且得不游乎[1]？人而不能游[2]，且得

292

游乎？夫流遁之志[3]，决绝之行[4]，噫，其非至知厚德之任与[5]！覆坠而不反[6]，火驰而不顾[7]，虽相与为君臣，时也[8]，易世而无以相贱[9]。故曰至人不留行焉[10]。夫尊古而卑今[11]，学者之流也[12]。且以狶韦氏之流观今之世[13]，夫孰能不波[14]？唯至人乃能游于世而不僻[15]，顺人而不失己[16]。彼教不学[17]，承意不彼[18]。

"目彻为明[19]，耳彻为聪，鼻彻为颤[20]，口彻为甘，心彻为知[21]，知彻为德。凡道不欲壅[22]，壅则哽[23]，哽而不止则跈[24]，跈则众害生[25]。物之有知者恃息[26]，其不殷[27]，非天之罪[28]。天之穿之[29]，日夜无降[30]，人则顾塞其窦[31]。胞有重阆[32]，心有天游[33]。室无空虚，则妇姑勃谿[34]；心无天游，则六凿相攘[35]。大林丘山之善于人也[36]，亦神者不胜[37]。

注释

〔1〕有：果真。能游：能优游自适，指能随心而游。且得：能会。不游：不能优游自适，指受外物束缚。

〔2〕而：若，如果。

〔3〕流遁之志：意思是心志流荡逐物，逃遁不反。

〔4〕决绝之行：意思是坚定不移地顺着流遁的心志行事的行为。决绝，坚定，这里是固执的意思。

〔5〕至知：最高的智慧。知，通"智"。厚德：深厚的道德。任：为。与，通"欤"。

〔6〕覆坠：倾覆坠落，这里指家灭身亡的危害。反：通"返"，悔改。

〔7〕火驰：意思是像飞蛾扑火一样急速奔驰。不顾：不回头。

〔8〕虽：虽然。相与为君臣：相处在一起有君臣的区别。时：时势。

〔9〕易世:世代变易。无以相贱:意思是没有君臣之间的贵贱关系。贱,指君臣之间的贵贱关系。

〔10〕至人:指庄子理想中道德修养最高尚的人。不留行焉:优游而行不留滞于流遁、决绝的行为,即不固执自己的所作所为。

〔11〕尊:尊崇,推崇。卑:轻视。

〔12〕学者:从学之人,指不懂得大道的学究。流:风习。

〔13〕狶(xī)韦氏:传说中三皇以前的远古帝王。《大宗师》中已见。观:观察,衡量。

〔14〕波:波荡。这里喻指像水波一样上下跌宕而失去本真性情。

〔15〕唯:只有。游于世:逍遥在世俗社会。不僻:不偏执,指至人顺应自然中正之道。僻,偏。

〔16〕"顺人"句:意思是至人顺随于众人而又不会失去自己的真性。人,指众人、世人。己,指自己的本真性情。

〔17〕彼教:指别人的教诲。不学:意思是无心去学习。

〔18〕承意:意思是表面上顺承教者的心意。不彼:意思是实际上则顺应自然而不按教者所说去做。

〔19〕彻:通,灵通。下几句中"彻"字意同。

〔20〕颤(shān):通"膻",指嗅觉灵敏。

〔21〕知:通"智"。

〔22〕不欲:不想要。壅(yōng):堵塞。

〔23〕哽(gěng):通"梗",阻塞。

〔24〕跈(jiàn):一作"蹍",践踏,踩踏。

〔25〕害:祸害,灾祸。

〔26〕物:物类。有知者:有知觉的。恃:依靠,仗恃。息:气息,呼吸。

〔27〕不殷:不顺畅。殷,盛,这里是顺畅的意思。

〔28〕天之罪:天然本性的罪过。

〔29〕天之穿之:天性之气贯通万物。穿,通,贯穿。

〔30〕日夜:早晚。降:减少,停止。

〔31〕顾:照顾,照管。这里是有心而为。塞:堵塞。窦(dòu):洞、孔窍。指下文的六凿,即人的六窍。

〔32〕胞:胎衣。重阆(láng):很多空隙。阆,空隙。

〔33〕心:心灵。天游:指自然活动的场所。

〔34〕妇姑:婆媳。妇,媳妇。姑,婆婆。勃豀(bó xī):争吵。

〔35〕六凿:指人的耳、目、鼻孔等六窍。相攘(rǎng):互相侵夺。攘,侵犯,侵夺。

〔36〕大林:森林。善于人:为人们所喜爱。

〔37〕神者:人的精神。不胜:受不住,不尽,做不到。此句与上句,意思是人们之所以喜欢往森林高山,是因为他的精神不能自由邀游于嘈杂的尘世。

译文

庄子说:"人果真能随心优游自适,能会不优游自适吗!人如果不能随心优游自适,又怎能优游自适呢!流荡逐物、逃遁不反的心志,固执地按照流遁的心志行事的行为,唉,这大约不是具有最高的智慧和深厚道德的人的作为吧!他们家毁身亡也不知悔改,像飞蛾扑火一样急速奔驰而不愿回头。虽然人们相处在一起有君臣贵贱的区别,但那是时势造成的;世代变易,相互之间的君臣贵贱关系就没有了。所以说,道德修养最高尚的人优游而行不留滞于流遁、决绝的行为。推崇古代轻视当今,这是不懂大道的学究的风习。若果用狶韦氏的风习来观察当今的世事,谁又能像水波一样上下跌宕而失去本真性情?只有道德修养最高尚的至人方能逍遥在世俗社会,顺应自然中正之道而不出现偏执,顺随众人却不会失却自己的真性。(道德修养通达大道的人)对于别人的教诲无心去学习,只是表面上顺承教诲者的心意,实际上则顺应自然而不按教者所说去做。

"眼睛灵通叫作明,耳朵灵通叫作聪,鼻子灵通叫作膻,口舌灵通叫作甘,心灵通彻叫作智,智慧通彻叫作德。大凡道不能有所壅塞,壅塞就会出现梗阻,梗阻不止就会出现相互践踏,相互践踏各种祸害就会产生。有知觉的物类依靠的是气息,如果气息不顺畅,那不是天性的过失。天性之气贯通万物,昼夜不停,是人们的有意作为梗塞了自身的孔窍。就像胞衣有许多空隙,心灵也需有自然活动的地方。就像房子狭小没有空间,婆媳之间就会争吵一样,心灵如果没有自然活动的地方,那么六窍就会互相侵夺。人们喜欢森林高山,是因为他们的精神不能自由遨游于嘈杂的尘世。

"德溢乎名[1],名溢乎暴[2],谋稽乎诐[3],知出乎争[4],柴生乎守[5],官事果乎众宜[6]。春雨日时[7],草木怒生[8],铫鎒于是乎始修[9],草木之到植者过半而不知其然[10]。

"静然可以补病[11],眦搣可以休老[12],宁可以止遽[13]。虽然,若是,劳者之务也,佚者之所未尝过而问焉[14]。圣人之所以骇天下[15],神人未尝过而问焉;贤人所以骇世,圣人未尝过而问焉;君子所以骇国,贤人未尝过而问焉;小人所以合时[16],君子未尝过而问焉。

"演门有亲死者[17],以善毁爵为官师[18],其党人毁而死者半[19]。尧与许由天下[20],许由逃之;汤与务光,务光怒之[21];纪他闻之,帅弟子而踆于窾水[22];诸侯吊之[23],三年,申徒狄因以踣河[24]。

"荃者所以在鱼[25],得鱼而忘荃[26];蹄者所以在兔[27],得兔而忘蹄;言者所以在意[28],得意而忘言。吾安得夫忘言之人而与之言哉〔29〕!"

注释

〔1〕德溢乎名:意思是道德的沦丧在于追求名声。溢,水满往外流。这里是败坏、沦丧的意思。

〔2〕暴(pù):暴露,显露。

〔3〕稽:产生。諔(xián):急迫,紧急。

〔4〕知:通"智",智慧。争:争斗。

〔5〕柴(zhài):堵塞。守:拘守己见。

〔6〕官事:行政事务。果:成功。众宜:即民众之所宜,意思是民众觉得适当。宜,适当。

〔7〕日时:及时。

〔8〕怒生:迅速生长。

〔9〕铫(yáo):古代一种大锄。耨(nòu):除草的工具。修:指修除杂草。

〔10〕到植:倒生。到,通"倒"。不知其然:不知道这样的原因。以上四句说春雨及时而下草木怒生,这时候农夫拿着铫耨等工具修除杂草,而过后又有过半被剪除的杂草倒生出来,人们却不知道这是什么缘故。此段典型地说明了人事不敌自然这一道理。

〔11〕静然:安静而无杂念的样子。补病:养病。

〔12〕眦搣(zì miè):按摩。搣,亦作"搣",按,摩。《玉篇》引作"揃灭",即按摩术。休老:防止衰老。

〔13〕宁:宁静。遽:慌张。

〔14〕佚者:原本作"非佚者",与句意不合,今依王先谦、马叙伦等删去。佚者,安逸于大道自然的人。未尝:不曾。过而问焉:操心过问。

〔15〕骇(hài)天下:指使天下人骇动。骇,通"骇",骇动,惊扰。

〔16〕合时:迎合时俗。

〔17〕演门:宋国东城门。亲死:父母亲去世。

〔18〕以:因为。善毁:善于在父母丧礼期间哀伤毁容。毁,毁容,指父母去

297

世因过度哀伤而容貌全非。爵：赐爵位。官师：一种较低级的官吏。

〔19〕党人：同乡里人。古者五百家为一党。毁而死者：效法哀毁而哀伤过度致死。

〔20〕与：给，让与。尧让天下于许由，见《逍遥游》及其注。

〔21〕汤：商汤。务光：夏末隐士，汤让给他天下，他不接受，负石投庐水而死。

〔22〕纪他：殷时隐者，担心汤让位给他，携弟子俱隐窾水旁。帅：带着，带领。踆(cūn)：退隐。窾(kuǎn)水：地名。

〔23〕吊：慰问。

〔24〕申徒狄：殷时人，因仰慕纪他，三年后负石沉河而死。踣(bó)：向前扑倒，这里是投、跳的意思。

〔25〕荃(quán)：同"筌"，捕鱼的竹器。所以在鱼：所使用的目的在捕鱼。

〔26〕得鱼而忘荃：即捕到鱼就忘记了捕鱼器。

〔27〕蹄：兔网，捕兔的工具。

〔28〕言者：语言、言辞。意：意思、意义。

〔29〕安得：怎么能遇到。夫忘言之人：那忘记了言辞的人。与之言：和他交谈。按：以上三部分是本文第七章，此则寓言通过庄子和惠子的对话，主要阐述了如下两个问题：一是"无用之为用"的道理。二是由无用之用生发开去，讨论养生处世，批评世俗之人驰世逐物的养生处世态度，提倡得道的至人"游于世而不僻"、"顺人而不失己"的顺应自然的养生处世方式，指出要真正做到这一点中心必须内心"空虚"，"空虚"才能容物而顺应自然。如何做到"空虚"并顺应自然，则要反对人为的名利矫饰和操持，无名无功，遗物而忘我，"得意而忘言"。

译文

"道德的沦丧在于追求名声，名声的败坏在于张扬外露，计谋产生于应付急迫的事情，智慧产生于争斗，堵塞产生于拘守己见，政务的成功是由于让民众感到了适当。春雨及时而降，草木迅速生长，这时候农夫便拿着铫耨等工具修除杂草，而稍后又有过半被剪除的杂草倒生出来,农夫们却不知道这是什么缘故。

"安静而无杂念可以养病利身,按摩可以防止衰老,宁静可以止息慌张。虽然这样,这都是劳碌的人所致力去做的,安逸于大道自然的人从不去操心过问。圣人用来惊扰天下人的,神人从不曾去操心过问;贤人用来惊扰世人的,圣人不从不曾去操心过问;君子用来惊扰国家的,贤人从不曾去操心过问;小人用来迎合时俗的,君子从不曾去操心过问。

"宋国演门旁有个父母亲去世的人,因为善于在丧礼期间哀伤毁容而赐给了官师的爵位。他的同乡里人便都效法他哀伤毁容而死了大半。尧要让天下给许由,许由逃开了;商汤想把天下让给务光,务光大怒,纪他听说了这件事,便率领弟子退隐在窾水一带,诸侯纷纷前往慰问,过了三年,申徒狄仰慕纪他遂负石沉河而死。

"捕鱼竹器筌是用来捕鱼的,捕到鱼就忘记了筌;捕兔的工具蹄是用来捕捉兔子的,捕到兔子后就忘记了蹄;语言是用来表达意思的,领会了意思就忘记了言语。我怎么能遇到那忘记了言辞的人并和他交谈呢!"

盗　跖[1]（节选）

　　孔子与柳下季为友[2]，柳下季之弟名曰盗跖。盗跖从卒九千人[3]，横行天下，侵暴诸侯[4]。穴室枢户[5]，驱人牛马，取人妇女。贪得忘亲，不顾父母兄弟，不祭先祖。所过之邑，大国守城，小国入保[6]，万民苦之[7]。孔子谓柳下季曰："夫为人父者，必能诏其子[8]；为人兄者，必能教其弟。若父不能诏其子，兄不能教其弟，则无贵父子兄弟之亲矣[9]。今先生，世之才士也[10]，弟为盗跖，为天下害，而弗能教也，丘窃为先生羞之[11]。丘请为先生往说之[12]。"柳下季曰："先生言为人父者必能诏其子，为人兄者必能教其弟，若子不听父之诏，弟不受兄之教，虽今先生之辩[13]，将奈之何哉[14]！且跖之为人也，心如涌泉[15]，意如飘风[16]，强足以距敌[17]，辩足以饰非[18]，顺其心则喜，逆其心则怒，易辱人以言[19]。先生必无往。"孔子不听，颜回为驭[20]，子贡为右[21]，往见盗跖。

注释

〔1〕本篇为《庄子》第二十九篇，属于杂篇。篇名取自首章的主要人物之

名,"盗跖"名跖,是柳下季的弟弟,展氏,因其啸聚山林为盗,故世俗称之为盗跖。全文由三章三个寓言故事组成,虽然各章是独立的,但却有相同的主题,即抨击儒家为代表的世俗观念,指斥世俗所谓是非乃出于"成心"而并无固定的标准,世俗标榜的名利乃是害人的工具,认为只有抛弃世俗的名利、是非,返归原始本性,顺应自然,知足无争,才是安乐长生之道。由此看,本篇与内篇的思想是大体一致的,应是庄子学派的人所作。语言风格上,第一章与二、三章有明显差异,第一章一气呵下,直陈胸臆,淋漓尽致,与内篇奇崛婉曲的风格迥异,与二、三章晦涩不畅的风格也大相径庭,则此三章亦非一人所作。此处所选是第一章,主要借助盗跖对孔子规劝,抨击和剖析了以儒家为代表的世俗的是非、贵贱等观念与行为的"诈巧虚伪",进而提出道家的主张,只有顺应人的自然性情来保养寿命,才可以保全人的本性,才算通达于大道的做法。值得注意的是,本章生动塑造了孔子和盗跖两个人物形象,与小说无异。林云铭称它"径似小说家闲话"(《南华雪心编》引),胡文英说它"便开唐人小说派"(《庄子独见》)等等,足见它具有小说的质素。

〔2〕孔子(前551—前479):名丘,字仲尼,鲁国陬邑(今山东省曲阜市东南)人。儒家学派鼻祖。其思想的核心是"仁"与"礼"。柳下季:鲁国大夫,展氏,名获,字季禽,一云子禽。食邑柳下,谥为"惠",又称为柳下惠。据《左传》,其为鲁僖公时人,长孔子八十余岁。故不得与孔子为友。《庄子》所说孔子与柳下惠为友,是虚构。

〔3〕从卒:指跟随盗跖的士兵。

〔4〕侵暴:侵扰,暴掠。

〔5〕穴室:穿过墙洞进入屋内。穴,挖洞,穿洞。枢户:挖掉门户。枢,当作"抠",挖去。

〔6〕邑:人口聚居的地方。这里指城邑。大国:指大的城邑。小国:指小的城邑。保:通"堡",城堡。

〔7〕苦之:意思是遭受盗跖掠夺的痛苦。

〔8〕诏:教育,教导。

〔9〕贵:以……为贵。亲:亲情。

301

〔10〕才士：有才德的人，贤能的人。

〔11〕窃：私下里。羞之：以之为羞，即为此感到羞耻。

〔12〕说(shuì)：劝说。

〔13〕辩：善辩的口才。

〔14〕奈之何：即"如之何"、"若之何"，意思是"把他怎么样"。

〔15〕心如涌泉：心思像喷涌的泉水横流不止。

〔16〕意如飘风：意气像暴风一样捉摸不定。飘风，暴风。

〔17〕距：通"拒"，抗拒，抗击。

〔18〕饰非：掩盖错误。

〔19〕易辱人以言：轻易地用语言侮辱人。

〔20〕驭：御者，驾车的人。

〔21〕右：即车右。一般情况下，古人乘车尚左，尊者在左，御者在中，另有一人在右陪乘，又叫骖乘、车右。

译文

　　孔子和柳下季是朋友，柳下季的弟弟被称为"盗跖"。盗跖手下跟从他的部卒有九千人，横行天下，侵犯暴掠诸侯，穿墙入室，挖人门户，抢人牛马，掠劫妇女。贪求财物，不讲亲情，不顾及父母兄弟，不祭祀祖先。所经过的城邑，大的城邑则避守城池，小的城邑则躲进城堡守备，广大百姓被都遭受到他掠夺的痛苦。孔子对柳下季说："做人父亲的，必定能教育自己的儿子；做人兄长的，必定能教育自己的弟弟。假如做人父亲的不能教育自己的儿子，做人兄长的不能教育自己的弟弟，那么父子、兄弟之间的亲情也就没有什么可尊贵的了。如今先生，您是当世富有才德的人，弟弟成了'盗跖'，为害天下，您却不能予以管教，我私下里为先生感到羞耻。我愿意替你前去劝说他。"柳下季说："先生说做父亲的必定能教导自己的儿子；做兄长的必定能教导自己的弟弟。假如儿子不听父亲的教导，弟弟不接受兄长的教导，即使像先生这样能言善辩，又能把他怎么样呢？况且盗跖的为人，心思如涌泉喷发横流难止，意气如暴风一样捉摸不定。强悍足以抗击自己的对手，巧言善辩足以掩盖自己的错误。顺着他的心意他就高兴，违背他的意愿他就愤怒，轻易地用言语侮辱别人。先生一定不要去。"孔子没有听柳下惠的劝告，由颜回驾车，子贡作骖乘，前去会见盗跖。

盗跖乃方休卒徒大山之阳[1]，脍人肝而铺之[2]。孔子下车而前，见谒者曰[3]："鲁人孔丘，闻将军高义[4]，敬再拜谒者。"谒者入通[5]，盗跖闻之大怒，目如明星，发上指冠[6]，曰："此夫鲁国之巧伪人孔丘非邪[7]？为我告之：'尔作言造语，妄称文武[8]，冠枝木之冠[9]，带死牛之胁[10]，多辞缪说[11]，不耕而食，不织而衣，摇唇鼓舌，擅生是非[12]，以迷天下之主，使天下学士不反其本[13]，妄作孝弟而侥幸于封侯富贵者也[14]。子之罪大极重[15]，疾走归[16]！不然，我将以子肝益昼铺之膳[17]！'"

孔子复通曰[18]："丘得幸于季[19]，愿望履幕下[20]。"谒者复通，盗跖曰："使来前！"孔子趋而进[21]，避席反走[22]，再拜盗跖[23]。盗跖大怒，两展其足[24]，案剑瞋目[25]，声如乳虎[26]，曰："丘来前！若所言[27]，顺吾意则生，逆吾心则死。"

孔子曰："丘闻之，凡天下有三德[28]：生而长大[29]，美好无双，少长贵贱见而皆说之[30]，此上德也；知维天地[31]，能辩诸物[32]，此中德也；勇悍果敢，聚众率兵，此下德也。凡人有此一德者，足以南面称孤矣[33]。今将军兼此三者，身长八尺二寸，面目有光,唇如激丹[34],齿如齐贝[35],音中黄钟[36],而名曰盗跖,丘窃为将军耻不取焉[37]。将军有意听臣[38],臣请南使吴越,北使齐鲁,东使宋卫,西使晋楚[39],使为将军造大城数百里,立数十万户之邑,尊将军为诸侯[40],与天下更始[41],罢兵休卒,收养昆弟[42],共祭先祖[43]。此圣人才士之行,而天下之愿也。"

注释

〔1〕方:正在。休:休息,这里是修整的意思。卒徒:士兵。大山:即泰山。阳:山的南面,这里指泰山的南面。

〔2〕脍(kuài):细切。铺(bū):食,吃。

〔3〕谒(yè)者:官名,春秋战国时国君左右掌传达等事的近侍,这里指负责接待传达的人员。

〔4〕将军:这里是对盗跖的尊称。高义:指高尚的道义。

〔5〕入通:进去向跖禀告。

〔6〕"目如"两句:意思是跖的眼睛如启明星一样闪闪发光,头发向上竖起顶起冠子。明星,古代一般指金星,即启明星。指冠,冲冠,即顶起帽子。

〔7〕巧伪人:善于弄虚作假的人。非邪:难道不是吗?

〔8〕妄称:无根据地随意乱称。文武:这里指周文王、周武王的典章制度。

〔9〕枝木之冠:意思是冠多华丽的装饰,如树木繁密的枝叶。冠,本句中的第一个"冠(guàn)"作动词,是戴的意思;第二个"冠(guān)"是名词,帽子。

〔10〕带:用作动词,系、扎的意思。死牛之胁:指皮带,因皮带多用牛的胁皮做成。

〔11〕缪(miù)说:荒谬错误的言论。缪,纰缪,错误。

〔12〕擅生是非:专门制造是非。擅,专。

〔13〕反其本:返归自然本性。反,通"返"。本,自然本性。

〔14〕孝弟(tì):即"孝悌","孝"指孝顺父母,"悌"指敬爱兄长。侥幸:指由于偶然的原因而获得利益。

〔15〕极重:加重惩罚。极,通"亟",诛,惩。

〔16〕疾走归:赶快滚回去。疾走,快跑,这里是快滚的意思。

〔17〕益:增加。昼铺膳:白天吃的膳食。膳,饭食。

〔18〕复通:再次请求通报。

〔19〕幸:亲近。季:即柳下季。

〔20〕愿望:希望。履幕下:登临帐幕之下,意思是亲自拜见。

〔21〕趋:快步走,指礼貌性的快走。

〔22〕避席:让开席位。反走:倒着走,退行。指让席位时退行,表示恭敬。

〔23〕再拜:拜了又拜。古代的一种礼节,表示恭敬。

〔24〕两展其足:伸直两脚,形如箕状坐着,即箕坐。乃极其无礼的坐姿。

〔25〕案:通"按"。瞋(chēn)目:瞪大眼睛,表示愤怒。

〔26〕乳虎:哺乳的母虎。老虎哺乳期间,其护子情切,容易情绪激动,拼死搏斗。乳,哺乳。

〔27〕若:你,指孔子。

〔28〕凡天下:张君房本"下"字有"人"。三德:三种美德。

〔29〕长(cháng)大:高大。

〔30〕少长(zhǎng):年老的和年少的。贵贱:地位高的和地位低的。说(yuè):通"悦",喜欢。

〔31〕知维天地:智识包罗天地。知,通"智"。维,网罗,包罗。

〔32〕能:才能。辩:通"辨",分辨。

〔33〕南面称孤:即作帝王或国君,古代帝王和国君南向而坐接见臣下,自称"孤"。

〔34〕唇如激丹:意思是嘴唇像丹砂一样鲜艳明亮。激,通"皦(jiǎo)",鲜艳。丹,丹砂。

〔35〕齐贝:排列整齐的珠贝。

〔36〕中:合于。黄钟:古十二乐律之一,声调洪亮。

305

〔37〕窃:私下。为:替。耻:感到羞耻。不取焉:意思是不应该得到这样的恶名。

〔38〕听臣:听从我的劝说。臣,孔子自称。

〔39〕"臣请"四句:盗跖休整部队在泰山之南,此处说齐鲁在北,宋卫在东,并不符合事实。这是寓言故事里的随意发挥。

〔40〕"使为将军"三句:按周制,王城方九里,大的城市人口不过几万户,而这里说"造大城数百里,立数十万户之邑,尊将军为诸侯",显然是寓言的夸张。

〔41〕"与天下"句:意思是让天下除旧布新。更始,重新开始,意思是除旧布新。

〔42〕收养:收容抚养。昆弟:兄弟。

〔43〕共(gōng):通"供",供奉。

译文

盗跖正在泰山的南面休整队伍,将人肝细切后吃掉。孔子下车走上前去,见到负责传达的人说:"鲁国人孔丘,听说将军有高尚的德义,恭敬地请您通报(我前来拜见的意思)。"传达的人进去向盗跖禀告。盗跖听了勃然大怒,眼睛如启明星一样闪闪发光,头发向上竖起顶起帽子,说:"这个人就是鲁国善于弄虚作假的孔丘,难道不是吗?替我告诉他:'你编造谎言,随意称说周文王、周武王的典章制度,你戴着如繁多的树木枝叶般装饰华丽的帽子,腰里系着死牛的胁皮做的皮带,满口的喋喋不休的荒谬言论,不耕种而白吃饭,不织布而白穿衣,摇唇鼓舌,专门制造是非纠纷,用来迷惑天下的君主,使天下的读书人不能返归自然本性,虚妄地生出孝悌之意,想侥幸封侯而成为富贵的人。你罪大恶极,应该受到严惩,赶快滚回去!要不然,我将拿你的肝挖出来改善今天白天的膳食!'"

孔子再次请求通报,说:"我很荣幸地能与您哥哥柳下季亲近,诚恳希望能够登入大帐拜见将军。"传达人员再次通报,盗跖说:"叫他进来!"孔子礼貌地碎步快走进入大帐,恭敬地倒行着让开席位,向盗跖恭恭敬敬地又拜了两拜。盗跖大怒,无礼地伸开双腿坐着,按着剑柄,怒睁双眼,声音犹如哺乳期间的母虎一样吼叫,说:"孔丘上前来!你所说的话,符合我的心意就让你活着,违逆我的心意你就得死。"

孔子说:"我听说,大凡天下人有三种美德:生来身材魁梧高大,容貌长得漂亮无比,无论年老的、年少的、地位高的、地位低的见到后都喜欢他,这是上等的德行;智识包罗天地,能力足以分辨各种事物,这是中等的德行;勇武、剽悍、果断、勇敢,能聚合众人和统率士兵,这是下等的德行。大凡人有其中一种德行,就足以南面称王了。如今将军同时具备上述三种德行,身材高达八尺二寸,面容和眼睛熠熠生辉,嘴唇像朱砂一样鲜亮,牙齿像珠贝一样整齐,声音洪亮合于黄钟之律,却被称为'盗跖',我私下替将军感到羞耻并且认为将军不应该得到这样的恶名。将军如果有意听从我的劝告,我愿请求向南出使吴国、越国,向北出使齐国、鲁国,往东出使宋国、卫国,向西出使晋国、秦国,派人为将军建造数百里的大城,让您拥有数十万户人家的封邑,尊奉将军为诸侯,让天下除旧布新,停战休兵,收容抚养兄弟,供奉祭祀祖先。这才是圣人贤士的作为,也是天下人的心愿。"

盗跖大怒曰:"丘来前!夫可规以利而可谏以言者[1],皆愚陋恒民之谓耳[2]。今长大美好,人见而悦之者,此吾父母之遗德也[3]。丘虽不吾誉[4],吾独不自知邪?且吾闻之,好面誉人者[5]，亦好背而毁之[6]。今丘告我以大城众民，是欲规我以利而恒民畜我也[7]，安可久长也[8]！城之大者，莫大乎天下矣。尧舜有天下，子孙无置锥之地[9]；汤武立为天子，而后世绝灭[10]；非以其利大故邪[11]？

"且吾闻之，古者禽兽多而人少，于是民皆巢居以避之[12]，昼拾橡栗[13]，暮栖木上，故命之曰有巢氏之民[14]。古者民不知衣服[15]，夏多积薪[16]，冬则炀之[17]，故命之曰知生之民[18]。神农之世[19]，卧则居居[20]，起则于于[21]，民知其母，不知其父，与麋鹿共处，耕而食，织而衣，无有相害之心，此至德之隆也[22]。然而黄帝不能致德[23]，与蚩尤战于涿鹿之野[24]，流血百里。尧舜作[25]，立群臣[26]，汤放其主[27]，武王杀纣[28]。自是之后，以强陵弱[29]，以众暴寡[30]。汤武以来，皆乱人之徒也。

"今子修文武之道[31]，掌天下之辩[32]，以教后世。缝衣浅带[33]，矫言伪行[34]，以迷惑天下之主，而欲求富贵焉。盗莫大于子[35]，天下何故不谓子为盗丘，而乃谓我为盗跖？子以甘辞说子路而从之[36]，使子路去其危冠[37]，解其长剑，而受教于子。天下皆曰孔丘能止暴禁非[38]，其卒之也[39]，子路欲杀卫君而事不成[40]，身菹于卫东门之上[41]，是子教之不至也[42]。子自谓才士圣人邪，则再逐于鲁[43]，削迹于卫[44]，穷于齐[45]，围于陈蔡[46]，不容身于天下。子教子路菹此患[47]，上无以为身，下无以为人，子之道岂足贵邪[48]？

"世之所高[49]，莫若黄帝。黄帝尚不能全德[50]，而战涿鹿之野，流血百里。尧不慈[51]，舜不孝[52]，禹偏枯[53]，汤放其主，武王伐纣，文王拘羑里[54]。此六子者[55]，世之所高也。孰论之[56]，皆以利惑其真而强反其情性[57]，其行乃甚可羞也[58]。

"世之所谓贤士，伯夷、叔齐[59]。伯夷、叔齐辞孤竹之君，而饿死于首阳之山，骨肉不葬[60]。鲍焦饰行非世[61]，抱木而死[62]。申徒狄谏而不听[63]，负石自投于河，为鱼鳖所食。介子推至忠也[64]，自割其股以食文公[65]，文公后背之[66]，子推怒而去，抱木而燔死[67]。尾生与女子期于梁下[68]，女子不来，水至不去，抱梁柱而死。此六子者，无异于磔犬流豕、操瓢而乞者[69]，皆离名轻死[70]，不念本养寿命者也[71]。

"世之所谓忠臣者，莫若王子比干、伍子胥[72]。子胥沉江[73]，比干剖心，此二子者，世谓忠臣也，然卒为天下笑[74]。自上观之，至于子胥、比干，皆不足贵也。

"丘之所以说我者[75]，若告我以鬼事，则我不能知也[76]；若告我以人事者，不过此矣[77]，皆吾所闻知也。今吾告子以人之情：目欲视色，耳欲听声，口欲察味，志气欲盈[78]。人上寿百岁，中寿八十，下寿六十，除病瘦死丧忧患[79]，其中开口而笑者，一月之中不过四五日而已矣。天与地无穷，人死者有时，操有时之具而托于无穷之间[80]，忽然无异骐骥之驰过隙也[81]。不能说其志意[82]，养其寿命者，皆非通道者也[83]。

"丘之所言，皆吾之所弃也，亟去走归[84]，无复言之！子之道，狂狂汲汲[85]，诈巧虚伪事也[86]，非可以全真也[87]，奚足论哉[88]！"

注释

〔1〕可规以利：可以用利禄规劝。可谏以言：可以用语言谏诤。

〔2〕愚陋恒民:愚昧浅陋的常人。恒民,常人。

〔3〕遗德:遗传的德行。

〔4〕不吾誉:即"不誉吾",不称赞我。

〔5〕面誉:当面夸奖。

〔6〕背:背后。毁:诋毁。

〔7〕畜:养育。这里是对待、看待的意思。

〔8〕安:怎么。久长:长久。

〔9〕置锥:立锥。

〔10〕汤武:即商汤、周武王。绝灭:灭绝,断绝。

〔11〕以其利大故:意思是因为他们贪求大利的缘故。非……邪:不是……吗?

〔12〕于是:那时。巢居:在树上筑巢居住。

〔13〕橡栗:橡实,即橡子。

〔14〕命之曰:称他们叫。命,称。

〔15〕衣(yì)服:穿衣服。衣,穿。

〔16〕积薪:积聚柴草。

〔17〕炀(yàng):烤火取暖。

〔18〕知生:求生存。

〔19〕神农:神农氏,即炎帝,中国古代传说中的古帝王。

〔20〕居居:安然的样子。

〔21〕于于:怡然自得的样子。

〔22〕至德:最高的道德。隆:盛。

〔23〕致德:达到道德的境界。致,达到。

〔24〕蚩尤:中国古代传说中上古时代九黎族首领,骁勇善战。与黄帝战于涿鹿之野,战死。其部众部分融入了炎黄部族。涿鹿:古籍载其在彭城(今江苏徐州),黄帝都之。一说在今河北涿县。

〔25〕作:兴起。

〔26〕立:设置。群臣:指百官。

〔27〕汤放其主:商汤流放夏桀。夏末,商汤讨伐暴君夏桀,夏桀逃往南巢,相当于流放。主,指夏桀。商曾臣服于夏朝,故称为"主"。

〔28〕武王杀纣:周武王杀死商纣王。商朝末年,武王伐商,商纣自焚于鹿台,故曰"杀"。

〔29〕陵:通"凌",欺凌。

〔30〕以众暴寡:以多欺少。暴,侵害,欺凌。

〔31〕子:你,指孔子。文武之道:周文王、周武王的政治礼仪制度。

〔32〕辩:舆论,言论。

〔33〕缝衣:宽大的衣服,古代儒者所穿。缝,通"逢",大。浅带:博带,宽大的腰带。

〔34〕矫言伪行:造作虚伪的言行。

〔35〕"盗莫"句:意思是作为盗贼,没有比你再大的了。

〔36〕甘辞:甜言蜜语。说(shuì)说服。从之:跟从你。之,代指孔子。

〔37〕去:摘掉。危冠:高冠。

〔38〕止暴禁非:制止强暴,禁绝不轨。

〔39〕卒:结果,最后。

〔40〕卫君:指卫庄公蒯聩。

〔41〕"身菹"句:意思是自身在卫国都城东门被剁成肉酱。菹(zū),剁成肉酱。子路遭卫国内乱被杀事,详见《史记·卫世家》及《仲尼弟子列传》。

〔42〕不至:不成功。此句马叙伦认为当接在"子教子路菹此患,上无以为身,下无以为人"三句之后,置于此,是错简。可备一说。

〔43〕再逐于鲁:指孔子两次离开鲁国。一次在鲁昭公欲除掉季氏失败而引起内乱,孔子离鲁之齐;一次是鲁定公时,孔子作大司寇,鲁君接受齐国乐女,怠于政事,孔子便离鲁奔卫。

〔44〕削迹于卫:意思是不再到卫国去。削迹,绝迹。孔子周游列国时,曾游宦卫国,后在匡地被围困,遂不再去卫国。

〔45〕穷于齐:在齐国困顿得走投无路。孔子在齐国为高昭子家臣,被齐景公认出,想封尼溪之田给他,并欲重用他,齐相晏婴不同意,孔子被迫回到鲁国。

311

见《史记·孔子世家》。

〔46〕围于陈蔡:被围困于陈国与蔡国之间。陈,古国名,在今河南东部和安徽北部,春秋末为楚国所灭。蔡,古国名,在今河南上蔡、新蔡等县一带,春秋末为楚国所灭。孔子被围困陈蔡,乃因为孔子在陈之间与陈蔡大夫主张不合,稍后楚昭王召孔子去楚国,陈蔡大夫怕他去楚会有害于陈蔡,故而把他围困了七天。详见《史记·孔子世家》。

〔47〕患:祸患。

〔48〕足贵:值得珍贵。

〔49〕高:推崇。

〔50〕全德:保持高尚的自然德性。全,保全,完善。

〔51〕尧不慈:尧帝不慈爱。指尧帝杀长子丹朱而言。

〔52〕舜不孝:舜不能孝敬父亲。当指舜放逐其父瞽叟而言。

〔53〕偏枯:偏瘫,半身不遂。

〔54〕文王拘羑(yǒu)里:指周文王被商纣拘押在羑里。羑里,在今河南汤阴北。

〔55〕此六子:上述黄帝、尧、舜、禹、汤、文王、武王七人。陈碧虚《庄子阙误》引江南古藏本作"此七子"。有人怀疑"文王拘羑里"为后人所加。

〔56〕孰:通"熟",仔细,详细。论:考论,考究。

〔57〕以利惑其真:因为利益迷惑了他们的真性。真,真性。强反其情性:强行违反他们的自然性情。强,强行。反,违反。情性,自然的性情。

〔58〕乃:是。可羞:可耻。

〔59〕伯夷、叔齐:都是孤竹国国君之子,因互相谦让国君之位而离开本国。武王伐商时,二人拦马劝谏,武王不听,遂逃入首阳山(在陕西秦岭北坡,位于户县、周至县交界),不食周粟而死。详见《史记·伯夷叔齐列传》。

〔60〕骨肉:尸体。不葬:无人埋葬。

〔61〕鲍焦:周初隐士。《韩诗外传》载,他饰行非世,挑担采柴,拾橡子充饥,故作清高,不踩周地,不食周粟,抱木枯死。饰行:矫饰行为。非世:谓诋毁世俗,讥刺世事。

〔62〕抱木：抱树。

〔63〕申徒狄：申徒氏，名狄，殷商时人，有说他因拒绝禅让而死，也有说他因进谏不被采纳，遂负石投河而死。不听：不被采纳。

〔64〕介子推：晋国贤臣，又名介之推，后人尊为介子。他追随公子重耳流亡各国，曾在食物短缺时割下自己大腿上的肉给重耳吃。重耳成为国君后，封赏时却忘记了他，遂隐居绵山不仕。后来晋文公重耳为逼迫他出来做官而放火烧山，他至死不出而死。晋文公深为愧疚，遂改绵山为介山，并立庙祭祀，由此产生了"寒食节"。

〔65〕股：特指大腿，自大腿根部到膝。食（sì）：给……吃。文公：即晋文公重耳。

〔66〕背：背弃，指忘记子推的功劳。

〔67〕燔（fán）死：烧死。燔，焚烧。

〔68〕尾生：或作尾生高、微生高，鲁国人，古代传说中坚守信约的象征。期：约会。梁下：桥下。

〔69〕磔（zhé）犬：肢体被分解而供祭祀用的狗。磔，古代祭祀时分裂牲畜肢体，称为磔。流豕（shǐ）：当作"沉豕"，即沉河的猪。古时候以猪为献祭，沉于江河。豕，猪。操瓢：拿着瓢。

〔70〕离名：追逐好名声。离，通"丽"，附着、附丽，这里引申为追逐。轻死：以死事为轻，不怕死。

〔71〕不念：不顾念。本养寿命：意思是返归自然本性来养生，以求享尽天年之寿。

〔72〕王子比干：比干，子姓，商王太丁的次子，即商纣王（帝辛）的叔叔，因进谏纣王被剖心而死。伍子胥：名员，字子胥，本楚国人，因父、兄被楚平王杀害，逃到吴国，成为吴王阖闾重臣。曾多次劝谏阖闾之子夫差杀勾践，夫差不听。后夫差听信太宰伯嚭谗言，赐剑令伍子胥自杀。他自杀后，尸体沉入江中，以致糜烂。

〔73〕沉江：指伍子胥自杀后尸体被抛入江中。

〔74〕卒：最终。为天下笑：被天下人讥笑。

〔75〕说：劝说。

313

〔76〕不能知：不知道。

〔77〕不过此：不过如此。

〔78〕志气欲盈：志气想充盈。盈，满。

〔79〕除：减去。瘦：当作"瘐"（yǔ），即病。

〔80〕操：以。有时：有限的。具：形骸，身躯。托：寄。无穷之间：指天地。

〔81〕忽然：迅速的样子。骐骥（qí jì）：骏马，良马。隙：空隙，缝隙。

〔82〕说：通"悦"，愉悦。志意：心志。

〔83〕通：通达。道：大道。

〔84〕亟（jí）：赶快。走：跑。归：回去。

〔85〕狂狂：癫狂失去本性的样子。汲汲（jí）：急切的样子。

〔86〕诈巧：欺骗。巧，虚假不实。

〔87〕全真：保全自然本性。

〔88〕奚足：哪里值得。

译文

盗跖大怒说："孔丘上前来！凡是可以用利禄来规劝、用言语来谏诤的人，都是愚昧浅陋的常人。现在我身材高大、面目英俊美好，人人见了都喜欢，这是我父母遗传的德行。你孔丘即使不当面称赞我，我难道自己不知道吗？而且我听说，喜欢当面夸赞别人的人，也喜欢背地里诋毁别人。如今孔丘你告诉我将为我建造大城、汇聚众多百姓，这是用利禄来规劝我，而用对待常人的态度来看待我，这哪里可以长久呢！再大的城池，没有比天下更大的了。尧舜拥有了天下，子孙却没有立锥之地；商汤与周武王做了天子，而后代却遭灭绝。这不是因为他们贪求巨大利益的缘故吗？

"而且我还听说，古时候禽兽多而人民少，那时人们在树上筑巢而居以此来躲避野兽的伤害。白天拾取橡子充饥，晚上栖息在树上,所以称他们叫'有巢氏之民'。古代的人们不知道穿衣服,夏天多多存积柴草,冬天就用来烤火取暖,所以称他们叫'知道生存的人民'。到了神农氏时代,人们睡卧时清静安然,行动时怡然自得。人们只知道母亲,不知道父亲,跟麋鹿生活在一起,耕种而食,织布而衣,没有相互伤害别人的心思。这是道德最高尚的时代。然而到了黄帝时代不能到达道德高尚的境界,和蚩尤在涿鹿的郊野争战,血流上百里。尧舜兴起,设置百官,商汤放逐了夏桀,周武王杀死了纣王。从此以后,便总是强大欺凌弱小,众多的侵害寡少的。商汤、周武王以来,就都是篡逆叛乱一类的人了。

"如今你修习周文王、武王的政治礼仪制度,控制天下的舆论,来教化后代。穿着宽大的儒服,束着宽大的腰带,造作虚伪的言行,来迷惑天下的君主,而企图求得富贵。作为盗贼,再没有比你更大的了,天下人为什么不称你为盗丘,反而称我是盗跖呢?你用甜言蜜语说服子路跟随你,使子路摘掉他的高冠,解除了他的长剑,听从你的教诲。天下人都说你孔子能够制止强暴、禁绝不轨,可结果呢,子路想要杀掉篡逆的卫庄公卫蒯聩却没有成功,自己反而在卫国东门上被剁成了肉酱,这是你教他没有教好了。你不是自称是才士、圣人嘛,却两次被鲁国驱逐出境,不敢再去卫国,在齐国走投无路,在陈国、蔡国之间遭受围困,不能容身于天下。你教子路却让他遭受被剁成肉酱的大祸,你对上不能保全自身,对下无法保全他人,你的学说哪里还值得珍贵呢?

"世上所尊崇的,莫过于黄帝。黄帝尚且不能保全高尚的自然德行,而争战于涿鹿的郊野,流血上百里。唐尧不能慈爱自己的儿子,虞舜不能孝顺自己的父亲,大禹半身不遂,商汤放逐了他的君主夏桀,武王征讨商纣,文王曾经被囚禁在羑里。这六(当为"七")个人,都是世人所尊崇的。仔细考究起来,他们都是因为追求功利迷惑了本性而强行违反了自己的性情,他们的行为是非常可耻的。

"世人所说的贤士,莫过伯夷、叔齐。伯夷、叔齐辞让了孤竹国的君位,却饿死在首阳山,尸体也未能埋葬。鲍焦矫饰行为,诋毁世俗,抱树而死。申徒狄因进谏不被采纳,背着石块投河而死,尸体被鱼鳖所吃。介子推是最忠诚的臣子,割掉自己大腿上的肉给晋文公充饥。文公返国后却背弃了他,介子推忿怒之下离开而隐居山林,最后抱着树木被焚烧而死。尾生与女子相约在桥下会面,女子没有如期赴约,河水上涨尾生却为了守信不离去,抱着桥柱子被淹死。这六个人,无异于被肢解用来祭祀的狗、沉河用来祭祀的猪以及拿着瓢行乞的乞丐,都是些追逐名声而轻视死亡,不顾念回归本性来养护生命以求尽其天年之寿的人。

"世人所称道的忠臣,莫过于王子比干和伍子胥。伍子胥被抛尸江中,比干被剖心而死。这两个人,世人称之为忠臣,却最终被天下人讥笑。从以上古代那些,直到伍子胥、王子比干之流,都是不值得推崇的。

"你孔丘用来劝说我的,假如告诉我有关鬼神的事,那我是不知道的;假如告诉我人世间的事,不过如此罢了,都是我所听说过的。现在我来告诉你人之常情:眼睛想要看到颜色,耳朵想要听到声音,嘴巴想要品尝滋味,志气想要充盈。人的寿命,高寿者不过百岁,中寿八十岁,低寿六十岁,除去疾病、死丧、忧患的时间,其间开口欢笑的时光,一月之中不过四五天罢了。天与地是无穷尽的,人的死亡却是有时限的。把有时限的身躯,寄托于无穷尽的天地之间,就像是骏马快速驰过缝隙一样短暂。凡是不能够愉悦自己的心志,颐养自己天年的人,都不是通晓大道的人。

"你孔丘所说的,全都是我想要抛弃的,你赶快滚回去吧,不要再唠叨了!你的那套主张,迷失本性所急切追求的,都是巧诈虚伪的东西,并不能保全自然本性,哪里值得谈论呢!"

孔子再拜趋走,出门上车,执辔三失[1],目芒然无见[2],色若死灰,据轼低头[3],不能出气[4]。归到鲁东门外,适遇柳下季[5]。柳下季曰:"今者阙然数日不见[6],车马有行色[7],得微往见跖邪[8]?"孔子仰天而叹曰:"然。"柳下季曰:"跖得无逆汝意若前乎[9]?"孔子曰:"然。丘所谓无病而自灸也[10],疾走料虎头、编虎须[11],几不免虎口哉[12]!"

注释

〔1〕辔(pèi):马缰绳。三失:掉了三次。

〔2〕芒然:即茫然,模糊不清的样子。芒,通"茫"。

〔3〕据轼(shì):扶着车前的横木。据,扶着。轼,古代车厢前面用作扶手的横木。

〔4〕不能出气:不能呼吸。

〔5〕适遇:正好碰到。

〔6〕今者:近日,近来。阙然:空缺的样子。

〔7〕行色:出行的神态。

〔8〕得微:莫非。微,无。

〔9〕得无……乎:是不是。逆汝意:违背了你的心意。若前:像我先前所说的。

〔10〕无病自灸(jiǔ):没有病而自己给自己灸治。比喻无端生事,自找苦吃。

〔11〕疾走:快速跑过去。料:通"撩",撩拨,挑逗。编:编理,梳理。

〔12〕几:差点,几乎。

译文

孔子拜了又拜,快步离去,走出帐门登上车子时,拿在手里的马缰绳三次掉落,眼光茫然无神,脸色犹如死灰一般,扶靠在车厢前的横木上,低着头,几乎不能呼吸。回到鲁国都城东门外,正好遇见了柳下季。柳下季问:"最近不在,多日不见,您的车马好像刚外出过的样子,莫非是前去见盗跖了吧?"孔子仰天慨叹道:"是的。"柳下季又问:"盗跖是不是像先前我所说的那样违背了您的心意呢?"孔子说:"正是这样。我这就是人们所说的没病而自己给自己灸治。我急急忙忙跑去撩拨虎头、编理虎须,差点没有被虎口吞噬啊!"

渔 父[1]

孔子游于缁帷之林[2],休坐乎杏坛之上[3]。弟子读书,孔子弦歌鼓琴奏曲[4]。未半,有渔父者,下船而来。须眉交白[5],被发揄袂[6],行原以上[7],距陆而止[8],左手据膝[9],右手持颐以听[10]。曲终而招子贡子路,二人俱对[11]。客指孔子曰[12]:"彼何为者也[13]?"子路对曰:"鲁之君子也。"客问其族[14]。子路对曰:"族孔氏。"客曰:"孔氏者何治也[15]?"子路未应,子贡对曰:"孔氏者,性服忠信[16];身行仁义[17],饰礼乐[18],选人伦[19],上以忠于世主[20],下以化于齐民[21],将以利天下[22]。此孔氏之所治也。"又问曰:"有土之君与[23]?"子贡曰:"非也。""侯王之佐与[24]?"子贡曰:"非也。"客乃笑而还行[25],言曰:"仁则仁矣,恐不免其身[26]。苦心劳形,以危其真[27]。呜呼!远哉其分于道也[28]!"

注释

〔1〕本篇为《庄子》的第三十一篇,属于杂篇,是《庄子》中结构完整的少数篇目之一。篇名取自寓言中代表道家思想的主人公渔父。"渔父"的意思是捕鱼

的老人。全文写了孔子见到渔父以及和渔父对话的整个过程,通过"渔父"对孔子的批评,批判了孔子不在其位而谋其政,以及他提倡的仁义、礼乐、忠信、伦理思想,指出其言行有"八疵"、"四害",都是"苦心劳形,以危其真",进而正面指出,欲除其"疵"、"害",应当"法天贵真,不拘于俗"、返归自然。唐宋以来多有怀疑本篇为伪作者,但本篇的思想与内七篇的主张是一致的,当是庄子学派之作。另,此篇描写渔父训导孔子的故事,故事完整,人物鲜明生动,语言富有个性特征,又有一定环境、动作表情等描写,与《盗跖》篇相类,视为一篇优秀的小说,也无不可。

〔2〕缁(zī)帷之林:像黑色帷幕一样的森林,这里指林木繁茂之处。后世以此代指高人贤士讲学之地。缁,黑色。帷,帷幕。

〔3〕杏坛:有许多杏树的高台,相传孔子在此讲学。

〔4〕弦歌:以弦乐歌咏。鼓琴:弹琴。

〔5〕交:俱,皆。一本作"皎"。

〔6〕被发:即披发,发不束而披散。被,通"披"。揄袂(yú mèi):挥动衣袖。揄,引。袂,衣袖。

〔7〕行原以上:溯泽岸而上行。

〔8〕距:至。陆:高平之地。

〔9〕据:按。

〔10〕持:撑,托。颐(yí):面颊,腮。

〔11〕俱对:一起回应。

〔12〕客:指渔父。

〔13〕彼:他,即孔子。何为者:做什么的。

〔14〕其:指孔子。族:氏族,这里指姓氏。

〔15〕何治:即治何。治,讲习,研究。

〔16〕性服忠信:心性遵从忠信。性,心性。服,遵守,遵从。

〔17〕行:实践。

〔18〕饰礼乐:修治礼乐。饰,通"饬",整饬,修治。

〔19〕选:序,这里有制定的意思。人伦:指人与人之间的伦理关系。

〔20〕世主:国君。

〔21〕化:教化。齐民:齐等之民,即平民。

〔22〕将以:将要用来。

〔23〕有土之君:指国君。与:多用于轻微的疑问,如"吗"。

〔24〕侯王:诸侯王的省称。佐:辅佐者。

〔25〕还行:往回走。

〔26〕不免其身:不能脱身免祸。

〔27〕危:伤害,损伤。真:天然本性。

〔28〕分于道:离开道。分,离。

译文

　　孔子到幽暗繁茂如黑色帷幕的林中游览,坐在长有许多杏树的高台上休息。弟子们在一旁读书,孔子弹琴吟唱。曲子还未奏完一半,有个捕鱼的老人下船走来。老人胡须和眉毛全都白了,披着头发挥动衣袖,溯水岸而上,来到一处高而平的地方便停下来,左手按着膝盖,右手托起面颊听孔子弹琴吟唱。曲子结束后,渔父用手招呼子贡、子路过去,两个人一起走过去回应。渔父指着孔子说:"他是做什么的?"子路回答说:"他是鲁国的君子。"渔父问孔子的姓氏。子路回答:"姓孔氏。"渔父说:"孔氏这人是做什么的?"子路没有作答,子贡说:"孔氏这人,心性信守忠信,亲身实践仁义,修治礼乐,制定人伦关系。对上效忠国君,对下教化百姓,将要用来造福于天下。这就是孔氏所做的事业。"渔父又问道:"孔氏是国君吗?"子贡说:"不是。""是诸侯王的辅臣吗?"子贡说:"不是。"渔父于是笑着往回走,说:"孔氏说仁那就算是仁了,但恐怕不能脱身免祸。内心困苦,形体劳累,就要危害他的真性了。唉,他离大道太遥远了!"

子贡还,报孔子。孔子推琴而起[1],曰:"其圣人与!"乃下求之[2],至于泽畔[3],方将杖拏而引其船[4],顾见孔子,还乡而立[5]。孔子反走,再拜而进[6]。

客曰:"子将何求?"孔子曰:"曩者先生有绪言而去[7],丘不肖[8],未知所谓,窃待于下风[9],幸闻咳唾之音以卒相丘也[10]。"客曰:"嘻!甚矣,子之好学也[11]!"孔子再拜而起曰:"丘少而修学[12],以至于今,六十九岁矣,无所得闻至教[13],敢不虚心!"

客曰:"同类相从,同声相应,固天之理也[14]。吾请释吾之所有而经子之所以[15]。子之所以者,人事也。天子、诸侯、大夫、庶人,此四者自正[16],治之美也[17];四者离位而乱莫大焉[18]。官治其职[19],人忧其事,乃无所陵[20]。故田荒室露[21],衣食不足,征赋不属[22],妻妾不和,长少无序,庶人之忧也;能不胜任[23],官事不治[24],行不清白[25],群下荒怠[26],功美不有[27],爵禄不持[28],大夫之忧也;廷无忠臣[29],国家昏乱[30],工技不巧[31],贡职不美[32],春秋后伦[33],不顺天子,诸侯之忧也;阴阳不和,寒暑不时,以伤庶物[34],诸侯暴乱[35],擅相攘伐[36],以残民人[37],礼乐不节[38],财用穷匮[39],人伦不饬[40],百姓淫乱,天子有司之忧也[41]。今子既上无君侯有司之势,而下无大臣职事之官[42],而擅饰礼乐[43],选人伦,以化齐民,不泰多事乎[44]?且人有八疵[45],事有四患,不可不察也。非其事而事之[46],谓之摠[47];莫之顾而进之[48],谓之佞[49];希意道言[50],谓之谄;不择是非而言,谓之谀[51];好言人之恶,谓之谗[52];析交离亲[53],谓之贼[54];称誉诈伪以败恶人[55]，谓之慝[56]；不择善否[57]，两容颊适[58]，偷拔其所欲[59]，谓之险。此八疵者，外以乱人，内以伤身，君子不友[60]，明君不臣[61]。所谓四患者，好经大事[62]，变更易常[63]，以挂功名[64]，谓之叨[65]；专知擅事[66]，侵人自用[67]，谓之贪；见过不更[68]，闻谏愈甚[69]，谓之很[70]；人同于己则可，不同于己，虽善不善[71]，谓之矜[72]。此四患也。能去八疵，无行四患，而始可教已。"

注释

〔1〕推琴：推开琴。或说放下琴。

〔2〕下：走下来。求：寻找。之：指渔父。

〔3〕泽畔：水泽边。

〔4〕杖：持，拿。拏(ráo)：古通"桡"，船桨。引：拉，牵挽，这里是撑的意思。

〔5〕还：转身。乡(xiàng)：通"向"，面向。

〔6〕反走：退后。表示恭敬。再拜：拜了又拜。

〔7〕曩(nǎng)：刚才，先前。绪言：余言，已发而未尽的言论。

〔8〕不肖：指不聪明，愚钝。

〔9〕窃：私下。下风：风的下方，比喻处于下位，卑位，表示谦恭。

〔10〕幸：有幸。咳唾(ké tuò)之音：指长者的教诲之言。咳唾，原指咳嗽吐唾液，代指谈吐、言辞。卒：终于。相(xiàng)：帮助。

〔11〕"甚矣"句：这是个倒装句，犹言"子之好学也甚矣"。

〔12〕修学：治学，这里是努力学习的意思。

〔13〕无所：没有地方。至教：极其高明的见解和教诲。

〔14〕固：本来。天理：自然的常理。

〔15〕吾请：即请吾，请让我。释：解释，说明。吾之所有：我所知道的道理。经：分析。子之所以：您所从事的。以，为，从事。

〔16〕庶人：庶民，百姓。自正：各守其职。

〔17〕治:指治理社会。美:好,这里指理想境界。

〔18〕离位:离开本位,意思是不守本位,不事其职。

〔19〕治:治事。其:他,他的。职:职务,职责。

〔20〕无所陵:不相凌乱。陵,通"凌",凌乱。

〔21〕田荒:田地荒芜。室露:房屋破漏。

〔22〕不属:不至,不到,指赋税不能按时交纳。属,逮、及。

〔23〕能:能力,才干。胜任:足以承受或担任。

〔24〕官事:官吏职内的事。治:完成好。

〔25〕行:行为。清白:清廉。

〔26〕群下:泛指僚属或群臣。荒怠:纵逸怠惰。

〔27〕功美:功劳和美誉。

〔28〕不持:不能保持。

〔29〕廷:朝廷,即君主受朝问政的地方。

〔30〕昏乱:指政治黑暗,社会混乱。

〔31〕工技:百工的技艺。工,百工,泛指各种工匠。

〔32〕贡职:贡赋,贡品。不美:不佳。

〔33〕春秋:即朝觐。古代诸侯朝见天子,春见曰朝,秋见曰觐。后伦:指朝觐不按时序。伦,顺序,次序。

〔34〕庶物:众物,万物。

〔35〕暴乱:到处叛乱。

〔36〕擅:擅自,随意。相:互相。攘(rǎng)伐:攻伐。

〔37〕残:残害,伤害。民人:人民。

〔38〕不节:无节制,不遵法度。

〔39〕财用:财物。穷匮(kuì):缺乏。

〔40〕人伦:人与人之间的道德关系。饬:整饬。

〔41〕有司:指主管官吏。官有分职,各有专司,故称有司。

〔42〕子:指孔子。势:权势。职事:掌管事务。官:官职,官位。

〔43〕而:却。擅:擅自。

324

〔44〕泰:通"太"。

〔45〕疵(cī):毛病,缺点。

〔46〕事:第一个"事"是官职,指职内的事。事:第二个"事",是动词,即做。

〔47〕揔(zǒng):同"总",包揽、揽事。

〔48〕莫之顾:没有人理睬。进:这里指进言。

〔49〕佞(nìng):巧佞。

〔50〕希意:揣度他人意旨。希,揣摩,揣度。道(dǎo)言:迎合着说。道,同"导"。

〔51〕谀(yú):奉承,谄媚。

〔52〕谗(chán):诽谤,谗害。

〔53〕析交离亲:离间亲友。析、离,都是分的意思。交,朋友。

〔54〕贼:坑害。

〔55〕称誉:夸赞,赞誉。诈伪:巧诈虚伪。败恶:败坏。

〔56〕慝(tè):奸邪,邪恶。

〔57〕择:分。善否(pǐ):好坏。

〔58〕两容:指善恶均容纳。颊(jiá)适:和颜悦色。

〔59〕偷拔:暗中取得。

〔60〕不友:不和他做朋友。友,以……为友。

〔61〕不臣:不用他为臣子。臣,以……为臣。

〔62〕经:经营,做。

〔63〕易常:平常,指常规。

〔64〕挂功名:谋取功名。挂,同"卦",这里为谋划、图谋之意。

〔65〕叨(tāo):古同"饕",贪。这里意思是贪多。

〔66〕专知:自恃聪明。知,通"智"。擅事:独揽权力,意思是独断专行。

〔67〕侵人:凌人,以势压人。自用:自以为是。

〔68〕过:过错。更:改正。

〔69〕谏:劝谏,劝说。愈甚:更加厉害。

〔70〕很:执拗不听劝。

325

〔71〕善：此句中的两个"善"字，第一个作"好"讲，第二个作动词用，意思是"以……为善"。

〔72〕矜(jīn)：自大。

译文

　　子贡回来，把跟渔父的谈话报告给孔子。孔子推开琴站起身来说："渔父是圣人吧？"于是走下杏坛寻找渔父，来到水泽边，看到渔父正拿着船篙撑船离开。回头看见孔子，便转过身来面对孔子站着。孔子恭敬地后退几步，拜了又拜，再往前靠近。

　　渔父说："你见我有什么事？"孔子说："刚才先生的话意犹未尽，我孔丘不聪明，不能领会它的意思，便私下在这里恭候先生，希望能有幸听到您的教诲，以最终有助于我！"渔父说："啊，你实在是太好学了！"孔子再拜起身说："我小时候就用功学习，直到现在，已经六十九岁了，没有地方得以听到这样极高明的见解和教诲，怎么敢不虚心请教！"

　　渔父说："同类相互聚集，同声相互应和，本来就是自然的常理。请让我用我所知道的道理分析您所从事的事业。您所从事的，是人事。天子、诸侯、大夫、百姓，这四种人能够各守其职，那就是社会治理的理想境界。四者倘若不守本位、不事其职，社会就会产生莫大的动乱。官吏按自己的职责治事，百姓安排好各自的事情，社会就不会有什么混乱。所以，田地荒芜，房屋破漏，衣食不足，赋税不能按时缴纳，妻妾不能和睦，长幼没有秩序，这是一般百姓的忧虑。才干不足以担任职务，官吏不好好做本职事务，行为不廉洁，僚属纵逸怠惰，对国家没有什么功劳，也没有获得百姓的赞誉，爵禄不保，这是大夫的忧虑。朝廷上没有忠臣，国家混乱，百工的技艺不精巧，贡品不佳，不按时序朝觐，不顺天子的心意，这是诸侯的忧虑。阴阳不和谐，寒暑变化不合时令，以致伤害万物，诸侯国行凶作乱，随意相互侵夺攻伐，残害百姓，礼乐失度，财物穷尽匮乏，人与人之间的道德关系得不到整饬，百姓中风气不正，道德败坏，这是天子和朝中主管官员的忧虑。如今你上没有君侯主管的权势，下没有大臣职事的官职，却擅自修治礼乐，制定人伦关系准则，来教化百姓，不是太多事了吗！况且人有八种毛病，事有四种祸患，不可不明察。不是自己职内的事也要包揽着去做，叫作'总'；别人不理睬还要进言，叫作'佞'；揣摩他人意旨迎合着说话，叫作'谄'；不辨是非地讲奉承话，叫作'谀'；喜欢背地说人坏话，叫作'谗'；离间亲友，叫作'贼'；赞誉巧诈虚伪的人而败坏诋毁自己厌恶的人，叫作'慝'；不分好坏人，兼容善恶而都和颜悦色地去对待，暗中取得自己想要的东西，叫作'险'。这八种毛病，对外扰乱他人，对内伤害自身，君子不和他们交朋友，圣明的君主不用他们为臣。所谓四种祸害是：喜欢做大事，随意变更常规，谋取功名，叫作'叨'；自恃聪明，独断专行，侵凌别人，刚愎自用，叫作'贪'；知道过错不改正，听到别人劝谏反而变本加厉，叫作'很'；和自己相同的就认可，和自己不同的即使是好的也不认为好，叫作'矜'。这就是四种祸患。能够去除八种毛病，没有四种祸患的人，才是可以教育的人。"

孔子愀然而叹[1]，再拜而起曰："丘再逐于鲁，削迹于卫，伐树于宋，围于陈蔡[2]。丘不知所失，而离此四谤者何也[3]？"客凄然变容曰[4]："甚矣，子之难悟也[5]！人有畏影恶迹而去之走者[6],举足愈数而迹愈多[7],走愈疾而影不离身[8],自以为尚迟,疾走不休,绝力而死[9]。不知处阴以休影[10],处静以息迹[11],愚亦甚矣!子审仁义之间[12],察同异之际[13],观动静之变,适受与之度[14],理好恶之情[15],和喜怒之节[16],而几于不免矣[17]。谨修而身[18],慎守其真[19],还以物与人[20],则无所累矣。今不修之身而求之人[21],不亦外乎[22]!"

孔子愀然曰:"请问何谓真?"客曰:"真者,精诚之至也[23]。不精不诚,不能动人。故强哭者虽悲不哀[24],强怒者虽严不威[25],强亲者虽笑不和[26]。真悲无声而哀,真怒未发而威,真亲未笑而和。真在内者,神动于外,是所以贵真也[27]。其用于人理也[28],事亲则慈孝,事君则忠贞,饮酒则欢乐,处丧则悲哀。忠贞以功为主,饮酒以乐为主,处丧以哀为主,事亲以适为主[29]。功成之美[30],无一其迹矣[31]。事亲以适,不论所以矣[32];饮酒以乐,不选其具矣[33];处丧以哀,无问其礼矣。礼者,世俗之所为也[34];真者,所以受于天也[35],自然不可易也[36]。故圣人法天贵真[37],不拘于俗。愚者反此[38],不能法天而恤于人[39],不知贵真,禄禄而受变于俗[40],故不足。惜哉,子之蚤湛于人伪而晚闻大道也[41]!"

孔子又再拜而起曰:"今者丘得遇也,若天幸然[42]。先生不羞而比之服役,而身教之[43]。敢问舍所在[44],请因受业而卒学大道[45]。"客曰:"吾闻之,可与往者与之[46],至于妙道[47];不可与往者,不知其道,慎勿与之[48],身乃无咎[49]。子勉之!吾去子矣[50],吾去子矣!"乃刺船而去[51],延缘苇间[52]。

注释

〔1〕愀(qiǎo)然:惊愧的样子。

〔2〕再逐于鲁:意思是两次被驱逐出鲁国。伐树于宋:指孔子与其弟子在宋国大树下讲习礼法时,宋司马桓魋拔树欲害孔子之事。见《史记·孔子世家》。围于陈蔡:指因楚昭王来聘孔子,陈、蔡大夫围孔子,致使绝粮七日之事。亦见《史记·孔子世家》。

〔3〕失:过失,过错。离:通"罹",遭受。四谤:指前面所述的"再逐于鲁、削迹于卫、伐树于宋、围于陈蔡"四次羞辱。谤,恶意攻击,羞辱。

〔4〕客:指渔父。凄然:凄凉悲伤的样子。

〔5〕"甚矣"句:这是个倒装句,犹言"子之难悟也甚矣"。这里将"甚矣"前置,为了突出它。

〔6〕畏影:害怕自己的影子。恶(wù)迹:厌恶自己的脚印。去:离开,摆脱。走:逃跑,躲开。

〔7〕数(shuò):屡次,频繁。

〔8〕疾:快。

〔9〕绝力:竭尽力气。

〔10〕处阴:停留在阴暗无光的地方。休影:止影,使身影停息。休,止。

〔11〕处静:停留在静止状态。息迹:灭息足迹。息,灭。

〔12〕审:明察。仁义之间:这里指仁义的区别。

〔13〕同异之际:事物同与不同的边界。

〔14〕适:调适,把握。受与:接收和给予,即取与舍。度:分寸,尺度。

〔15〕理:调理,控制。好恶(wù):喜欢和厌恶。

〔16〕和:协调,调和。节:度,分寸。

〔17〕而:你。几:几乎。不免:不免于祸患。

〔18〕而身:你自身。

〔19〕其真:自身的真性。

〔20〕"还以"句:让外物和自身还归于自然,意思是外物、无己。人,这里指人自身。

〔21〕不修之身:意思是不修养自身。求之人:苛求他人。

〔22〕外:意思是务求于外,即舍内求外。

〔23〕精诚:纯粹诚实。至:极点。

〔24〕强(qiǎng):勉强。悲:悲痛。哀:哀伤。

〔25〕严:严厉。威:威严。

〔26〕亲:亲热。笑:笑容。和:和悦,和善。

〔27〕神动于外:精神显露在外表。是:这。所以:表示因果关系的连词。贵:以……为可贵。

〔28〕人理:人伦。

〔29〕适:安适。

〔30〕功成之美:意思是美好功业的建立。

〔31〕无一其迹:没有固定的途径。迹,途径,方法。

〔32〕论:讲究。所以:用什么方法。

〔33〕选:选择,挑选。具:器具。

〔34〕世俗:社会的风俗习惯。所为:所形成的。

〔35〕受于天:出于自然。

〔36〕自然:意思是出于自然。

〔37〕法天:效法自然。贵真:珍重真性。

〔38〕反此:与此相反。

〔39〕恤于人:意思是忧虑不能与世俗的人事相合。恤,忧虑。人,指世俗的人事。

〔40〕禄禄:通"碌碌",忙碌的样子。受变于俗:随着世俗的变化而变化。

〔41〕蚤:通"早"。湛:通"耽",沉溺。人伪:人为。

〔42〕若天幸然:意思是这是上天对我的宠幸。若……然,好像……的样子。幸,宠幸。

〔43〕不羞:不以为羞耻。比之服役:列入弟子行列。比,列。服役,仆役,这里指弟子。身教:亲自教导。

〔44〕舍:住所。所在:在哪里。

〔45〕因:借此。卒:最终。

〔46〕可与往者:指可以和他一同探求达到的人。与之:传授给他。

〔47〕至:到,达到。妙道:至道,玄妙的大道。

〔48〕慎:小心,慎重。

〔49〕身:自身。无咎:不会招致祸害。

〔50〕去:离开。

〔51〕刺船:撑船,划船。

〔52〕延:缓慢。缘:沿着,顺着。

译文

孔子面有惊愧地叹息,拜了又拜后站起身来,说:"我两次被驱逐出鲁国,在卫国无法容身,在宋国遭受拔掉坐荫之树的羞辱,又被围困在陈国、蔡国之间。我不知道我犯了什么过失,竟会遭到这四次羞辱,这是为什么呢?"渔父显出悲悯的样子,改变面容说:"你真是太难觉悟了!有人害怕自己的身影、厌恶自己的脚印,想要摆脱而跑开去,举步次数越频繁脚印就越多,跑得越快身影越不离身,自以为还是跑得慢了,于是快速跑个不停,最终力气竭尽而死去。不知道停留在阴暗无光的地方影子自然消失,停留在静止状态足迹自然灭息,真是太愚蠢了!你明察仁义的区别,分辨事物异同的边界,观察动静的变化,把握取舍的分寸,控制好恶的情感,调和喜怒的节度,却几乎不能免遭祸患。要谨慎地修养你的身心,慎重地保持你的真性,做到忘记外物和自己,就不会有系累了。如今你不修养自身反而苛求他人,这不是舍内求外了吗?"

孔子惊愧地问:"请问什么叫作真?"渔父回答:"所谓真,就是纯粹诚实的极点。不纯粹不诚实,就不能感动人。所以,勉强哭泣的人，虽然外表悲痛却并不哀伤；勉强发怒的人，虽然外表严厉却并不威严；勉强亲热的人，虽然满面笑容却并不和悦。真正的悲痛虽没有哭声而内心十分哀伤，真正的发怒虽没有发作出来却十分威严，真正的亲近虽没有笑容却使人感到亲和。真诚存在于内心的人，精神就会在外表显露出来，这就是本真可贵的原因。将上述道理用于人伦关系，侍奉双亲就会孝慈，辅助国君就会忠贞，饮酒就会欢乐，居丧就会悲哀。忠贞以功名为主，饮酒以欢乐为主，居丧以悲哀为主，侍奉双亲以安适为主。美好功业的建立，没有固定的途径。侍奉双亲以安适为目的，是不讲究用什么方法的；饮酒以欢乐为目的，是不需挑选所用的酒器的；居丧以表达哀伤为目的，是不用讲究礼仪规范的。礼仪，是社会风俗所形成的；本真，禀受于自然，由于出于自然因而是不可改变的。所以圣人总是效法自然，珍重天真，不受世俗人事的拘累。愚昧的人则与此相反，不能效法自然，却忧虑不能与世俗人事相合，不知道珍重自然本真之性，庸庸碌碌地随着世俗的改变而变化，所以总是不知满足。可惜啊，你过早地沉溺于世俗人为的东西而很晚才听闻大道。"

孔子又一次行再拜礼后站起身来说："如今我能够遇见先生，这是上天对我的宠幸。先生不以为羞耻，把我当作弟子看待，还亲自教导我。请问先生住在哪里，请让我借此到先生门下受业而最终学成大道。"渔父说："我听说，可以一道前往探求大道的人，就传授给他大道，直至领悟玄妙的大道；不能一同前往探求大道的人，他不知道大道，小心不要传授给他，这样自身也就不会招来祸害。你自己努力吧，我要离开你了！我要离开你了！"于是撑船离开，沿着芦苇边缓慢地划向芦苇丛中去了。

颜渊还车,子路授绥[1],孔子不顾[2],待水波定,不闻拏音而后敢乘[3]。

子路旁车而问曰[4]:"由得为役久矣[5],未尝见夫子遇人如此其威也[6]。万乘之主[7],千乘之君,见夫子未尝不分庭伉礼[8],夫子犹有倨敖之容[9]。今渔父杖拏逆立[10],而夫子曲要磬折[11],言拜而应[12],得无太甚乎[13]?门人皆怪夫子矣[14],渔人何以得此乎[15]?"孔子伏轼而叹曰:"甚矣由之难化也[16]!湛于礼仪有间矣[17],而朴鄙之心至今未去[18]。进,吾语汝[19]!夫遇长不敬,失礼也;见贤不尊,不仁也。彼非至人,不能下人[20]。下人不精[21],不得其真,故长伤身[22]。惜哉!不仁之于人也,祸莫大焉,而由独擅之[23]。且道者,万物之所由也[24]。庶物失之者死[25],得之者生。为事逆之则败,顺之则成。故道之所在,圣人尊之。今渔父之于道,可谓有矣[26],吾敢不敬乎!"

注释

〔1〕"颜渊"两句:意思是颜渊调转车头,子路把登车的绳子交给孔子。还,通"旋",调转。绥(suí),登车用的拉绳。

〔2〕不顾:不看。这里指孔子不看车。

〔3〕不闻拏音:听不到船篙划水的声音。乘:上车。

〔4〕旁:通"傍",靠着。

〔5〕由:子路名由,此为自称。为役:成为弟子。

〔6〕遇人:对待人。威:敬畏。

〔7〕乘(shèng):古时四匹马拉的一辆兵车叫一乘,诸侯国的大小以兵车的多少来衡量。万乘之主,周制,天子地方千里,能出兵车万乘,故以"万乘"指天

333

子。下句"千乘之君"指诸侯。

〔8〕分庭伉礼:指宾主相见,分别站在庭的两边,相互行礼,表示地位平等,彼此对等的关系。伉(kàng):通"抗",对等。

〔9〕倨傲:傲慢。容:表情。

〔10〕逆立:对面站立。逆,迎。

〔11〕曲要:弯腰。要,通"腰"。磬(qìng)折:指像磬一样弯折弯腰。磬,古代用玉、石、金属制成的曲形的打击乐器,可悬挂。

〔12〕言拜而应:意思是每听完渔父的话就行礼作拜再作回答。

〔13〕得无:难道不是。甚:过分。

〔14〕门人:门生,弟子。怪:以……为奇怪。

〔15〕何以:即"以何",凭什么。得此:意思是得到这样的敬重。

〔16〕难化:难以教化。

〔17〕湛于礼仪:沉溺于礼仪。湛,通"耽"。有间:有段时间,意思是太久。

〔18〕朴鄙之心:朴野鄙陋的心态。去:去除。

〔19〕语(yù):告诉。

〔20〕至人:至德之人。下人:使人谦下。

〔21〕下人:这里是对人谦下的意思,与上句的"下人"意思不同。不精:不精诚。

〔22〕长:常常、经常。伤身:伤害自身。

〔23〕独:偏偏。擅:擅有,具有。

〔24〕所由:意思是产生的根源。

〔25〕庶物:万物。

〔26〕有:得道。

译文

颜渊调转车头,子路把登车的绳索递给孔子,孔子没有回头看车,直到水面波纹平定了,听不见渔父撑船的篙声方敢上车。

子路靠着车子问道:"我在先生门下做弟子已经很久了,未曾见到先生对谁如此敬畏。拥有万乘的天子,拥有千乘的诸侯,见到先生都未曾不平等相待,先生还露出傲慢的神情。如今渔父拿着船篙对面而立,先生像磬一样恭敬地弯腰施礼,听完渔父的话先行拜礼再作回答,难道不是太过分了吗?弟子们都对先生的态度感到奇怪,一个渔翁怎么能够受到您如此礼遇呢?"孔子伏身倚靠在车前横木上叹息道:"仲由你太难教化了!你沉湎于礼仪已经太久了,你鄙陋质野之心至今也还未能去除。上前来,我告诉你:遇到长辈不恭敬,就是失礼;见到贤人不尊重,就是不仁。他如果不是道德修养臻于完善的人,也就不能使人自感谦卑。对人谦卑如果不真诚,就学不到真正的大道,所以常常会伤害自身。可惜啊!作为人而不仁,祸害没有比它更大的了,可是子路却偏偏具有这一毛病。况且大道,是万物产生的根源,万物失去了它就会死亡,得到它便会产生。做事违背大道就会失败,顺应大道就会成功。所以大道所在之处,圣人就尊崇它。如今渔父对于大道,可说已得道了,我怎么敢不尊敬他呢?"

知 识 链 接

【文学常识】

一、作家介绍

庄子(前369？—前286？),名周,战国中期宋国蒙(今河南商丘东北)人,与孟子、惠施同时。当时正是秦、齐、楚、韩、魏、赵、燕七雄争霸天下的时代,一方面兼并战争此起彼伏,社会动荡不安,人民生活在水深火热之中;另一方面周天子权威失落,政治中心多元化,礼乐崩坏,文化学术下移,文化学术环境宽松自由,大批新兴士人涌现出来,他们思想自由,敢于反对传统,发表自己对政治、社会等问题的看法,展开辩论争鸣,形成百家争鸣的局面。庄子及其学派就是在这一背景下产生的道家的一个重要派别。

二、作家评价

庄子眼极冷,心肠最热。眼冷,故是非不管;心肠热,故感慨万端。虽知无用,而未能忘情,到底热肠挂住;虽不能忘情,而终不下手,到底冷眼看穿。

——胡文英:《庄子独见·略论》,清乾隆三多斋刻本

庄子乱世之民也,而能文章,故其言传耳。夫乱世之民,情懑怨毒,无所聊赖,其怨既深,则于当世反若无所见者。忠厚之士未尝不歌咏先王而思启盛,今之歌诗是也。而辨激悲抑之人,则反刺诟古先以荡达其不平之心,若庄子者是也。

——陈子龙:《庄周论》,《陈忠裕公全集》,清嘉庆八年青浦斅山草堂刊本

以思想家而兼文章家的人,在中国古代哲人中,实在是绝无仅有。

——郭沫若:《庄子与鲁迅》,《郭沫若全集(文学编)》第十九卷,人民文学出版社1982年版

三、作品评价

芴漠无形,变化无常,死与?生与?天地并与?神明往与?芒乎何之?忽乎何适?万物毕罗,莫足以归。古之道术有在于是者,庄周闻其风而悦之。以谬悠之说,荒唐之言,无端崖之辞,时恣纵而傥,不以觭见之也。以天下为沉浊,不可与庄语。以卮言为曼衍,以重言为真,以寓言为广。独与天地精神往来,而不敖倪于万物。不谴是非,以与世俗处。其书虽瑰玮,而连犿无伤也。其辞虽参差,而诙诡可观。彼其充实,不可以已。上与造物者游,而下与外死生、无终始者为友。其于本也,弘大而辟,深闳而肆;其于宗也,

可谓稠适而上遂矣。

——《庄子·天下》,世界书局诸子集成版郭庆藩《庄子集释》

自周之书出,世之悦而好者有四焉:好文章者资其辞,求道者意其妙,泊俗者遣其累,奸邪者济其欲。

——叶适:《水心别集·庄子》,《叶适集》第三册,中华书局1961年版

余尝集才子书者六,其目曰:《庄》也,《骚》也,马之《史记》也,杜之律诗也,《水浒》也,《西厢》也已。

——金圣叹:《三国志演义序》,《三国志演义》,文物出版社2004年版

南华的文辞是千真万确的文学,人人都承认。可是《庄子》的文学价值还不只是在文辞上。实在连他的哲学都不像寻常那一种矜严的、峻刻的、料峭的一味皱眉头,绞脑子的东西;他的思想本身便是一首绝妙的诗。……读《庄子》,本分不出那是思想的,那是文字的美。那思想与文字,外形与本质的极端调和,那种不可捉摸的浑圆的机体,便是文章家的极致,只那一点,便足注定庄子在文学中的地位。

——闻一多:《庄子》,《闻一多全集》第二卷《古典新义》,生活·读书·新知三联书店1982年版

四、关于道家

今天所说的道家,指的是春秋末战国时诸子百家中一个学

派。它于春秋末年由老子初步创立,战国中期的庄子是先秦道家学术的集大成者,而战国中期兴起并流行开来的黄老之学,属于道家别派。不过,与当时为显学的儒家、墨家相比,道家是联系较为松散的一个学派,或者说是由某些思想倾向较为相近的人们发展而来的学术思潮。战国中期虽然出现了稷下黄老刑名之学,但庄子的成分极为稀薄,也未出现"道家"之名。"道家"的名称起于西汉。但司马谈《论六家要旨》所说"道家",所指的乃是战国中期兴起的治黄帝、老子之言的黄老学派。其子司马迁《史记》所说的道家与之大体相同,不过已把庄子归为其中。班固《汉书·艺文志》所言道家与司马迁也大体相同。然从东汉中后期至魏晋,庄子的影响开始逐渐扩大,其思想发展路线也产生分化,一派侧重于"无为而治"的政治理念,一派侧重于"任自然"的人生哲学。

【要点提示】

一、《庄子》是一部很难读懂而又富有奇异艺术魅力的经典。它之所以难懂,主要原因之一是庄子思想精深玄远而其书复杂。《庄子》一书并非庄子自编,流传过程中又经过多次编订,今存《庄子》是晋人郭象在前人基础上的重新编定,所分内篇、外篇、杂篇三类及各篇题目,也是在汉魏诸家基础上所作的分类和名题。学者大都认可内篇基本上是庄子本人所作,外篇和杂篇大抵是庄子后学所作。庄子后学的思想与庄子思想有同有异,选文注译以内篇为主,所选外杂篇之文大抵也是与庄子思想相同或相近的文章。庄子的思想以道论为根基,以认识论和人生论为核心,其思想较为宝贵之处突出体现在崇尚自然、平等对待万物、追求自由和安时处顺上,但他将之绝对化则不可取法。

《庄子》难懂的另一重要原因则因为其文章具有汪洋恣肆、雄奇诡诞的特点。《史记》称:"其著书十余万言,大抵率寓言也。"的确,庄子及其后学为了表达其超凡脱俗的"谬悠之说",采取"寓真于诞,寓实于玄"的表达方式,选择"荒唐之言,无端崖之词,时恣而不傥"的艺术构思和行文形式,运用丰富神奇的想象、奇诡的构思、变幻无穷的笔法与奇趣横生的富美语言,或对历史故事、神话传说进行改造,或自出机杼即兴创作,将深刻的哲学思想浑圆地寄寓于扑朔迷离、真伪莫辨的虚诞的寓言之中,创造了一系列恢诡谲怪的艺术形象,把读者一次次引入自由无羁、醉心发狂的美妙艺术境界,极富浪漫主义色彩。鲁迅《汉文学史纲要》评价《庄子》:"其文汪洋辟阖,仪态万方,晚周诸子之作,莫能先也。"其文对后世的寓言、小说、诗文等产生了广泛深远的影响。

二、阅读下面《庄子》中的选段,完成文后的问题。

浑沌之死

南海之帝为儵,北海之帝为忽,中央之帝为浑沌。儵与忽时相与遇于浑沌之地,浑沌待之甚善。儵与忽谋报浑沌之德,曰:"人皆有七窍以视听食息,此独无有,尝试凿之。"日凿一窍,七日而浑沌死。(《庄子·应帝王》)

呆若木鸡

纪渻子为王养斗鸡。十日而问:"鸡已乎?"曰:"未也,方虚憍而恃气。"十日又问,曰:"未也,犹应向景。"十日又问,曰:"未也,犹疾视而盛气。"十日又问,曰:"几矣。鸡虽有鸣者,已无变矣。望之似木鸡矣,其德全矣。异鸡无敢应者,反走矣。"(《庄子·达生》)

1.对下面加点的词语,解释不正确的一项是( )

A.谋报浑沌之德   德:恩,恩情

B.人皆有七窍   七窍:人的耳目口鼻共七孔,故称七窍

C.犹疾视而盛气   疾视:很快地看

D.已无变矣   无变:没有反应了

答案:C

2.对下面句中加点的文言虚词,解释不正确的一项是( )

A.南海之帝为儵   之:的。

B.以视听食息   以:按照

C.子无以鲁国骄士 以:因为。

D.大将军邓骘闻其贤而辟之 其:这里指杨震

答案:B

3.对下面的文字,用现代汉语翻译不正确的一项是( )

A.浑沌待之甚善   译文:浑沌对待他们非常友好

B.尝试凿之   译文:(让我们)试着给他凿出七窍

C.方虚憍而恃气   译文:正虚狂骄傲又充满一股血气

D.犹应向影   译文:仍然对别的鸡的啼叫和接近而有所反应

答案:C

4.下列对这篇课文的分析,不正确的一项是( )

A."儵""忽"都是转眼之间的意思,庄子用这两个字来做神的名字,意在说明二神做事顺乎自然,无为而治。

341

B.《浑沌之死》认为无为是自然的本性,若被加上智巧机智等小聪明,本性将遭到破坏而死亡。

C.《呆若木鸡》意在提醒人们,特别是君王:做人要注重内在气质,不怒自威;国家要增强实力,不战而屈人之兵。

D.《呆若木鸡》在写法上有情节,有"人物"、有对话、有描述、有想象……不蔓不枝,典雅古朴的语言,使寓言故事意境幽远。

答案:A

(2014年四川省自贡市中考试题)

三、阅读下面的文字,按要求作文。

你看到我的快乐,就像庄子看到了鱼。你不是庄子,我不是鱼。

上述材料引发了你哪些联想与思考?请你自拟题目写一篇文章,不少于600字。

(2017年浙江省丽水市中考作文题目)

【学习思考】

一、《逍遥游》和《齐物论》两篇,集中表达了庄子对自由和万物的看法,其中有值得我们继承的宝贵之处,也有作为糟粕应该批判的地方。请根据你的阅读,思考我们今天应如何去粗取精,合理地吸收其精髓,以积极的心态应对现代社会生活?

二、《庄子·德充符》中庄子回答惠施"人故无情乎"之问时,认为人是"无情"的,在其他篇章中,他也把"情"、"欲"视为人走向自由的沉重负担。但明清之后,经常有学者将"庄""骚"并论。如清代学者胡文英《庄子独见》称:"庄子最是深情,人第知三闾(屈原)之哀怨,而漆园(指庄子)之哀怨有甚于三闾也。盖三闾之哀怨在一国,而漆园之哀怨在天下;三闾之哀怨在一时,而漆园之哀怨在万事。"请结合庄子和屈原的生平与思想,谈谈你对这种看法的认识。

三、《庄子》之文汪洋恣肆、雄奇诡诞,前人已有定评,请结合你对《庄子》的阅读,分析其这一特点的具体表现。

【延伸阅读】

《庄子今注今译》,陈鼓应注译,中华书局1983年版

《庄子浅注》,曹础基注,中华书局2000年版

《庄子与中国文学》,宋效永著,江苏古籍出版社1995版

《庄子诠评》,方勇、陆永品集评,巴蜀书社1998版

《鹏翔无疆——庄子文学研究》,刘生良著,人民出版社2004版

(韩晖 编写)